城市轨道交通"慧"系列管理教材

企业管理基础

主　编　魏文斌　金　铭
参　编　姚　远　张香宁　王玉香　王　海
　　　　王智亮　朱　君　陈佳希　陆千里
　　　　汤　华　张阿沛　张智慧　金　逸
　　　　苗　威　赵蓓蕾　葛海璟

苏州大学出版社
Soochow University Press

图书在版编目(CIP)数据

企业管理基础 / 魏文斌,金铭主编. --苏州:苏州大学出版社,2023.6
城市轨道交通"慧"系列管理教材
ISBN 978-7-5672-4365-1

Ⅰ.①企… Ⅱ.①魏… ②金… Ⅲ.①企业管理-高等学校-教材 Ⅳ.①F272

中国国家版本馆CIP数据核字(2023)第081872号

书　　名：企业管理基础
主　　编：魏文斌　金　铭
责任编辑：史创新
出版发行：苏州大学出版社(Soochow University Press)
社　　址：苏州市十梓街1号　邮编:215006
印　　装：苏州工业园区美柯乐制版印务有限责任公司
网　　址：www.sudapress.com
邮　　箱：sdcbs@suda.edu.cn
邮购热线：0512-67480030
销售热线：0512-67481020
开　　本：787 mm×1 092 mm　1/16　印张:17　字数:362千
版　　次：2023年6月第1版
印　　次：2023年6月第1次印刷
书　　号：ISBN 978-7-5672-4365-1
定　　价：52.00元

凡购本社图书发现印装错误,请与本社联系调换。服务热线:0512-67481020

城市轨道交通"慧"系列管理教材编委会

主　任　　金　铭

副主任　　史培新

编　委　　陆文学　王占生　钱曙杰　楼　颖　蔡　荣
　　　　　　朱　宁　范巍巍　庄群虎　王社江　江晓峰
　　　　　　潘　杰　戈小恒　陈　升　虞　伟　刘农光
　　　　　　蒋　丽　李　勇　张叶锋　王　永　王庆亮
　　　　　　查红星　胡幼刚　韩建明　冯燕华　鲍　丰
　　　　　　孙田柱　凌　扬　周　礼　毛自立　矫甘宁
　　　　　　凌松涛　周　赟　姚海玲　谭琼亮　高伟江
　　　　　　戴佩良　魏文斌　姚　远　李　珂　叶建慧

序

习近平总书记指出："城市轨道交通是现代大城市交通的发展方向。发展轨道交通是解决大城市病的有效途径，也是建设绿色城市、智能城市的有效途径。"习近平总书记的重要讲话指明了城市轨道交通的发展方向，是发展城市轨道交通的根本遵循。

当前，城市轨道交通正在迈入智能化的新时代。对此，要求人才培养工作重视高素质人才、专业化人才的培养和广大员工信息化知识的普及教育。如何切实保障城市轨道交通安全运行？如何提升城市轨道交通的服务质量和客户满意度？如何助推交通强国建设？这是摆在我们面前的重要任务。

苏州是我国首个开通轨道交通的地级市，多年来，苏州市轨道交通集团有限公司坚持以习近平新时代中国特色社会主义思想为指导，牢记"为苏州加速，让城市精彩"的使命，深入践行"建城市就是建地铁"的发展理念，坚持深化改革和推动高质量发展两手抓，在长三角一体化发展、四网融合、区域协调发展等"国之大者"中认真谋划布局苏州轨道交通事业，助推"区域融合"，建立沪苏锡便捷式、多通道轨道联系。截至2023年，6条线路开通运营，运营里程突破250千米；在建8条线路如期进行，建设总里程达210千米。"十四五"时期是苏州轨道交通发展的关键期，面对长三角一体化发展、面对人民群众的期盼，苏州轨道交通事业面临各种挑战和机遇，对人才队伍的专业技能和整体素质也提出了更高要求。

苏州轨道交通处于建设高峰期，对人才的需求更加迫切。苏州市轨道交通集团有限公司一直高度重视人才培养和高素质人才队伍建设，特别推出了城市轨道交通"慧"系列管理教材和"英"系列技能教材。

"慧"系列管理教材包括管理基础、管理能力、管理方法、创新能力、企业文化等方面的内容,涵盖了从管理基础的学习到创新能力的培养,从企业文化的塑造到管理方法的运用,为城市轨道交通行业的管理人员全面、系统地学习管理知识和提升管理能力提供了途径。

"英"系列技能教材包括行车值班员、行车调度员、电客车司机、安全实践案例分析、消防安全等方面的内容,为城市轨道交通行业的从业人员技能培训和安全意识提升提供了途径,为城市轨道交通行业的安全和服务质量提供了重要的保障。

这两个系列教材顺应轨道交通事业发展要求,契合轨道交通专业人才特点,聚焦管理基础和技能提升,融合管理资源和业务资源,兼具苏州城市和轨道专业特色,具有很好的实践指导性,对于促进企业管理水平提升、培养高素质管理人才和高水平技能人才将会起到实实在在的推动作用。

这两个系列教材可供轨道交通相关企业培训使用,也可作为院校相关专业教学用书。

这两个系列教材凝聚了编写组人员的心血,是苏州轨道交通优秀实践经验的凝练和总结。希望能够物尽其用,充分发挥好基础性、支撑性作用,促进城市轨道交通技能人才培养,推动"轨道上的苏州"建设,助力"强富美高"新苏州现代化建设,谱写更加美好的新篇章。

中国城市轨道交通协会常务副会长

前 言

企业是社会经济的基本细胞和社会创造财富的主体，企业的管理和高效运营是一项极其复杂的系统工程。企业管理学是一门系统研究企业管理基本规律、基本原理和基本方法的科学，普及管理知识对提高企业整体管理水平有着十分重要的实际意义。

当前，我国城市轨道交通已进入由高速发展向高质量发展转型阶段。在高速发展的同时，城市轨道交通行业发展整体上存在重线路、轻网络，重建设、轻管理，重运营、轻经营等问题，与提供高质量的轨道交通服务、保持城市轨道交通行业持续健康发展、提升人民群众的获得感和幸福感尚有一定距离，因此，编写适合城市轨道交通企业管理的教材有助于为其培养高素质管理人员，进一步提升企业管理水平。

本教材为城市轨道交通"慧"系列管理教材之一，主要介绍企业管理的基础知识，内容包括企业管理概述、企业战略管理、企业经营决策与计划、企业组织管理、企业人力资源管理、企业财务管理、企业生产运作管理、企业质量管理、企业供应链管理、企业营销管理和企业品牌管理。除学习内容外，每个项目还设置"学习目标""引导案例""案例分析""项目训练""自测题""延伸阅读"等栏目，并穿插"小知识""小故事""小贴士"等栏目，深入浅出，重点明确，案例典型、新颖，力求做到知行合一、学有所用。

本教材由苏州市轨道交通集团有限公司和文子品牌研究院组织编写，在编写过程中查阅和参考了国内外有关企业管理、城市轨道交通管理等方面的文献资料和部分网络资源，已在参考文献及书中注明相应资料的出处，在此向各位作者表示感谢。本书的编写和出版得到了苏州市轨道交通集团有限公司、苏州大学轨道交通学院、苏州大学出版社、苏州市品牌研究会、文子品牌研究院等单位领导以及责任编辑的支持，在此一并表示感谢。

由于编者水平有限，书中疏漏、错误之处在所难免，敬请使用本书的读者批评指正！

编　者

2022 年 8 月

目 录

项目一 企业管理概述
引导案例 申通地铁的法务管理体系 /1
任务一 企业与企业管理 /3
任务二 现代企业制度 /12
任务三 企业管理的基本原理 /16
案例分析 苏州市轨道交通集团有限公司治理结构的探索
　　　　 与实践 /20
项目训练 /22
自测题 /22

项目二 企业战略管理
引导案例 苏州市轨道交通集团有限公司"十四五"发展
　　　　 规划概要 /23
任务一 企业战略管理概述 /25
任务二 企业战略环境分析 /29
任务三 企业战略制定与选择 /35
任务四 企业战略实施与控制 /41
案例分析 苏州市轨道交通集团有限公司的战略制定 /45
项目训练 /46
自测题 /47

项目三 企业经营决策与计划
引导案例 苏州轨道交通企业数字化转型的探索 /48
任务一 企业经营决策概述 /49
任务二 企业经营决策过程和准则 /54
任务三 企业经营计划 /59

案例分析　苏州轨道交通全自动运行快速发展　　　　　　／64
　　项目训练　　　　　　　　　　　　　　　　　　　　　　／65
　　自测题　　　　　　　　　　　　　　　　　　　　　　　／66

● **项目四　企业组织管理**
　　引导案例　苏州轨道交通工程指挥部的组织模式　　　　　／67
　　任务一　企业组织管理概述　　　　　　　　　　　　　　／70
　　任务二　企业组织结构设计　　　　　　　　　　　　　　／72
　　任务三　企业组织结构形式　　　　　　　　　　　　　　／82
　　案例分析　北京轨道公司的科研管理组织结构　　　　　　／87
　　项目训练　　　　　　　　　　　　　　　　　　　　　　／89
　　自测题　　　　　　　　　　　　　　　　　　　　　　　／90

● **项目五　企业人力资源管理**
　　引导案例　上海建工的人才激励体系　　　　　　　　　　／91
　　任务一　人力资源管理概述　　　　　　　　　　　　　　／93
　　任务二　工作分析与人力资源规划　　　　　　　　　　　／95
　　任务三　人力资源招聘与培训　　　　　　　　　　　　　／100
　　任务四　人力资源绩效考核　　　　　　　　　　　　　　／103
　　任务五　人力资源薪酬管理　　　　　　　　　　　　　　／107
　　案例分析　中国铁建的内部绩效审计　　　　　　　　　　／110
　　项目训练　　　　　　　　　　　　　　　　　　　　　　／112
　　自测题　　　　　　　　　　　　　　　　　　　　　　　／112

● **项目六　企业财务管理**
　　引导案例　深圳地铁集团的投融资模式　　　　　　　　　／114
　　任务一　企业财务管理概述　　　　　　　　　　　　　　／116
　　任务二　企业筹资管理　　　　　　　　　　　　　　　　／120
　　任务三　企业投资管理　　　　　　　　　　　　　　　　／127
　　任务四　企业成本与利润管理　　　　　　　　　　　　　／130
　　任务五　企业财务分析　　　　　　　　　　　　　　　　／135
　　案例分析　苏州市轨道交通集团有限公司的财务管理　　　／138
　　项目训练　　　　　　　　　　　　　　　　　　　　　　／139
　　自测题　　　　　　　　　　　　　　　　　　　　　　　／140

项目七　企业生产运作管理

　　引导案例　苏州轨道交通基础设施的智能化管理　　／141
　　任务一　生产运作管理　　／143
　　任务二　企业生产过程组织　　／146
　　任务三　企业生产计划与控制　　／149
　　任务四　企业生产能力的核定　　／154
　　案例分析　苏州轨道交通全自动运营生产管理模式
　　　　　　　——以5号线为例　　／158
　　项目训练　　／160
　　自测题　　／161

项目八　企业质量管理

　　引导案例　昆明地铁标准化管理体系建设　　／162
　　任务一　质量与质量管理　　／164
　　任务二　质量管理体系标准与质量认证　　／168
　　任务三　全面质量管理　　／174
　　任务四　企业质量文化　　／178
　　案例分析　苏州市轨道交通集团有限公司运营一分公司质量
　　　　　　　管理标准化建设概要　　／182
　　项目训练　　／183
　　自测题　　／184

项目九　企业供应链管理

　　引导案例　苏州中车的供应链管理　　／185
　　任务一　供应链与供应链管理　　／187
　　任务二　供应链设计　　／194
　　任务三　供应链合作关系管理　　／200
　　案例分析　苏州市轨道交通集团有限公司的供应链管理　　／206
　　项目训练　　／208
　　自测题　　／208

项目十　企业营销管理

　　引导案例　苏州轨道交通智慧运营体系分析　　／209
　　任务一　市场营销　　／211
　　任务二　市场分析　　／215

任务三　市场细分与目标市场定位　　/ 218
　　任务四　市场营销组合　　/ 221
　　案例分析　苏州轨道交通全天 24 小时运营策划　　/ 229
　　项目训练　　/ 231
　　自测题　　/ 231

项目十一　企业品牌管理

　　引导案例　厦门地铁品牌架构　　/ 233
　　任务一　品牌和品牌管理　　/ 235
　　任务二　品牌定位　　/ 239
　　任务三　品牌设计　　/ 243
　　任务四　品牌形象　　/ 248
　　任务五　品牌传播　　/ 251
　　案例分析　苏州轨道交通的特色服务品牌　　/ 254
　　项目训练　　/ 255
　　自测题　　/ 256

参考文献　　/ 257

项目一 企业管理概述

【学习目标】

1. 理解企业的含义与类型
2. 理解现代企业制度的含义和内容
3. 理解企业管理及其基本原理

申通地铁的法务管理体系

上海申通地铁集团有限公司（以下简称"申通地铁"）是上海市属大型国有骨干企业，是上海轨道交通投资、建设、运营的责任主体，其经营范围包括轨道交通投资、建设、运营、资源经营、咨询设计等五大业务。近年来，随着企业的转型发展，法律风险由较为单一、隐蔽向全方位、广泛性转变，法务管理也由事务型、救济型向综合型、复杂型转变，亟待构建适应转型发展的法务管理体系。

申通地铁正处于深化转型发展的关键时期，建设任务繁重，网络运营责任重大，法律环境日趋复杂，建设、运营、经营等业务法律风险无处不在。申通地铁从促进企业健康持续发展的客观需要出发，科学构建法务体系，强化法律保障和服务职能，把各项工作纳入法治轨道，组织全员参与依法治理，充分发挥法律的事前防范、事中监督及事后补救功能，有效防范法律风险，保障稳健发展。

一、提升整体依法治企意识

长期以来，业务部门对法务工作的认识存在偏颇，多数员工认为法律工作只是"法务部门"一家之事，凡是发生涉法事项，应由法务部门独自解决。同时，员工也没有给予法务工作应有的重视，往往只是在纠纷、风险发生后才想起法律这根"救命稻草"。为此，申通地铁通过多种方法在强化全员法治意识上下功夫，推动依法治企业由法务部门独家负责向全员承担转变。抓好领导班子"关键少数"，把法务管理工作纳入企业经营业绩考核体系，把法治教育列入党委理论学习中心组必学内容，把法律知识讲座纳入领导干部必修课程，推动各级领导干部落实法务管理领导责任；按年开展定期和不定期的法律合规性评价，筑起防范法律风险的"第一道防线"；多年来坚持开设"季度法治讲堂"，邀请律师、专家、学者定期对项目管理、招标合约、物资采购、经营开发、信访接待等重点业务和岗位人员进行法律培训；配发覆盖全员的普法读本、手册，举办宪法、法律知识竞赛，推动全员自觉尊法、守法、用法，不断增强领导干部和员工依法决策、依法经营、依法办事的意识。

二、推行总法律顾问制度

总法律顾问是现代企业公司治理层的核心成员，总法律顾问制度是规范公司治理的重要制度。申通地铁在主要负责人履行企业法治第一责任人的基础上，建立并推行总法律顾问制度。总法律顾问作为高级管理人员，全面参与企业经营管理活动，领导企业法务管理工作，统一协调处理经营管理中的法律事务，统筹推进依法治理、依法经营、依法管理，将法治体系、法治能力、法治文化建设落实到各部门、各单位、各环节，用法治思维和法治方式深化改革，推动转型发展，防控风险，化解矛盾，维护稳定。

三、构建法务管理组织体系

申通地铁在总部层面，将法务管理职能从企业管理部门剥离，成立相对独立的法律事务部，作为全申通地铁法律事务的归口管理部门，并专设企业法律顾问、法务管理岗位。在二级子企业层面，按照业务发展、法律需求等实际因素，分类设置法务管理机构，明确：市场竞争充分的经营类企业应设置法务管理机构，设立企业法律顾问；地铁网络运营企业可设置法务管理机构，设立企业法律顾问或法务管理岗位；项目建设企业确定承担法务管理职能的部门，配备法务专业人员或外聘律师。

四、健全法务管理制度体系

申通地铁自法律事务部成立伊始，即以融入管理和经营为目标，加强制度顶层设计，把系统筹划、构建与申通地铁发展相适应的法务管理制度体系作为首要任务。近年来，陆续制定并发布实施了《进一步加强法律事务工作的意见》《全面从严推进依法治企的实施意见》2个总领性文件，《法律事务管理规定》1个基本管理制度，以及《法律审核规定》《外聘律师规定》《法律纠纷处置规定》《运营体系合规性评价规定》《授权管理规定》《知识产权管理规定》等6个专项管理制度。申通地铁基本建成以《进一步加强法律事务工作的意见》为指导的涵盖法务管理、法律审核、纠纷处置、律师管理、合规性评价、授权、知识产权、企业普法等内容的"1+X"法务制度体系。

五、推进重点业务领域依法维权

申通地铁以维护企业形象为重点，着力加大对地铁建设、运营客伤诉讼等重点业务领域的依法维权力度，加大处置的管控力度，严控系统性诉讼风险，形成了"每案专报、大案指导、季度备案、法院沟通、案例汇编"工作机制。

六、提升法务基础管理效能

在基础管理方面，申通地铁从实际、实用、实效角度出发，建立了多项工作机制。一是对重大决策、制度制定、合同签订等流程进行改造优化，将法律审核环节嵌入流程；二是根据业务发展需要，构建了涵盖工程建设、网络运营、知识产权、资源开发、投融资、证券金融、财务、劳动人事等8个方面的十多家律师事务所的申通地铁律师备选库；三是牢固树立"诉讼结束就是管理提升之开始"的理念；四是健全法务工作备案制度，加强季度数据统计汇总工作，分析整体运行情况，建立法律风险预警机制；五是开展基于全面法律风险识别的法务信息化系统的前瞻性研究，全方位识别全申通地铁、全业务流程的法律风险，并在此基础上研究开发法务管理信息化平台，运用计算机和互联网，实现基础资料台账录入、备案、查询功能的信息化。

[案例改编自：蒋国皎. 国有大型城市轨道企业法务管理体系建设的探索与实践[J]. 上海建设科技，2020（2）.]

[案例思考题] 结合案例材料想一想：国有企业有哪些特点？申通地铁是如何构建其法务管理体系的？

任务一　企业与企业管理

一、企业的概念与发展

（一）企业的概念

企业是指从事商品生产、流通、服务等经营活动，以产品或劳务满足社会需要并获取利润，依法自主经营、自负盈亏、独立经济核算的经济组织，是社会经济的基本单位。

理解企业的概念要注意以下几点：① 企业必须拥有一定的资源（人、财、物、信息等），是从事生产、流通、服务等经济活动的组织。② 企业是依法设立、自主经营、自负盈亏、独立经济核算的经济组织，具有独立的经济权益。为了自身的发展，企业可以自主决策，谋求更大的效益。③ 企业的生产经营成果（产品或劳务）是通过交换而与消费者或其他生产单位发生经济联系，在满足社会需要的同时获得收益的。④ 企业是一个国家的基本经济单位，是社会经济力量的基础。企业生产效率的高低、经济效益的好坏，对国民经济的发展有着重要的影响。

（二）企业的发展

随着生产力的发展、社会的进步，企业形式得以不断地发展与完善。企业的发展主要经历了三个阶段：

第一阶段，工场手工业时期。这是指从封建社会的家庭手工业到资本主义初期的工场手工业时期。16—17世纪，一些西方国家开始向资本主义制度发展，资本的原始积累加快，农民的土地被大规模地占用，家庭手工业急剧瓦解。随之，工场手工业开始萌芽，成为企业的雏形。

第二阶段，工厂制时期。18世纪60年代，工业革命首先在英国发生，然后在欧洲其他国家和北美扩散开来，大机器的普遍采用为工厂制度的建立奠定了基础。1771年，英国人理查德·阿克莱特在德比郡的克隆福德创立了第一家棉纱工厂。工厂制度的诞生吹响了工业时代的号角，一种全新的生产组织形式和生产方式就此诞生了。阿克莱特被后人誉为"工厂制度之父"。

工厂制的主要特征：实行大规模的集中劳动；采用大机器提高生产效率；实行雇佣工人制度；劳动分工深化，生产走向社会化。工厂制的建立，标志着企业的真正诞生。

第三阶段，现代企业时期。19世纪末20世纪初，随着自由资本主义向垄断资本主义过渡，工厂自身发生了复杂而又深刻的变化：不断采用新技术，生产迅速发展；生产规模不断扩大，竞争加剧，产生了大规模的垄断企业；经营权与所有权分离，形成了职业化的管理阶层；普遍建立了科学的管理制度，形成了一系列科学管理理论，从而使企业走向成熟，逐渐发展成为现代企业。

著名企业史学家小艾尔弗雷德·D.钱德勒在《看得见的手——美国企业的管理革命》中提出了现代企业的概念，即"由一组支薪的中、高层经理人员所管理的多单位企业即可适当地称为现代企业"。钱德勒认为现代企业以铁路公司为起点，因而将1827年美国第一家股份制铁路公司的成立作为现代企业出现的标志。现代企业与过去的企业形态相比，呈现出许多新的特征，如产权社会化、所有者和经营者分离、独立的法人地位和有限责任、现代治理结构、流水线作业、较高的资本投入、大规模产销、科层组织的运用等。

二、企业的分类

按照不同的标准，企业可划分为多种形式。

（一）按企业的法律形式划分

1. 个人独资企业

个人独资企业是指由一个自然人投资，全部资产为投资者个人所有，投资者以其个人财产对企业债务承担无限责任的经营实体。这种企业的规模一般都较小，主要盛行于零售商业、手工业、服务业等。个人独资企业是企业制度序列中最初始的形态，也是民营企业主要的企业组织形式。

个人独资企业的优点：① 企业的资产所有权、控制权、经营权、收益权高度统一，有利于企业主个人创业精神的发扬；② 企业主自负盈亏，企业经营好坏同企业主个人的经济利益乃至身家性命紧密相连，因而，企业主会尽心竭力地把企业经营好；③ 企业的外部法律法规等对企业的经营管理、决策、进入与退出、设立与破产的制约较小；④ 企业成立条件和手续办理程序相对简单。

个人独资企业的缺点：① 企业规模受限，难以筹集大量资金。个人独资企业完全由投资人个人出资经营，而个人的资金、能力、信息都是有限的。② 企业存续受限，连续性差。所有权和经营权高度统一的产权结构，虽然使企业拥有充分的自主权，但这也意味着企业是自然人的企业，如果企业主死亡或在转让情况下放弃经营，企业的生命也就终止了。③ 投资者的风险巨大。投资人对企业债务承担无限清偿责任，这使投资人的全部财产均存在风险，一旦经营失败，企业资产不足以清偿其债务时，投资人就有可能倾家荡产。

2. 合伙制企业

合伙制企业是指两个或两个以上的自然人或业主出资，通过签订合伙协议联合经营的企业。它分为普通合伙企业和有限合伙企业。

普通合伙企业是指普通合伙人基于合伙协议依法设立的，共同出资，合伙经营，共享收益，共担风险，并对合伙企业债务承担无限连带责任的营利性组织。

普通合伙企业具有以下优点：① 合伙经营、共享收益、共担风险使其经营风险相对较小。② 共同出资且出资形式多样，便于企业的设立和发展，它可以充分发挥企业和合伙人个人的力量，这样可以增强企业的经营实力，使企业的规模得到扩大。③ 对于合伙企业而言，其不作为一个统一的纳税单位，不被征收所得税。合伙人只需将从合伙企业分得的利润与其他个人收入汇总缴纳一次所得税即可。④ 由于法律对合伙关系的干预和限制较少，因此合伙企业在经营管理上具有较大的自主性和灵活性，每个合伙人都有权参与企业的经营管理工作，这点与股东对公司的管理权利不同。

普通合伙企业也有以下缺点：① 全体合伙人均可参与企业日常经营，改变企业名称、改变企业经营范围、处分企业不动产、以企业名义为他人提供担保等重大决策必须由全体合伙人共同做出，容易延误决策时机。② 合伙人的加入或退出、合伙人之间或合伙人向合伙人之外的人转让资金等情况均会造成企业的重组，企业存续相对不稳定。③ 全体合伙人均对企业债务承担无限连带责任，这使全体合伙人的全部财产均存在风险。④ 相对于公司制企业而言，合伙企业的资金来源和企业信用能力有限，不能发行股票和债券，这使得合伙企业的规模不可能太大。

依照《中华人民共和国合伙企业法》的规定，国有独资公司、国有企业、上市公司以及公益性的事业单位、社会团体不得成为普通合伙人。以专业知识和专门技能为客户提供有偿服务的专业服务机构，可以设立为特殊的普通合伙企业，如会计师事务所和律师事务所。

有限合伙企业由普通合伙人和有限合伙人组成，普通合伙人对合伙企业债务承担无限连带责任，有限合伙人以其认缴的出资额为限对合伙企业债务承担责任。有限合伙企业至少应当有一个普通合伙人，由普通合伙人执行合伙事务。有限合伙人不执行合伙事务，不得对外代表有限合伙企业。

3. 公司制企业

公司制企业（或称公司）是指由投资人（自然人或法人）依法出资组建，有独立法人财产，自主经营，自负盈亏的法人企业。出资者按出资额对公司承担有限责任。公司是经公司登记机关登记的营利性法人组织，并且独立于所有者和经营者。《中华人民共和国公司法》（以下简称《公司法》）规定的公司专指在我国境内设立的有限责任公司和股份有限公司。

有限责任公司是指由符合《公司法》规定的股东设立，股东以其出资额为限对公司债务承担有限责任，公司以其全部资产为限对其债务承担有限责任的企业法人。有限责任公司具有以下特征：① 公司股东人数在 50 人之内。② 公司财务状况可以不公开。③ 股东责任的有限性。公司股东仅以出资额为限对公司债务承担有限责任，如果公司财产不足以清偿其债务时，股东没有另行出资清偿的义务。这是有限责任公司和无限责任公司最主要的区别。④ 股东出资的非股份性。公司的资本不必分为等额股份，也不公开发行股票。这是有限责任公司和股份有限公司最主要的区别。⑤ 公司资本的封闭性。公司对股东资本转让有限制，股东持有的公司股票可以在公司内部股东之间自由转让，如果股东向股东以外的人转让其股份，应当经其他股东过半数同意。其他股东半数以上不同意转让的，应当购买该转让股权，不购买则视为同意转让。

有限责任公司的优点：① 公司设立条件和手续办理程序相对简单，相对比较容易组建；② 股东人数相对较少，相对比较容易管理；③ 股东仅以出资额为限对公司债务承担有限责任，这使得公司资金与股东个人其他资金分离了开来，提高了股东的投资积极性。

有限责任公司的缺点：① 筹集资金渠道比较有限，若公司想不断扩大规模，通常情况下需要更改为股份有限公司；② 股东仅以出资额为限对公司债务承担有限责任，股东决策公司事务时，可能会比较冒进，带有投机心理，这会给公司带来较大的风险。

股份有限公司是指由符合《公司法》规定的股东设立，公司全部资本分为若干等额股份，股东以其认购股份为限对公司债务承担有限责任，公司以其全部资产为限对其债务承担有限责任的股份公司。

股份有限公司具有以下特征：① 公司有 2 人以上 200 人以下的发起人，其中必须有半数以上的发起人在中国境内有住所。② 公开发行股票的公司财务状况必须公开，以便于投资人了解公司情况，进行选择。③ 股东责任具有有限性。公司股东以其认购股份为限对公司债务承担有限责任，如果公司财产不足以清偿其债务，股东没有另行出资清偿的义务,并且一旦公司出现破产或解散情况需要进行财产清算时,债权人只能对公司提出偿还要求,无权直接起诉股东。④ 股东出资具有股份性。公司资本划分为等额股份,可以向社会公开发行股票的形式募集资本,任何人在缴纳股款之后,都可以成为公司股东,没有资格限制。⑤ 股份发行和转让的公开性、自由性。公司股东可以依法通过交易买卖股票的形式自由转让股份,但不能退股。

股份有限公司的优点:① 没有限制股东身份及股东认购股份份额,因此募集资金来源相对广泛。② 股东认购股份只能转让而不能退股,这能保障公司的稳定发展。③ 有限债务责任。公司债务是法人的债务,不是所有者的债务。所有者对公司承担的责任以其出资额为限。当公司资产不足以偿还其所欠债务时,股东无须承担连带清偿责任。④ 公司财务状况必须向股东及社会披露,这对公司的运营起到很好的监督和激励作用。⑤ 公司在最初的所有者和经营者退出后仍然可以继续存在。

股份有限公司的缺点:① 公司设立条件和手续办理程序相对复杂,股东人数相对较多,组建公司的成本较高。② 存在代理问题。所有者和经营者分开以后,所有者成为委托人,经营者成为代理人,代理人可能为了自身利益而伤害委托人利益。③ 双重课税。公司作为独立的法人,其利润需缴纳企业所得税;企业利润分配给股东后,股东还需缴纳个人所得税。

小知识

法人治理结构

法人治理结构,又称为公司治理(Corporate Governance),是现代企业制度中最重要的组织架构。狭义的公司治理主要是指公司内部股东、董事、监事及经理层之间的关系,广义的公司治理还包括与利益相关者(如员工、客户、债权人、竞争对手、政府、社会公众等)之间的关系。公司作为法人,也就是作为由法律赋予了人格的团体人、实体人,需要有相适应的组织体制和管理机构,使之具有决策能力、管理能力,行使权利,承担责任,从而使公司法人能有效地活动起来。法人治理结构很重要,是公司制度的核心。

(资料来源:李明明,何家霖,汝玲. 现代企业管理教程[M]. 大连:东北财经大学出版社,2021.)

(二)按企业财产所有制的性质划分

1. 公有制企业

按照公有程度,公有制企业可以进一步划分为国家所有制企业、集体所有制企业、国有资产与集体资产混合的企业。

2. 私有制企业

出资者为个人或者私有组织的企业，在所有制性质上属于私有制企业。私有制企业的出资者，可以是单个自然人、少数自然人，也可以是一个私有组织、多个私有组织，私有制企业还可以是一个或者多个自然人与私有组织共同出资。

3. 混合所有制企业

这里的"混合"是指所有制上的混合，即企业的净资产是由公有性质和私有性质的组织以及个人共同出资形成的。根据不同经济成分的出资额在企业全部资本中的比例，混合所有制企业可以进一步划分为公有控股企业和私有控股企业。

（三）按企业生产要素的比重划分

1. 劳动密集型企业

劳动密集型企业是指技术装备水平较低，从事简单劳动的员工较多，单位员工平均占用固定资产较少的企业。例如，纺织企业、服装企业、餐饮企业等。

2. 资本密集型企业

资本密集型企业是指技术装备水平高，需要较多的资本投入用于大量购买各种设备，需要的员工较少，单位员工平均占用固定资产较多的企业。例如，轨道交通企业、铁路运输企业、飞机制造企业等。

3. 技术与知识密集型企业

技术与知识密集型企业是指拥有大批的高级和中级技术人才，主要依靠综合运用先进的科学技术求得生存和发展的企业。例如，计算机软件企业、管理咨询公司和律师事务所等。

除上述划分方法外，还可以按企业所在的经济部门分为农业企业、工业企业、服务企业等，依据企业生产经营活动的区域分为国内企业、境外企业和国际企业（跨国公司）等。

小知识

城市轨道交通企业

根据《国民经济行业分类》（GB/T 4754-2011）的规定，轨道交通属于城市公共交通业。城市轨道交通企业是世界绝大多数城市中轨道交通网络建设和运营的市场主体。在我国已经开通轨道交通服务的城市中，城市轨道交通企业作为城市运输市场的主体，以企业形式出现在运输市场中，相对垄断地承担着城市轨道交通网络的建设、运营与管理任务；同时，又因行业的特殊性，在组建之初就受到政府在价格、质量、安全方面严格的管理。城市轨道交通企业可按自己的经营特色设置各具特色的运营管理模式。我国许多城市轨道交通企业实行项目法人制，每条线路由一个项目法人管理，项目公司代表政府行使业主的权利，线路的运营方为轨道交通运营总公司。总公司下分建相应的投融资、建设运营及经营开发分公司，分别负责轨道交通筹资、设计与施工、运营、广告、商铺经营、地产利用与开发等。

（资料来源：张景霞. 城市轨道交通企业管理基础［M］. 北京：人民交通出版社，2022.）

三、企业管理的含义和职能

（一）企业管理的含义

企业管理是对企业的生产经营活动进行组织、计划、指挥、监督和调节等职能的总称。企业管理属于专业管理的一种，企业通过管理以提高企业效益，实现企业预期目标。为了能够提供某种产品或服务，企业必须筹集和组织利用生产这种产品或服务所需要的各种资源。因此，企业的经济活动主要包括三个环节：资源筹措、资源转换以及产品销售或成果处理。资源筹措是企业生产经营的基本工作。任何产品都是在对一定资源进行加工的基础上形成的。企业需要投入的基本资源主要包括人力资源、物质资源以及财务资源。资源转换的过程就是企业产品的生产制造过程，指企业组织劳动者借助劳动资料，利用一定的生产技术作用于劳动对象，使原材料改变其化学成分或物理形态，以得到符合要求的产品。产品销售或成果处理指企业借助特定渠道把特定产品利用特定方式转移到需要这种产品的特定消费者手中，企业借此获得相应的销售收入，以补偿生产过程中的各种消耗，使企业的经济活动得以延续。具体而言，可从以下四个方面理解。

第一，企业管理的主体是管理人员和企业职工；

第二，企业管理的对象是企业生产经营过程中的各种资源，如人力资源、项目、资金、技术、市场、信息、设备与工艺、作业与流程、文化制度与机制、经营环境等；

第三，企业管理的目的是提高企业效益，实现企业预期目标；

第四，企业管理的业务主要包括计划管理、生产管理、物资管理、劳动人事管理、质量管理、成本管理、财务管理、市场营销等。

（二）企业管理的职能

企业管理是管理的一个特殊范畴，是管理的一般职能在企业生产经营活动中的应用。企业管理的对象是企业。企业管理的目标是在提高企业经济效益的基础上，保证社会效益的实现，包括实现社会生产目标、盈利目标、自我发展目标等，企业必须完成市场调研、产品开发、资源开发、资金筹措、职工队伍建设、生产、销售等任务，而这些任务的完成有赖于企业管理的职能。一般而言，企业管理的职能主要有计划、组织、领导、控制、创新等内容。

1. 计划

所谓计划，就是指制定目标并确定为达成这些目标所必需的行动。企业中所有层次的管理者都必须从事计划活动。制订科学的计划，必须对企业的内外条件进行严格的科学分析，要通过调查研究、全面分析、综合平衡，并从由长期实践而获得的经验中找出规律，保证计划的科学性和预见性，充分发挥计划的指导作用，实现决策所确定的目标。

2. 组织

所谓组织，是指为了有效地完成既定的计划，通过建立组织机构，确定职能、职责和职权，协调计划，从而将组织内部各个要素联结成一个有机整体，使人、财、物得到合理使用的管理活动。其目的是使企业的生产经营活动协调、有序地进行，不断提高生产经营活动的效益。建立高效、精干的管理组织，并使之正常运行，是实现管理目标的重要条件和依托。

3. 领导

所谓领导，是指带领和指导组织成员去实现共同目标的各种活动的整个过程。领导职能有两个要点：一是对组织的各个层次、各类人员的领导、沟通或指导；二是协调组织内部各部门、组织成员和组织同外部各类利害关系集团之间的关系。领导工作的核心和难点是调动组织成员的积极性，这就需要领导者运用科学的激励理论和领导方式。

4. 控制

所谓控制，就是使计划按预定轨迹运行的管理活动。为了保证目标以及为此而制订的计划得以实现，需要对管理过程进行控制，即按既定的目标和计划，对企业生产经营活动过程中各方面的实际情况进行检查，发现差距，分析原因，并采取措施予以纠正，使各项工作都能够按原计划进行；或根据客观情况的变化，对计划做适当的调整，使其更符合实际。

5. 创新

组织活动是一种伸向外部、面向未来的活动。组织外部的环境以及企业内部与之相关的可以利用的资源是在不断变化的。即使环境与资源不变，组织中的管理者对资源与环境的认识也可能发生改变。这些变化要求组织活动的技术与方法不断变革，组织活动与人的安排不断优化，甚至组织活动的方向、内容与形式选择也需要不断调整。这些变革、优化和调整是通过管理的创新职能来实现的。

企业管理的各项职能不是孤立和割裂的，而是一个相互依存、相互作用的有机整体。计划是前提，提供目标和标准；组织是保证，提供实施计划的组织机构和氛围；领导是手段，是实现计划和目标的必要途径；控制使组织活动按预定的目标和要求进行，维持组织活动的有序性，从而为效率的提高提供保证；创新是推动管理活动的原动力。

小故事

抡大锤的企业家——张瑞敏

张瑞敏,海尔集团创始人,获评"2001年全国优秀共产党员",2018年被党中央、国务院授予"改革先锋"称号,2019年被授予"最美奋斗者"荣誉称号。

一、第一次"抡锤"砸出品牌价值

1984年12月,35岁的张瑞敏担任青岛电冰箱总厂厂长,但接手的却是一个负债147万元,严重资不抵债的"烫手山芋"。当得知德国冰箱公司利勃海尔有意愿对外输出技术与设备时,张瑞敏极力争取奔赴德国,将亚洲第一条四星级电冰箱生产线引进了这家小厂。当时,中国很多企业也开始引进国外的先进技术和设备,跟他们不同的是,张瑞敏始终认为,人的价值是第一的,高质量的产品是高素质的人干出来的,必须转变人的观念,因此他主要是学习德国人对待质量的精神。

就在海尔推行学习技术和质量观念的过程中,有客户反映海尔冰箱有毛病,张瑞敏到库房检查,发现76台冰箱的确存在问题。有人提议低价卖给员工,张瑞敏却抡起铁锤,让冰箱成了废铁。"我要是允许把这76台冰箱卖了,就等于允许你们明天再生产760台、7 600台次品。"张瑞敏抡起大锤,砸的并不是一个产品,而是砸出了一个观念,就是怎么把产品做成没有任何问题的产品。正是这一事件,唤醒了海尔人"零缺陷"的质量意识。

1988年,海尔获得了中国冰箱史上第一块质量金牌,使其在人们心中逐渐扎下了名牌之根。

二、再次"抡锤"砸向传统管理模式

张瑞敏认为,没有成功的企业,只有时代的企业,所谓成功,只不过是踏准了时代的节拍。

随着互联网时代的到来,2005年9月20日,张瑞敏提出并在海尔实践彻底颠覆传统管理模式的"人单合一"模式。随后,张瑞敏第二次抡起了那把"大锤",这回他要砸向的是近2万名中层管理人员,是传统管理模式。他将所有员工从科层制的枷锁中解放出来,变成自主创业的小微企业生产者,赋予他们分配权、薪酬权和用人权,用户成为他们唯一的领导。当时有很多人不理解张瑞敏的做法,而张瑞敏带领海尔用实践证明了"人单合一"模式的引领性。如今,全球管理学界、企业界都十分认可这一模式,全球战略管理大师加里·哈默更是称赞这一模式是目前最接近完美的管理模式,是终结官僚主义的模型。

"人单合一"模式能够被全球广泛赞赏的关键原因在于海尔对人的价值的释放。张瑞敏总结过去30多年的管理生涯时说了9个字——企业即人,管理即借力。"人单合一"模式下,企业文化从传统的执行力文化变为创业创新文化,并且企业为所有人提供了创业创新的平台,通过用户付薪驱动每个人在创造用户价值的同时实现自我价值。

(资料来源:中国工业新闻网 http://www.cinn.cn)

任务二　现代企业制度

一、现代企业制度的含义和内容

现代企业制度是指以市场经济为基础,以完善的企业法人制度为主体,以有限责任制度为核心,以公司企业为主要形式,以产权清晰、权责明确、政企分开、管理科学为条件的新型企业制度。现代企业制度的主要内容包括现代企业的产权制度、组织制度和管理制度等。

(一) 现代企业产权制度

产权是指法定的主体对财产拥有的所有权、使用权、收益权和处置权。企业是在一定的财产关系基础上形成的,企业的行为倾向与企业产权结构之间有着某种对应关系,企业在市场上所进行的物品或服务的交换实质上也是产权的交易。现代公司制企业的主要形式是有限责任公司和股份有限公司。公司制的特点是:公司的资本来源广泛,使大规模生产成为可能;出资人对公司只负责有限责任,投资风险相对降低;公司拥有独立的法人财产权,保证了企业决策的独立性、连续性和完整性;所有权与经营权相分离,为科学管理奠定了基础。

现代企业产权制度是指企业法人财产制度,是对企业法人财产权在经济活动中表现出来的各种权能加以分解和规范的法律制度。出资者所有权表现为出资者拥有股权,即以出资者的身份依法享有财产收益、选择管理者、参与企业决策等权利。企业法人财产权表现为依法享有法人财产的占有权、使用权、收益权和处置权,以独立的财产对企业的生产经营活动负责。值得注意的是,企业行使法人财产权受到出资者所有权的制约,必须维护出资人的权益,履行对出资人的义务。

(二) 现代企业组织制度

出资者、生产者和经营者,通过企业的决策、执行、监督三大机构,形成各自的权利、权力、义务并相互制衡,实行决策权、执行权和监督权三权分立的原则,由此形成了股东大会、董事会、监事会、总经理和执行部门共存的组织体系。现代企业组织制度是指企业组织的基本规范,它规定企业的组织指挥系统,明确了人与人之间的分工和协调关系,并规定各部门及其成员的职权和职责。

股东大会和董事会是企业的决策机构。出资者通过股东大会行使审议权和投票权以维护自身利益。董事会由股东大会选出,代表全体股东利益,负责制定企业战略性决策并检查其执行情况。执行部门是企业的执行机构,受聘于董事会,在董事会授权范围内负责企业的日常生产经营活动。总经理是执行机构的负责人。监事会是企业的监督和检查机构,由股东大会选出,对股东大会负责,监督董事会及执行部门的活动,防止董事会和执行部门滥用权力,以维护出资者的权益。

国企改革三年行动

国有企业改革三年行动是落实国有企业改革"1+N"政策体系和顶层设计的具体施工图,也是对党的十八大以来各项国企改革重大举措的再深化。2020年6月30日召开的中央全面深化改革委员会第十四次会议审议通过了《国企改革三年行动方案(2020—2022年)》。此次深改委会议明确,国企改革要坚持和加强党对国有企业的全面领导,坚持和完善基本经济制度,坚持社会主义市场经济改革方向,抓重点、补短板、强弱项,推进国有经济布局优化和结构调整,增强国有经济竞争力、创新力、控制力、影响力、抗风险能力。

国企改革三年行动,旨在形成更加成熟、更加定型的中国特色现代企业制度和以管资本为主的国资监管体制,在推动国有经济布局优化和结构调整上取得明显成效,在提高国有企业活力和效率上取得明显成效,做强做优做大国有资本和国有企业,增强国有经济竞争力、创新力、控制力、影响力、抗风险能力。

国企改革行动方案有八大重点任务。一是要完善中国特色现代企业制度,坚持"两个一以贯之",形成科学有效的公司治理机制。二是推进国有资本布局优化和结构调整,聚焦主责主业,发展实体经济,推动高质量发展,提升国有资本配置效率。三是积极稳妥地推进混合所有制改革,促进各类所有制企业取长补短、共同发展。四是激发国有企业的活力,健全市场化经营机制,加大正向激励力度,也由此提高效率。五是形成以管资本为主的国有资产监管体制,着力从监管理念、监管重点、监管方式、监管导向等多方位实现转变,进一步提高国资监管的系统性、针对性、有效性。六是推动国有企业公平参与市场竞争,强化国有企业的市场主体地位,营造公开、公平、公正的市场环境。七是推动一系列国企改革专项行动落实落地。八是加强国有企业党的领导和党的建设,推动党建工作与企业的生产经营深度融合。

(资料来源:王璐. 国企改革三年行动主体任务基本完成[N]. 经济参考报,2022-07-18.)

(三)现代企业管理制度

现代企业管理制度是对企业管理活动的制度安排,包括公司经营目的和观念、公司目标与战略、公司的管理组织以及各业务职能领域活动的规定。现代企业管理制度是有关约束和调整企业经营活动中管理方式和管理关系的行为准则。其主要内容包括以下四个方面。

1. 现代企业领导制度

现代企业领导制度的核心是关于企业内部领导权力归属、划分及行使的规定。建立科学的企业领导制度是做好企业管理的根本工作。

2. 现代企业用工制度

现代企业实行企业与劳动者双向自主选择的用工制度。企业与劳动者的劳动关系，以双方平等自愿、共同协商签订劳动合同的形式确立。

3. 现代企业财务制度

现代企业财务制度是出资者、经营者权益的财务体现。建立科学的现代企业财务制度应当充分体现产权明晰、政策公平、自主理财、与国际惯例保持一致的原则。

4. 现代企业破产制度

现代企业破产制度是当企业作为债务人不能偿清到期债务时，依法对企业在经营过程中所形成债权债务关系做出处理的法律制度。现代企业破产制度以法律作为手段，有利于淘汰落后企业，从而维护市场经济运行秩序。

二、现代企业制度的特征

（一）产权清晰

产权清晰是指明确出资人与企业法人之间的财产关系。出资人是资金的所有者，对出资资金享有收益权；企业法人则对出资金额及相应的增值金额享有占有、使用、处分的权利。

（二）权责明确

权责明确是指以产权清晰为基础，依法确定出资人与企业法人各自应享有的权利和承担的义务。出资人一旦出资，则不能再直接支配出资资金，并以出资金额为限对企业债务承担有限责任；企业法人自主经营、自负盈亏、独立经济核算，以其全部资产为限对其债务承担有限责任。

（三）政企分开

政企分开是指以产权清晰为基础，实行企业与政府的职能分离，理清企业与政府的关系。企业依法进行生产经营活动，是市场经济的主体；政府对企业生产经营活动进行调控和监督，为其提供服务。

（四）管理科学

管理科学是指企业内部建立规范的管理体制，做到企业的决策权、执行权和监督权相互分离又相互制衡。

三、现代企业管理的法律环境

企业经营管理活动受到多种环境因素的影响，这里我们主要介绍法律环境。市场经济就是法治经济，企业的经营活动必须以法律为基础。法律环境是指法律的内容及其实施对相关事物所形成的外部客观条件和基本氛围。

（一）公司法

公司法是规定各种公司的设立、活动和解散以及其他与公司组织有关的对内、对外关系的法律规范。它确定了公司的行为准则，维护了正常的社会经济秩序。公司法规定了公司的设立条件和设立程序，只有具备公司设立条件、履行法定程序，公司才能设立，才能作为法人从事经营活动。公司的经营范围应当依法登记，公司应在其经营范围内从事生产经营活动。

（二）劳动法

劳动法是调整劳动关系以及与劳动关系密切联系的其他社会关系的法律规范的总称。它的适用范围包括：在中华人民共和国境内的企业和个体经济组织以及与之形成劳动关系的劳动者；国家机关、事业组织、社会团体的工勤人员；实行企业化管理的事业组织的非工勤人员；其他通过劳动合同（包括聘用合同）与国家机关、事业组织、社会团体建立劳动关系的劳动者。

各国劳动法的表现形式不同，但大都包括以下基本内容：劳动就业法，劳动合同法，工作时间和休息时间制度，劳动报酬，劳动安全与卫生制度，女工与未成年工的特殊保护制度，劳动纪律与奖惩制度，社会保险与劳动保险制度，职工培训制度，工会和职工参与民主管理制度，劳动争议处理程序，以及对执行劳动法的监督和检查制度等。

（三）合同法

2020年5月28日，十三届全国人大三次会议表决通过了《中华人民共和国民法典》（以下简称《民法典》），自2021年1月1日起施行。《中华人民共和国合同法》同时废止。《民法典》第三编"合同"对合同的订立、效力、履行、保全、变更和转让、权利义务终止、违约责任等进行了阐述。其中，第464条规定：合同是民事主体之间设立、变更、终止民事法律关系的协议。其第465条规定：依法成立的合同，受法律保护。依法成立的合同，仅对当事人具有法律约束力，但是法律另有规定的除外。其第467条规定：在中华人民共和国境内履行的中外合资经营企业合同、中外合作经营企业合同、中外合作勘探开发自然资源合同，适用中华人民共和国法律。

（四）税法

税法是国家法律的重要组成部分，它以宪法为依据，是调整国家与社会成员在征纳税上的权利与义务关系，维护社会经济秩序和纳税程序，保障国家利益和纳税人合法权益的法律规范的总称，是国家税务机关及一切纳税单位和个人依法征税、依法纳税的行为规则。

（五）知识产权法

知识产权法是调整因创造、使用智力成果而产生的，以及在确认、保护和行使智力成果所有人的知识产权过程中所发生的各种社会关系的法律规范的总称。其功能主要体现为：保护智力成果完成人的合法权益，调动人们从事科研与文学创作的积极性和创造性；为智力成果的推广应用与传播提供法律保障机制；为国际经济技术贸易和文化艺术交流提供法律机制，促进人类文明进步与经济发展。其调整范围主要涵盖以下内容：知识产权权利归属方面的法律关系，知识产权权利行使方面的法律关系，知识产权管理方面的法律关系，因侵害知识产权而发生的法律关系。

我国现行的知识产权法律体系主要包括著作权法律制度、专利权法律制度、商标权法律制度和反不正当竞争的法律制度，以及我国已缔结与参加的国际条约的规定。

（六）消费者权益保护法

消费者权益保护法是指调整国家、经营者、消费者在保护消费者权益过程中发生的经济关系的法律规范的总称。其调整对象是国家在保护消费者权益过程中发生的社会关系，具体为：消费者为生活消费在购买、使用商品或者接受服务过程中，因经营者侵犯其合法权益而发生的社会关系；国家机关和其他社会组织在保护消费者权益过程中，与消费者之间发生的社会关系；国家机关、其他社会组织或者个人在监督损害消费者合法权益的行为过程中发生的社会关系。

（七）环境保护法

环境保护法是调整人类在开发利用、保护和改善环境的过程中所产生的各种社会关系的法律规范的总称。

环境保护单行法规是以宪法、环境保护基本法为依据制定的，但它又是宪法、环境保护基本法在保护环境中某种特定要素的或特定的环境社会关系调整的具体化。它在环境保护法体系中数量最多，所以占据着重要地位，具体包括土地利用规划法、污染防治法、自然保护法和环境管理行政法规等。

任务三　企业管理的基本原理

企业管理的基本原理是指人们在企业管理实践中总结出来的，管理企业必须遵循的最基本的理论和规则。企业管理的基本原理是对管理企业客观规律性的揭示，对企业管理活动具有指导和规范作用，主要有人本原理、系统原理、效益原理。

一、人本原理

人本原理就是指组织的各项管理活动，都应以调动和激发人的积极性、主动性和创造性为根本，追求人的全面发展的一项管理原理。人本原理特别强调人在管理中的主体地位，它不是把人看成是脱离其他管理对象的要素而孤立存在的人，而是强调在作为管理对象的整体系统中，人是其他构成要素的主宰，财、物、时间、信息等只有在为人所掌握、为人所利用时，才有管理的价值。具体地说，管理的核心和动力都来自人的作用。

人本原理要求企业在管理过程中必须遵循以下原则。

（一）激励原则

满足人类各种需求产生的效果往往是不一样的。物质需求的满足是必要的，如果没有物质会导致不满，但是仅仅满足物质需求又是远远不够的。即使满足了物质需求，它的作用也往往是很有限的，不能持久。要调动人的积极性，不仅要注意物质利益和工作条件等外部因素，更重要的是从精神上给予鼓励，使员工在内心情感上真正得到满足。

（二）行为原则

现代管理心理学强调，需要与动机是决定人的行为的基础，人类的行为规律需要决定动机，动机产生行为，行为指向目标，目标完成需要得到满足，于是又产生新的需要、动机、行为，以实现新的目标。掌握这一规律，管理者就应该对自己下属的行为进行行之有效的科学管理，最大程度地发掘员工的潜能。

（三）能级原则

能级原则是指根据人的能力大小和特点，赋予其相应的职权和责任，使企业管理系统中每一个人的能力与职位相匹配。值得注意的是，企业管理系统应该由不同层次的能级组成，并且相互配合、有效运作，这样才能保证整体系统的稳定性。

（四）动力原则

动力原则是指管理必须存在强大的动力，才能使企业管理系统得到持续、高效的运行。现代管理学理论总结了三个方面的动力：物质动力、精神动力、信息动力。物质动力是指企业管理系统中成员因物质的刺激而产生的积极行为；精神动力是指企业管理系统中成员因内心情感需要得到满足而产生的积极行为；信息动力是指企业通过管理实现信息资料的收集、分析与整理，并不断传递和反馈，得出科学成果，创造社会效益，使管理系统中成员产生成就感。

二、系统原理

系统原理是指人们在从事管理工作时，运用系统的观点、理论和方法对管理活动进行充分的系统分析，以达到管理的优化目标，即从系统论的角度来认识和处理企业管理中出现的问题。

系统原理的主要观点是强调系统的整体性和系统组成要素之间的联系性，旨在通过合理、有效、科学的安排使整体规划达到最优化，即实现管理者的整体效能大于部分效能之和。

系统的类型划分有多种方式：按照系统组成要素性质的不同，可划分为自然系统和人造系统；按照系统与环境联系程度的不同，可划分为封闭系统和开放系统；按照系统状态与时间关系的不同，可划分为静态系统和动态系统等。

系统具有以下基本特征。

（一）整体性

系统的整体性通常理解为"整体大于部分之和"，就是说系统的功能不等于要素功能的简单相加，而是往往要大于各个部分功能的总和。根据整体性这一特点，在研究一个对象时，不仅要研究宏观上的整体，也要研究各个孤立的要素，也就是说，在认识和改造系统时，必须从整体出发，从组成系统的各个要素间的相互关系中探求系统整体的本质和规律，把握住系统的整体效应。

（二）相关性

系统的相关性是指系统要素之间相互依存、相互制约、相互作用的关系。正是这种"关系"，使系统中每个要素的存在依赖于其他要素的存在，往往某个要素发生了变化，其他要素也随之变化，并引起系统变化。

（三）有序性

系统的有序性是指系统在相对稳定的结构状态下有序运行。系统内各要素相互作用的层次性，即构成系统的各要素在不同层次上发挥作用；系统要素相互作用的方向性，即系统各要素在纵向的各层次之间和横向的各环节之间朝一定的方向交互作用。

（四）适应性

所谓适应性，就是指系统随环境的改变而改变其结构和功能的能力。系统与外部环境的关系是互动的：一方面，系统要根据环境的特点及变化选择并调整自己的活动；另一方面，系统会通过自己的活动去影响和改造环境，使环境朝着有利于自己的方向变化。

根据系统论的观点，在组织管理活动中应注意以下三个方面的问题。

第一，管理活动所要处理的每一个问题都是系统中的问题。因此，解决每一个具体的问题，不仅要考虑该问题的解决对直接相关的人和事的影响，还要顾及对其他相关因素的影响；不仅要考虑到对目前的影响，还要考虑到对未来可能产生的影响。只有把局部与整体、内部与外部、目前与未来统筹兼顾，综合考虑，才能妥善地处理组织中的每一个问题，避免顾此失彼。

第二，管理必须有层次观点。组织及其管理活动是一个多元、多级的复杂系统。在这个系统中，不同层次的管理者有着不同的职责和任务。各管理层次必须职责清楚、任务明确，并在实践中各司其职、各行其权、各负其责，以正确发挥各自的作用，实现管理的目标。如果管理工作层次不清、职责不明，或者虽然层次分明，但上级越权指挥、下级越权请示，不按组织层次展开工作，则可能使管理系统变得一片混乱。

第三，管理工作必须有开发观点。组织与环境的作用是交互的，管理者不仅应根据系统论的观点，注意研究和分析环境的变化，及时调整内部的活动和内容，以适应市场环境特点及变化的要求，而且应努力通过自己的活动去改造和开发环境，引导环境朝着有利于组织的方向发展变化。

三、效益原理

效益原则是指组织的各项管理活动都要以实现有效性、追求高效益作为目标的一项管理原则。企业管理的主要目标是不断提高经济效益，这是效益原理的主要观点，即企业通过加强管理工作，做到以尽量少的劳动消耗和资金占用生产出尽可能多的满足社会需要的产品。

效益原理要求企业在管理过程中必须遵循以下原则。

（一）价值原则

价值原则是指要实现企业的经济效益，就应当以最少的耗费达到最好的效用，以满足消费者的需要。经济效益的核心在于价值，也就是说，满足消费者的需要是企业获取经济效益的前提条件。

（二）投入产出原则

投入产出原则是指通过以尽可能少的投入来获取尽可能多的产出的途径来实现企业经济效益的最大化。经济效益是一个相对的概念，仅仅从产出的效果角度分析企业经济效益是片面的。

（三）边际分析原则

边际分析原则是指企业管理过程中通过分析投入产出的增量，即每增加一个单位规模所能增加的经济效益，来判断实际经济效益总量的增减。

 **小知识**

效率、效果、效能和效益的区别

效率指在单位时间里完成的工作量，或者说是某一工作所获的成果与完成这一工作所花时间和人力的比值。从管理学角度来讲，效率是指在特定时间内，组织的各种投入与产出之间的比率关系。同样的产出，效率与投入成反比；同样的投入，效率与产出成正比。产出大于投入，就是正效率；产出小于投入，就是负效率。

效果是指在给定的条件下由其动因或其他原因或多因子叠加等行为对特定事物所产生的系统性或单一性结果。这种结果有的是有效益的，有的是无效益的。

效能是指使用行为目的和手段方面的正确性与效果方面的有利性。衡量效能的依据是效率、效果、效益，主要指办事的效率和工作的能力，是指有效的、集体的效应，是衡量工作成果的尺度，反映了所开展活动目标选择的正确性及其实现的程度。

效益是指效果和收益，可以是劳动（包括物化劳动与活劳动）占用、劳动消耗与获得的劳动成果之间的比较，也可以是项目对国民经济所做的贡献，它包括项目本身得到的直接效益和由项目引起的间接效益或者项目对国民经济所做的贡献。在管理活动中，如果劳动成果大于劳动耗费，则具有正效益；如果劳动成果等于劳动耗费，则视为零效益；如果劳动成果小于劳动耗费，则产出负效益。

一般来说，四者之间是正相关的，如效率高的，效能就高，效果就好，效益也会更大，反之亦然。效能是一个大概念，是对效率、效果的概括性和综合性评价。

 **案 例 分 析**

苏州市轨道交通集团有限公司治理结构的探索与实践

苏州市轨道交通集团有限公司为市直属大型国有企业，主要承担苏州市轨道交通规划、建设、运营、资源开发及物业保障等工作。公司按各自职责与权限范围开展工作，形成产权明晰、协调运转、有效制衡的领导机制，做到管理制度化、工作标准化、决策民主化，确保管理工作的科学、有序、高效。公司按照"产权清晰、权责明确、政企分开、管理科学"的现代企业管理制度规范运行，运用"逐级负责制"的组织架构原理，适时调整、完善公司机构及岗位设置，已形成较为完善的管理结构和层次。

一、组织行为的管理责任

公司按照现代企业制度建立严格的治理结构和管理制度，治理结构由股东大会、董事会、专职监事和经理层四个机构组成，其中股东大会拥有最终控制权，董事会拥有实际控制权，经理层行使经营权，专职监事进行监督，四种权力相互制衡，共同实施公司内部治理。此外,公司坚定明确党委在决策、执行、监督各环节的权责和工作方式,持续完善"三重一大"决策制度,充分发挥企业党委在"把方向、管大局、促落实"上的领导作用。

公司对高级管理人员职权行使、重大投资、财务收支和经济活动等组织行为进行监督、审计,保证组织活动的合法性、规范性、有效性,评价高层领导的绩效。同时,高层领导的组织行为接受来自员工的监督。

集团公司与分(子)公司总经理、分(子)公司总经理与各部门负责人签订年度生产经营责任书,明确管理经营要求,确保各级管理者责任得到落实。

二、财务方面的责任

公司法人是第一财务责任人,确保公司财务管理符合国家法律法规、会计准则的要求,总经理、财务部门负责人在其领导下承担具体责任。公司制定完善的财务管理制度,对整个财务运行过程实行事前、事中、事后三个阶段多层次控制,对重大项目实行领导分级审批制度,层层把关,严格控制资金使用中的各项工作流程,确保各业务合规、资产完整、成本可控、资金周转顺畅。

三、内、外部审计的独立性

公司的内部审计包括:① 由审计监督处负责实施,在董事长的直接领导下,独立客观地对下属分(子)公司的财务、内部控制等生产经营活动进行监督和评价。② 由主管部门派驻组负责实施,独立客观地对下属分(子)公司的党风廉政等情况进行监督和评价。

外部审计包括:集团公司授权委托外部具有相关资质的审计事务所、税务事务所等审计机构,依法独立地对分(子)公司实施审计。

四、股东及相关方利益的保护

公司积极保护股东利益以及员工、供方、乘客、社会等相关方利益,努力为相关方创造更大的价值,达到和谐共赢。

1. 股东利益保护

公司通过签订目标责任状、安全生产责任状承诺并达到对经营目标、安全生产的要求;通过全面预算管理、成本管理、风险管理等对资产、资金实施管控,达到降本增效与投资收益的最大化。

2. 乘客利益保护

公司把公众利益放在首位,通过乘客满意度调查、现场察访、行风评议及各种信息渠道反馈等时刻关注乘客的需求及其变化,关注乘客群体的满意度。

3. 员工利益保护

公司关注员工利益,通过落实关爱员工的多项举措切实履行企业责任。

(资料来源:苏州市轨道交通集团有限公司)

案例思考题

1. 试运用现代企业制度理论分析苏州市轨道交通集团有限公司治理结构的特点。
2. 结合本案例，对苏州市轨道交通集团有限公司的治理结构提出优化建议。

项目训练

【训练内容】组建模拟公司。

【训练目的】通过组建模拟公司，加深对企业管理的理解，培养初步运用管理系统思想建立现代企业的能力，训练每个成员的责任意识与演讲能力。

【训练步骤】

1. 学生每 8—10 人划分为一个小组，以小组为单位进行"无领导小组讨论"，推荐或投票产生公司总经理：_____。
2. 共同商定公司名称：_____公司；

办公地点：_____；联系电话：_____。

3. 由总经理进行人员分工，指定职位。人员分工：_____。
4. 确定公司管理的主要内容。
5. 交流与评价：

（1）以模拟公司为单位，每个人都发表"就职演说"。

（2）标准：分工合理，公司管理内容明确、职责清楚；每个人演讲认真，对所任职位理解准确。

（3）评价及表彰：对每个人的演讲表现结合演讲稿进行评价；对公司运作，包括公司管理内容进行评价。对表现优秀的个人和模拟团队给予合适的表彰。

自测题

1. 概述企业的类型。
2. 什么是现代企业制度？它有哪些特征？
3. 什么是人本原理？它在企业管理过程中应遵循哪些原则？
4. 举例说明系统原理及在企业管理中的应用。
5. 如何理解效益原理？企业应该树立怎样的效益观？

【延伸阅读】

彼得·德鲁克. 卓有成效的管理者［M］. 辛弘，译. 北京：机械工业出版社，2022.

项目二 企业战略管理

【学习目标】

1. 理解企业战略的含义及其构成要素
2. 掌握企业战略环境分析的内容和方法
3. 掌握企业战略的基本类型
4. 理解企业战略管理过程

苏州市轨道交通集团有限公司"十四五"发展规划概要

"十四五"时期,是苏州加快建设充分展现"强富美高"新图景的社会主义现代化强市、在全国率先"勾画现代化目标"、打造向世界展示社会主义现代化的"最美窗口"、在江苏"争当表率、争做示范、走在前列"中展现更大作为的重要阶段,也是苏州市轨道交通集团有限公司完善网络化建设运营、优化业务结构、提升管理能力、实现转型发展的关键时期。集团"十四五"发展规划,明确了集团"十四五"时期的发展方向、发展目标、发展策略,并制定落地举措,以指导集团未来五年的战略发展工作,推动集团高质量发展,进而为苏州市实现"十四五"发展目标贡献轨道力量。

面对"十四五"期间上位政策、行业发展、乘客需求、技术变革、国资国企改革等诸多环境要素变化,集团要积极抓住机会,迎接挑战,推动自身实现转型发展。

第一,交通融合和区域融合的政策导向明显,集团亟须抓住政策机遇推动四网融合。交通强国、四网融合、长三角一体化发展、沪苏跨界合作等交通和区域发展战略不断推出,区域轨道交通一体化发展趋势将更加明显,轨道交通作为经济社会发展引擎的作用也将更加彰显,这为集团整合苏州城市轨道交通业务资源,积极参与城际铁路、市域(郊)铁路的建设运营和资源经营、强化在长三角区域中的地位提供了机会。集团需面对四网融合下建设业务、资源经营业务拓展和运营规模扩大的压力，不断提升业务管理能力，加强人才队伍建设，扩大集团发展边界。

第二，"轨道+物业"是轨道交通企业增强自我造血、满足乘客需求的重要业务支撑，集团亟须打破限制，推动TOD（Transit-Oriented Development，以公共交通为导向的开发）模式。TOD模式逐步成为行业共识，轨道交通企业通过推动TOD，既可以分享城市发展红利，利用物业收益反哺轨道交通建设和运营，促进自我良性循环，减轻财政补贴负担，又可以拓展轨道交通服务功能，培育城市活力空间，满足乘客一站式、全方位的出行服务需求。集团要抓住"轨道+物业"的行业发展趋势，加强调研学习，联合相关部门共同完善苏州TOD模式相关政策，并解决开发资金、专业团队、品牌打造等核心问题，推动TOD模式成为集团的战略核心之一，充分发挥轨道交通的骨干作用和活力引擎作用。

第三，"轨道+产业"是轨道交通企业打造多元发展支点、培育持续发展动能的有效方式，集团亟须补齐产业投资布局。"轨道+产业"的发展方式可以打破轨道交通企业在基础设施建设、运营主业中的发展天花板，发挥企业已有经验优势，拓展轨道交通产业链业务环节，培育多个营收来源，推动企业业务一体化发展，实现业务之间的相互协同与支撑，增强可持续发展能力。集团未来要重视产业投资发展，匹配相关资金、人才、机制等，补齐业务布局上的短板，放眼轨道交通全产业链抓住业务投资发展机会，培育新发展动能。

第四，技术变革成为升级行业生产方式、优化乘客服务的核心驱动力，集团亟须顺应科技潮流推动数字化发展。数字化转型和智慧化发展是经济社会升级发展的趋势，也将会深刻改变轨道交通行业的发展方式。通过运用技术手段，轨道交通企业对内可以优化企业管理体系，提升企业精细化管理水平，提高企业运作效率，对外可以充分获取乘客数据，高效察觉乘客出行和消费服务需求，在提供优质出行方案的同时挖掘新的商业模式，提高企业经营效益。集团未来要把数字化转型发展提升到企业战略层面，全面改善企业业务经营和内部管理的运作模式。

第五，国资国企改革不断迈入新阶段，集团亟须在改革指引下完善经营管理制度，激发企业活力。国企改革三年行动、《苏州市属国资国企改革发展"十四五"规划》在完善中国特色现代企业制度、推进国有经济布局优化和结构调整、积极稳妥深化混合所有制改革、健全市场化经营机制等方面都提出了最新的改革导向，这为集团优化管理机制、服务转型发展提供了空间。集团亟须结合业务发展需要和国企改革要求大胆突破企业管理瓶颈，建立充分激发企业和员工活力的新型制度体系，为集团战略落地和业务发展提供保障。

集团"十四五"时期发展战略屋

（资料来源：苏州市轨道交通集团有限公司）

[案例思考题] 结合案例材料，谈谈苏州市轨道交通集团有限公司"十四"发展规划的重要意义。

任务一　企业战略管理概述

一、企业战略的含义和特征

（一）企业战略的含义

企业战略是指企业面对剧烈变化、严峻挑战的经营环境，为求得长期生存和持续发展，对企业发展目标、达成目标的途径和手段进行的总体谋划。

（二）企业战略的特征

1. 全局性

企业战略的中心问题是企业的成长方向。当企业的总体利益和下层组织的局部利益发生冲突时，需要管理者在复杂的条件下把握全局，运筹帷幄，做出正确的战略部署。

2. 长远性

企业战略通常着眼于未来3—5年乃至更长远的目标。

3. 竞争性

竞争是市场经济中每个企业必须面对的现实，也正是因为有了竞争，才确立了战略在经营管理中的主导地位。

4. 风险性

由于市场信息的不对称性和非完整性，企业总是面临着一个复杂多变、不确定的环境，所以任何战略都有可能出现对事实估计的偏差，而这种偏差会导致企业经营的风险。这就需要适时对战略进行调整。

5. 稳定性和适应性

一个好的战略总是力求稳定性和适应性的统一。稳定性指战略在较长时期内保持相对稳定，以增强组织成员的信心；适应性指战略目标既简单明确，又不过分僵化和具体，保持适当的张力。

二、企业战略的构成要素

一般来讲，企业战略由以下四个要素构成。

（一）经营范围

经营范围又称经营领域，是产品领域和市场领域的集合。它反映了企业与外部环境相互作用的程度。企业应根据自己所处的行业、自己生产的产品和市场来确定经营范围，只有产品与市场相结合，才能真正确立企业的经营业务。

确定或描述企业的经营领域一般有三种形式：① 从生产的产品的角度进行描述；② 从进入的市场的角度来描述；③ 从二者相结合的角度来描述。

企业的经营范围应当反映企业的任务或战略意图，所以，确定企业的经营范围应解决以下三个问题：① 企业应从事何种业务；② 企业应集中于何种顾客需求、细分市场或技术；③ 企业的长期战略意图是什么。

（二）资源配置

资源配置是指企业根据战略期的经营领域，以及确立竞争优势的要求，对其掌握的各种经济资源，在质和量上进行合理分配。其目的是形成战略所需要的经营结构或战略体系。具体来说，应考虑以下问题：① 企业如何在各业务（经营领域）之间分配其有限的资源，以获取最高的回报；② 就每项业务的各种可选择战略而言，哪种战略能带来最大的投资回报；③ 资源短缺问题如何有效解决。

（三）竞争优势

竞争优势是指企业在所从事的经营领域通过与竞争对手相比较，强于竞争对手的市场地位。企业应寻求和确立自身在各领域中起主导作用的重点，创造相对优势，并通过重点集中，以产生放大效应，形成可持续发展的局面。这就要求战略管理者要仔细考察和分析企业每一项经营业务的市场机会，以及与竞争对手相比所拥有的独特能力。这里具体应考虑以下三个问题：① 企业如何达到期望的目标增长水平？② 企业能否通过扩展现有重点业务，达到期望的增长水平？③ 企业能否通过业务多样化，达到将来的增长目标?

（四）协同作用

协同作用是指企业各经营领域之间由联合作用而产生的整体效果大于各自单独进行时的效果之和的效应，即整体大于部分之和的效应。

协同作用表明了一种联合作用的效果。安索夫指出，协同作用涉及企业与其新产品和市场项目相配合所需要的特征。它常常被描述为具有"1+1>2"的效果，这意味着企业内部经营单位联合起来所产生的效益要大于各个经营单位各自努力所创造的效益总和。

协同作用可以细分为以下三种：① 销售协同作用，即企业各种产品使用共同的销售渠道、库存等；② 运行协同作用，即企业内分摊间接费用，分享共同的经验曲线；③ 管理协同作用，即在一个经营单位里运用另一个单位的管理经验与专门技能。协同作用是衡量企业新产品与市场项目的一种变量。

三、企业战略管理的含义和特征

（一）企业战略管理的含义

企业战略管理是企业为了实现其长期生存和持续发展，在充分分析组织外部环境和内部条件的基础上，设定组织的战略目标，为保证目标的正确落实和实现所进行的做出战略决策、实施战略方案、控制战略绩效的一个动态管理过程。

（二）企业战略管理的特征

企业战略管理具有以下主要特征。

1. 企业战略管理的主体是企业高层领导

由于企业战略涉及企业的整体，既涉及企业资源的调配和使用，又涉及企业内部的各项职能和各个经营事业单位，只有高层领导才能全面、综合考虑到企业的各个方面，有权对资源进行调度，因而高层领导参与决策是必不可少的。

2. 战略性决策通常是涉及面很广的决策

企业中很多战略性问题，如用户构成、竞争重点、组织结构问题等，其决策都涉及企业内部的各个部门，各个部门都会受到由这种决策所引起的资源调配和职责分工的影响。

3. 企业战略管理要体现对未来的预见性

企业战略的制定是基于高层领导人员的预测和判断，而不是基于已知事实，为此必须考虑多种方案并对之做出权衡选择。在变动和竞争的环境中，企业若要取得成功，就不能对未来的变革被动地做出反应，而是要持主动进攻的态度。

4. 企业战略管理要适应企业内外部环境的变化

所有的企业都处于一个开放系统之中，企业战略受到内外部环境的影响，也影响着环境。企业在未来的环境中要取得主动和优势，不仅要看自己的经营，而且要注意竞争对手、用户和供应者等的行动。

四、企业战略管理的过程

企业战略管理过程包括战略分析、战略选择与制定、战略实施、战略控制四个阶段。

（一）战略分析

战略分析是评价影响企业目前和今后发展的关键因素，并确定在战略选择步骤中的具体影响因素，包括：评价企业当前使命、目标、战略、业绩等；内外部环境分析；根据当前情形重新定义企业使命和目标。战略分析的主要任务是对这些关键性影响因素进行长期的跟踪和调查，对企业目前的市场竞争态势做出客观判断，并根据企业目前在市场竞争中所处的位置和发展机会来确定未来应该达到的战略目标。

（二）战略选择与制定

战略选择的标准通常包括战略组合内部是否具有一致性，战略与环境能否保持一致，战略与公司拥有的资源是否匹配，战略执行时所遇到的风险是否适当，战略是否具有明确的时间结构，战略是否切实可行。战略选择可以借助于一定的战略评价方法和模型来进行。

企业战略的制定程序一般依次为识别现行战略、分析外部环境、分析内部环境、准备战略方案、评价和比较战略方案、确定战略方案。需要指出的是，实际上并不存在最佳的选择，往往是企业管理者和利益相关者的价值观与期望值影响下的"满意战略选择"。

（三）战略实施

企业战略实施通常需要在"分析—决策—执行—反馈—再分析—再决策—再执行"中不断循环。企业战略实施包括发动、计划、运作、控制与评估四个互相联系的阶段。战略实施的过程就是把战略方案付诸行动，使企业活动朝着既定战略目标与方向不断前进的过程。

战略实施的关键在于其有效性。要保证战略的有效实施，首先就要通过计划活动，对企业的总体战略方案从空间和时间上进行分解，形成企业各层次、各子系统的具体战略或策略、政策，在企业各部门之间分配资源，制定职能战略和工作计划。特别是制订年度计划，以分阶段、分步骤地贯彻和执行战略。为了实施新的战略，要设计与战略相一致的组织结构。这个组织结构应能保证战略任务、责任和决策权限在企业中的合理分配。一个新战略的实施对组织而言是一次重大的变革，变革总会有阻力，所以对变革的领导是很重要的。这包括培育支持战略实施的企业文化和激励系统、减小变革阻力等。

（四）战略控制

战略控制是将战略实施结果与预期目标进行比较，以便及时发现偏差，适时采取措施进行调整，以确保战略方案的顺利实施。战略控制的一个重要目标就是使企业的实际绩效尽量符合战略计划，为了达到这一目标，可将战略控制过程分为制定控制标准、衡量实际绩效、评价实际绩效、采取纠正措施。

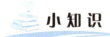

核心竞争力

1990年，普拉哈拉德与哈默尔首先提出了"核心竞争力"一词，认为"核心竞争力是组织内的集体学习能力，尤其是如何协调各种生产技能并且把多种技术整合在一起的能力"。在他们看来，核心竞争力首先应该有助于公司进入不同的市场，它应成为公司扩大经营的能力基础。其次，核心竞争力对创造公司最终产品和服务的顾客价值贡献巨大，它的贡献在于实现顾客最为关注的、核心的、根本的利益，而不仅仅是一些普通的、短期的好处。最后，公司的核心竞争力应该是难以被竞争对手所复制和模仿的。现代企业的核心竞争力是一个以知识、创新为基本内核的企业某种关键资源或关键能力的组合。

（资料来源：魏文斌. 现代西方管理学理论［M］. 上海：上海人民出版社，2004.）

任务二　企业战略环境分析

一、企业环境及各因素之间的关系

（一）企业环境的概念

企业环境是指影响企业生存和发展的各种内外因素的组合，包括企业外部环境和内部环境（又称内部条件）两个方面。外部环境是企业生存和发展的前提条件，内部条件则是企业生存和发展的基础。企业的生存和发展，从根本上讲，取决于利用自身条件去适应所处的外部环境。企业战略环境分析就是对企业外部环境和内部条件的变化进行研究与分析，为企业制定和实施战略提供依据。

通常，外部环境因素对企业来说是不可控的，内部条件是企业可以控制的。根据外部环境因素对企业作用的方式和特征的不同，它又分为宏观环境因素和行业竞争环境因素。企业的内部条件按其构成要素，可分为资源要素、管理要素和能力要素。

（二）企业环境各因素之间的关系

从系统的观点来看，企业是外部环境的子系统。企业的生存与发展是以外部环境为条件、内部条件为基础的。

1. 外部环境

外部环境因素是企业不可控的力量，这些因素的变化既有可能给企业带来机会，也有可能带来威胁，从而影响企业战略的各个方面。

（1）从影响方式上看，宏观环境因素对企业的影响是间接的，主要是通过对行业和市场的影响来间接地影响企业；而经营环境因素则是企业的直接环境因素，行业和市场的变化直接作用于企业。

（2）从影响范围上看，宏观环境因素的影响是广泛和持久的，它不仅影响某个企业，而且影响一个或多个行业，甚至影响整个国民经济，且一旦产生影响，就会持续较长时期；而经营环境因素通常只影响一个行业，尤其是对企业的某一具体经营领域会有大的影响，其影响常常是短期的。

（3）从影响时间上看，宏观环境因素对企业的影响往往是滞后的，如果某一宏观环境因素发生变化，常常要经过一段时间才会对企业产生实质性影响；而经营环境因素对企业的影响则是即时的，经营环境因素一旦发生变化，就能立即在企业的相应经营领域中反映出来。

2. 内部条件

企业的内部条件可分为总体条件和经营领域条件。总体条件是从全局来考察的，强调企业整体各条件要素的合理配置和组合，因而影响企业的整体优势和整体目标；经营领域条件主要是从企业的各经营单位来考察的，它强调某一领域条件要素的合理配置和使用。经营领域条件对经营环境的变化特别敏感，因为它们直接影响某一经营领域的竞争优势和目标。

二、企业外部环境分析

（一）宏观环境分析

企业所面对的宏观环境是指给企业带来市场机会或环境威胁的主要外部力量，它们直接或间接地影响企业的战略，会给企业的生存与发展带来重大影响。对宏观环境分析一般采用 PEST 分析方法，具体包括政治（Political）环境分析、经济（Economic）环境分析、社会文化（Social）环境分析、科学技术（Technological）环境分析。如果扩展开来的话，还包括教育环境分析、法律环境分析、自然环境分析等。

1. 政治法律环境

政治法律环境是指影响和制约企业的政治、法律因素及其运行状态。

2. 宏观经济环境

宏观经济环境主要是指一个国家的经济结构、经济增长速度及经济增长的周期性变化、通货膨胀的程度、税率水平及汇率水平的变化、是否实行外汇管制等。例如，房产税和利率上调会影响房地产企业。

3. 社会文化环境

社会文化环境指一个社会的价值观、风俗习惯、社会成员接受教育的程度等因素。它们会影响企业的生产和经营。

4. 科学技术环境

科学技术环境指一个国家和地区的技术水平、技术政策、新产品开发能力及技术发展的动向等。

5. 自然环境

自然环境是指企业所处生态环境和相关自然资源。企业一定要保护好所处地区的环境，承担自己的社会责任。

（二）行业环境分析

行业环境分析主要是指对本行业内的竞争结构、竞争状况做出的总体性判断。在行业竞争研究方面，最著名的是迈克尔·波特提出的五种竞争力模型分析，如图2-1所示。

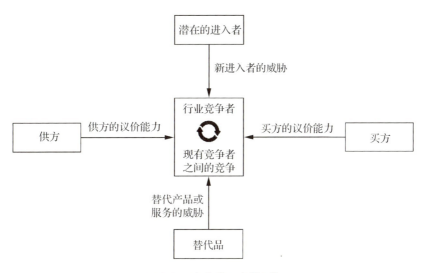

图2-1 波特"五力模型"

（资料来源：迈克尔·波特. 竞争战略［M］. 陈丽芳，译. 北京：中信出版社，2014.）

1. 供方

供方主要通过其提高投入要素价格与降低单位价值质量的能力，来影响行业中现有企业的盈利能力与产品竞争力。供方力量的强弱主要取决于他们所提供给买主的投入要素类型。当供方所提供的投入要素的价值构成了买方产品总成本的较大比例、对买方产品生产过程非常重要，或者严重影响买方产品的质量时，供方对于买方的潜在讨价还价力量就大大增强。一般来说，满足如下条件的供方集团会具有比较强大的讨价还价力量：供方行业为一些具有比较稳固市场地位而不受市场激烈竞争困扰的企业所控制，其产品的买方很多，以至于每一单个买方都不可能成为供方的重要客户；供方各企业的产品都具有一定的特色，以至于买方难以转换或转换成本太高，或者很难找到可与供方企业产品相竞争的替代品；供方能够方便地实行前向联合或一体化，而买方难以进行后向联合或一体化。

2. 买方

买方主要通过其压价与要求提供较高的产品或服务质量的能力，来影响行业中现有企业的盈利能力。一般来说，满足如下条件的买方可能具有较强的讨价还价力量：买方的总数较少，而每个买方的购买量较大，占了供方销售量的很大比例；供方行业由大量相对来说规模较小的企业所组成；买方所购买的基本上是一种标准化产品，同时向多个供方购买产品在经济上也完全可行；买方有能力实现后向一体化，而供方不可能前向一体化。

3. 现有竞争者及竞争强度

大部分行业中的企业，相互之间的利益都是紧密联系在一起的，作为企业整体战略一部分的各企业竞争战略，其目标都在于使自己的企业获得相较于竞争对手的优势，所以在实施中就必然会产生冲突与对抗现象，这些冲突与对抗就构成了现有企业之间的竞争。现有企业之间的竞争常常表现在价格、广告、产品介绍、售后服务等方面，其竞争强度与许多因素有关。

一般来说，出现下述情况将意味着行业中现有企业之间竞争的加剧：行业进入障碍较低，势均力敌竞争对手较多，竞争参与者范围广泛；市场趋于成熟，产品需求增长缓慢；竞争者企图采用降价等手段促销；竞争者提供几乎相同的产品或服务，用户转换成本很低；一个战略行动如果取得成功，其收入相当可观；行业外部实力强大的公司在接收了行业中实力薄弱企业后，发起进攻性行动，结果使得刚被接收的企业成为市场的主要竞争者；退出障碍较高，即退出竞争要比继续参与竞争代价更高。在这里，退出障碍主要受经济、战略、感情以及社会政治关系等方面考虑的影响，具体包括：资产的专用性、退出的固定费用、战略上的相互牵制、情绪上的难以接受、政府和社会的各种限制等。

4. 潜在的进入者

新进入者在给行业带来新生产能力、新资源的同时，希望在已被现有企业瓜分完毕的市场中赢得一席之地，这就有可能会与现有企业发生原材料与市场份额的竞争，最终导致行业中现有企业盈利水平降低，严重的话还有可能危及这些企业的生存。竞争性进入威胁的严重程度取决于两方面的因素，这就是进入新领域的障碍大小与预期现有企业对于进入者的反应情况。新企业进入一个行业的可能性大小,取决于进入者主观估计进入所能带来的潜在利益、所需花费的代价与所要承担的风险这三者的相对大小情况。预期现有企业对进入者的反应情况,主要是采取报复行动的可能性大小,则取决于有关企业的财力情况、固定资产规模、行业增长速度等。

5. 替代品

替代品是指能够满足顾客需求的其他产品,包括行业内更新换代产品以及其他行业所提供的具有相同功能或用途的产品。替代品价格越低、质量越好、用户转换成本越低,其所能产生的竞争压力就越大。替代品生产者的竞争压力的大小,可以通过考察替代品销售增长率、替代品厂家生产能力与盈利扩张情况来加以描述。

"竞争战略之父"——迈克尔·波特

波特出生于密歇根州的大学城——安娜堡,父亲是位军官。波特在普林斯顿时学的是机械和航空工程,随后转向商业,获哈佛大学的MBA及经济学博士学位。1983年被任命为美国总统里根的产业竞争委员会主席,开创了企业竞争战略理论并引发了美国乃至世界的竞争力讨论。他先后获得过大卫·威尔兹经济学奖、亚当·斯密奖,五次获得麦肯锡奖。32岁即获哈佛商学院终身教授之职,是当今世界上竞争战略和竞争力方面公认的权威。波特博士获得的崇高地位缘于他所提出的"五种竞争力量"和"三种竞争战略"的理论观点。

迈克尔·波特作为国际商学领域备受推崇的大师之一,至今已出版了17本著作,其中影响较大的有《竞争战略》(1980)、《竞争优势》(1985)、《国家竞争力》(1990),被称为"竞争三部曲"。他被誉为"竞争战略之父",是现代最伟大的商业思想家之一。

(资料来源:李庆华. 管理思想史精讲[M]. 北京:北京大学出版社,2020.)

三、企业内部环境分析

企业内部环境是指企业自身的条件,主要是内部资源和能力的现状及其变动趋势。企业内部环境包括组织结构、企业文化、资源条件、价值链、核心能力等。此处将重点从企业资源、企业能力和企业核心能力三方面展开企业内部环境分析。

企业资源指企业从事生产经营活动所需的人、财、物的总和。企业的资源按照不同目的可划分为不同类型,一种较为简单和经典的分类方法是把企业的资源分成有形资源、无形资源以及人力资源。有形资源包括实物资源和财务资源。无形资源是指没有实物形态却能为企业带来经济效益的资源。它主要包括企业的自然科学技术、经营技术、企业信誉、企业形象、企业知名度等。人力资源是指企业人员的数量和质量的总和。一个企业最重要的资源就是人力资源。

企业能力是指企业的各种资源经过有机整合而形成的经济力量。企业能力可以分解为各种分项能力，如：按经营职能的标准划分，分为决策能力、管理能力、监督能力、改善能力等；按经营活动的标准划分，分为战略经营能力、生产能力、供应能力、营销能力、人力资源开发能力、财务能力、合作能力、投资能力等。这些分项能力不是彼此孤立的，而是相互关联、相互作用、相互融合。

企业核心能力是决定企业生存和发展的最根本因素，它是企业持久竞争优势的源泉，包括以下四个方面：第一，建立竞争优势的资源，能帮助企业利用外部环境中的机会降低潜在威胁。第二，稀缺资源，企业占有的资源越稀缺，越能满足顾客的独特需求。第三，不可替代的资源。第四，持久的资源，即资源的缺乏速度越慢，越有利于形成核心竞争力。

小知识

SWOT 分析法

SWOT 分析法常常用于制定公司发展战略和分析竞争对手情况。SWOT 是由"S""W""O""T"四个英文字母组成的，它们分别代表着一个单词，也就是说 SWOT 实际上是由四方面组成的。

S：Strength，即优势，是在竞争中拥有明显优势的方面，如产品质量优势、品牌优势、市场优势等。

W：Weakness，即弱势，是指在竞争中处于相对弱势的方面。一个企业具备相当的优势并不代表它就没有弱势，企业只有客观评价自己的弱势，所采取的对策才会对企业发展真正有利。

O：Opportunity，即机会，是指外部环境（通常指宏观市场）提供的比竞争对手更容易获得的机会，这种机会往往可以比较轻松地得到收益。

T：Threat，即威胁，主要指一些不利的趋势和发展带来的挑战，一般指一种会影响销售、市场利润的力量。

企业一般会对可能出现的风险制订预防和管理的方案。风险本身并不可怕，可怕的是没有一套预警机制和相应的避免风险的机制。根据分析的结果，企业可以将问题按轻重缓急分类，明确哪些问题目前亟须解决，哪些可稍后解决，哪些是属于战略上的障碍，哪些是属于战术上的问题。SWOT 分析法针对性很强，管理者可协调管理，进行正确的规划和决策。

任务三 企业战略制定与选择

一、企业战略制定的程序

制定企业战略的一般程序如下。

（一）识别和鉴定企业现行的战略

在企业的运作过程中，随着外部环境的变化和企业自身的发展，企业的战略亦应作相应的调整和转换。然而，要制定新的战略首先必须识别企业的现行战略是否已不适应形势的发展。因此，识别和鉴定企业现行的战略是制定新战略的前提。只有确认现行战略已不适用时，才有必要制定新战略；同时，也只有在认清现行战略缺陷的基础上，才能制订出较为适宜的新战略方案。

（二）分析企业外部环境

调查、分析和预测企业的外部环境，是企业战略制定的基础。通过环境分析，战略制定人员应认清企业所面临的主要机会和威胁，觉察现有和潜在竞争对手的图谋及未来的动向，了解未来时期社会、政治、经济、军事、文化等的发展动向，以及企业由此而面临的机遇和挑战。

（三）测定和评估企业自身素质

企业可通过测定和评估自身的各项素质来摸清自身的状况，明确自身的优势与劣势。

（四）准备战略方案

根据企业的发展要求和经营目标，依据企业所面临的机遇和挑战，企业列出所有可能达到经营目标的战略方案，进行认真的分析研究，充分发挥概括力、想象力、创造力，并尽量准备多的战略方案，决不因不符合已有的习惯而不作思考。

在准备战略方案时，可从以下三个领域来考虑。

1. 社会领域

该领域包括企业的社会责任以及它在社会中的合法性。企业的利益群体由顾客、供应者、股票持有者、管理人员、劳动者、政府公众利益团体等组成。其中每一个利益群体都会向企业提出各自的要求，并对企业提供不同程度的支持。企业战略的变化会使上述各方的利益受到影响。在准备战略方案时，应让各个利益群体认为企业的活动有社会合法性，并且企业的战略符合他们的要求。但是，各利益群体对企业的利益期望可能是相互矛盾的，企业需要认真协调并加以解决。

2. 经营领域

在准备战略方案时，应选准适合企业自身条件的生产经营领域。如果选错生产经营领域，再好的战略方案也不会有好的效果。

3. 竞争领域

对于企业而言，必然会有竞争对手，为了获得竞争优势，需要关心实际存在的和潜在的竞争者。在准备竞争战略方案时，选择适当的竞争领域，设计出防御战略、保护战略和攻击战略。

（五）评价和比较战略方案

企业根据股东、管理人员以及其他相关利益团体的价值观和期望目标，确定战略方案的评价标准，并依照标准对各项备选方案加以评价和比较。

（六）确定战略方案

在评价和比较战略方案的基础上，企业选择一个最满意的战略方案作为正式的战略方案。为了增强战略的适应性，企业可选择一个或多个战略方案作为后备。企业的战略制定出来之后，则必须将战略的构想、计划转变成行动。在转化的过程中，企业需要注意三个相互联系的重要环节。

1. 战略操作化

企业利用年度目标、部门战略与沟通等手段，使战略最大限度地变成可以操作的具体业务。

2. 战略制度化

企业通过组织结构、资源分配等方式，使战略真正进入日常的生产经营活动。

3. 战略控制与评估

战略是在变化的环境中实施的，企业只有加强对执行战略过程的控制与评价，才能适应环境变化，完成战略任务。这一环节的工作，主要包括建立控制系统、监控效益和评估偏差、协调与反馈等三个方面的内容。

二、企业战略类型及其确定

（一）企业总体战略

总体战略是企业整体发展的战略纲领，是企业最高管理层指导和控制企业一切活动的指南。它包括扩张型战略、稳定型战略、紧缩型战略。

1. 扩张型战略

扩张型战略又称为增长型战略，是企业扩大原有主要经营领域的规模，或向新的经营领域开拓的战略。其核心是，通过竞争优势谋求企业的发展和壮大。实施此战略的原因和适用范围：扩张能使企业获得许多社会效益；获得规模经济的效益，提高企业的市场竞争地位；当环境中存在新的机会，并与企业的内部条件基本吻合时，企业一般会采用扩张型战略；当企业所在行业发生剧烈变化时，为了使企业不至于处于被动地位，采用扩张型战略是必要的。

该战略又可细分为规模增长战略、一体化战略、多元化战略等。

规模增长战略是企业在原有生产范围内，充分利用在产品和市场方面的潜力来求得增长的战略。

一体化战略是根据企业所确定的经营范围，着力解决与企业当前活动有关的竞争性、上下游产业链问题等的战略。一体化战略按照业务拓展的方向可以分为纵向一体化战略和横向一体化战略。纵向一体化战略是指企业沿着产品或业务链向前或向后，延伸和扩展企业现有业务的战略。纵向一体化战略有利于节约与上、下游企业在市场上进行购买或销售的交易成本，控制稀缺资源，保证关键投入的质量或者获得新客户，但会增加企业的内部管理成本。横向一体化战略是指企业收购、兼并或联合竞争企业的战略。

多元化战略是相对于集中化、专业化战略而言的一种常用战略，是指企业为了更多地占领市场和开拓新市场，或规避经营单一事业的风险而选择性地进入新的事业领域的战略。多元化战略可以分为相关多元化战略和非相关多元化战略。一般意义上的多元化经营，多是指产品生产的多元化。多元化与产品差异是不同的概念。产品差异是指同一市场的细分化，但在本质上是同一产品。而多元化经营则是同一企业的产品进入了异质市场，是增加新产品的种类和进入新市场两者同时发生的。所以，多元化经营属于经营战略中的产品—市场战略范畴，而产品差异属于同一产品的细分化。同时，对企业的多元化经营战略的界定，必须是企业异质的主导产品低于企业产品销售总额的70%。多元化战略的风险来自原有经营产业的风险、市场整体风险、产业进入与退出风险、企业内部经营整合风险等。

2. 稳定型战略

稳定型战略又称维持型战略，是企业不改变现有的经营范围和规模的战略。其指导思想是在现有条件下提高经济效益。实施该战略的原因和适用范围：企业所面临的外部环境较为稳定，而企业认为自己是成功的；企业领导人宁可墨守成规，也不愿冒风险；对获得成功的大型企业来说，保持大规模的稳定经营也可减少甚至避免风险。

3. 紧缩型战略

紧缩型战略是企业减少投入，封存或出售部分设备，从而缩小其经营规模的战略考虑。其指导思想是，通过紧缩来摆脱目前或将要出现的困境，使其财务状况好转，以求将来的发展。实施该战略的原因和适用范围：企业目前执行的战略失败，只有通过紧缩才能重新积蓄力量；企业处境困难，但又缺乏足够的力量予以扭转；环境中存在着较大的威胁因素，而企业的内部条件又不足以克服这些威胁；本行业所处环境已无机会，通过紧缩现有业务，准备进入新的行业。

一般来说，紧缩型战略的类型有以下三种：① 抽资转向战略。即企业在现有的业务领域不能维持原有的市场规模，或发现新的更好的发展机遇的情况下，对原有业务领域进行压缩投资、控制成本的战略。通常，抽资转向战略的具体方式有调整组织结构、降低成本和投资、减少资产、加速回收企业资金等。② 放弃战略。即企业将其一个或几个主要部门转让、出卖或停止经营。这个部门可以是一个经营单位、一条生产线，或者是一个事业部。③ 清算战略。即卖掉其资产或停止整个企业的运行——终止企业的存在。

（二）一般性竞争战略

波特在其竞争理论分析的基础上提出，行业竞争中蕴藏着三种能战胜竞争对手的一般性竞争战略，即成本领先战略、差异化战略、集中化战略。这是企业经常采用的常规竞争战略。

1. 成本领先战略

成本领先战略是指企业力争以最低的总成本取得行业中的领先地位，并按照这一基本目标采取一系列的措施。

成本领先战略的优点：在与竞争对手的竞争中，企业具有进行价格战的良好条件，即企业可以利用低价格从竞争对手那里夺取市场，提高自己的市场占有率，扩大销售量。

成本领先战略的缺点：投资较大，把过多的注意力集中在低成本上，对新技术的采用及技术创新反应迟钝。

实施成本领先战略，首先，企业必须充分利用先进的设备和生产设施，并能有效地提高设备利用率；其次，利用管理经验，加强成本与费用的控制，全力以赴地降低成本；再次，最大限度地减少研发、推销、广告、服务等方面的费用支出；最后，产量要达到一定的规模，这样才能保证企业的生产维持在低成本水平上。总之，企业要采取各种措施降低经营总成本，使自身的成本低于竞争对手，依靠处于领先地位的低成本获得高额利润，使企业在竞争中占据有利地位。

2. 差异化战略

差异化战略的指导思想是企业提供的产品或服务在行业中具有与众不同的特色，这种特色既可以表现在产品性能、设计、技术特性、品牌、产品形象、销售方式等某个方面，也可以同时表现在几个方面。差异化战略应该是顾客感受得到的、对其有实际价值的产品或服务的独特性。

差异化战略的优点：利用顾客对产品特色的注意和信任，由此对产品价格敏感度的降低，企业可以避开激烈的竞争，在特定领域形成独家经营的市场，使其他企业在短时间内难以追赶，以此来保持市场领先地位。

差异化战略的缺点：往往要以成本的提高为代价，差异化所取得的利润中有很大一部分被产品成本的提高所抵销。另外，由于特色产品的价格较高，所以很难拥有较大的销售量。因此，该战略不利于迅速提高市场占有率。

企业形成差异化的方法有两种：一是使产品的内在因素产生差异化；二是使产品的外在因素产生差异化。内在因素的差异化是指在产品性能、设计、质量及附加功能等方面与竞争对手相区别，使产品别具一格，开创独特的市场。外在因素的差异化是指企业要打造良好的品牌形象，即要充分地利用产品的定价、商标、包装、销售渠道以及促销手段等方法，使其与竞争对手在营销组合方面形成差异化。

3. 集中化战略

集中化战略又称专业化战略，即通过满足特定消费群体的特殊消费需求，或集中服务于某一有限的区域市场，来建立企业的竞争优势及市场地位。集中型战略最突出的特征是企业专门服务于总体市场中的一部分，也就是为某一类型的顾客或某一地区性市场提供特定产品或服务。

集中化战略包括三种具体形式：一是产品类型的专业化，即企业集中全部资源来生产特定产品系列中的一种产品；二是顾客类型的专业化，即企业只为某种类型的顾客提供产品或服务；三是地理区域的专业化，即企业产品的经营范围仅局限于某一特定地区。

集中化战略的优点是：企业能够控制一定的产品势力范围，在此范围内，其他竞争者不易与之竞争，因此其竞争优势地位较为稳固。另外，其经营目标集中，管理简单方便，可以集中使用企业所拥有的资源，有条件深入研究，以至于精通有关的专门技术。

集中化战略的缺点：当市场发生变化、技术创新或新的替代品出现时，该产品的需求下降，企业将遭到严重的冲击。

小知识

商业模式

商业模式是指企业创造价值的基本逻辑，即企业在一定的价值链或价值网络中如何向客户提供产品和服务并获得盈利的方式。商业模式的定义有很多，最为管理学界接受的是奥斯特瓦德等在2005年发表的《厘清商业模式：这个概念的起源、现状和未来》一文中提出的定义："商业模式是一种包含了一系列要素及其关系的概念性工具，用以阐明某个特定实体的商业逻辑。它描述了公司所能为客户提供的价值以及公司的内部结构、合作伙伴网络和关系资本等用以实现（创造、营销和交付）这一价值并产生可持续、可营利性收入的要素。"这个定义明确了商业模式的特征，商业模式展现的一个公司赖以创造和出售价值的关系和要素，可以划分为九大要素：价值主张、客户细分、渠道通路、客户关系、收入来源、核心资源、关键业务、重要伙伴、成本结构。

（资料来源：李东. 商业模式构建［M］. 北京：北京联合出版公司，2016.）

三、企业战略选择的影响因素

战略决策者经常面临各种可行方案，往往很难做出决断。在这种情况下，影响战略选择的行为因素很多，主要有过去战略影响、企业对外界依赖程度、企业对待风险的态度、企业中的权力关系、时间因素、竞争者反应六个因素。

（一）过去战略的影响

在开始进行战略选择时，首先要回顾企业过去所制定的战略。因为过去战略的效果对现行战略的最终选择有极大的影响。现在的战略决策者往往也是过去战略的缔造者。由于他们对过去战略投入了大量的时间、资源和精力，所以会自然地倾向于选择与过去战略相似的战略或增量战略。

（二）企业对外界的依赖程度

在战略选择中，企业必然要面对供应方、顾客、政府、竞争者及其联盟等外部环境因素。这些环境因素从外部制约着企业的战略选择。如果企业高度依赖于其中一个或多个因素，其最终选择的战略方案就不能不迁就这些因素。企业对外界的依赖程度越大，其战略选择的范围和灵活性就越小。

（三）企业对待风险的态度

企业对待风险的态度也能影响战略选择的范围。企业如果对风险持欢迎态度，战略选择的范围和多样性便会得到拓展，风险大的战略也能被人接受。反之，企业对风险持反对态度，选择的范围就会受到限制，风险型战略方案就会受到排斥。冒险型管理人员喜欢进攻性的战略，保守型管理人员喜欢防守性的战略。

（四）企业中的权力关系

企业内部的权力关系会影响企业的战略选择。企业中不可避免地存在着这样的情况：关键的个人和集团会形成联盟，每个集团都强调它自己观点的好处和潜力以及它自己的既得利益。在战略选择中，哪个目标处于优先地位，哪项业务在资源分配中高度优先等问题，都会掺杂权力关系的考虑。在形成某种战略选择优越于另一种选择的共同舆论中，内部权力关系也是一种重要因素。

（五）时间因素

时间因素主要从以下几个方面影响战略选择：第一，外部的时间制约对管理部门的战略决策影响很大。如外部时间制约紧迫，管理部门就来不及进行充分的分析评价，往往不得已而选择防御性的战略。第二，做出战略决策必须掌握时机。实践表明，好的战略如果出台时机不当，可能会带来灾难性的后果。第三，战略选择所需超前时间，同管理部门考虑中的前景时间是相关联的。企业着眼于长远的前景，战略选择的超前时间就长。

（六）竞争者反应

在进行战略选择时，企业高层管理人员往往要全面考虑竞争者对不同选择可能做出的反应。如果选择的是直接同某一主要竞争对手挑战的进攻性战略，则竞争对手很可能用反攻型战略进行反击。企业高层管理人员在选择战略时，必须考虑到竞争者的这类反应、其反应的能量以及它们对战略成功可能产生的影响。

任务四　企业战略实施与控制

一、企业战略实施及其步骤

企业战略实施是企业战略管理的关键环节，是动员企业全体员工充分利用并协调企业内外一切可利用的资源，沿着企业战略的方向和途径，自觉而努力地贯彻战略，以期更好地达成企业战略目标的过程。

企业战略实施有以下五个步骤。

（一）战略实施人员的选择

战略实施人员的选择，尤其是核心成员的选择，是战略实施工作的重中之重。企业一般应从参与战略制定的人员中选择，通过推荐、考察、培养后，将名单提交企业的所有者、企业核心层讨论通过，并将核心成员的性格、背景、工作方法、业绩、相互之间的关系等建立档案保存。

（二）组织结构和制度建设

战略实施核心成员形成后，由其负责设计战略实施的组织结构以及建立健全的制度，提交企业的所有者、企业核心层讨论通过。企业在讨论时应注意战略实施的组织结构、制度的赶超性、更新性和基础性。赶超性指的是有无考虑未来比较长远的发展；更新性指的是有无考虑战略实施过程中具体的变化；基础性指的是与企业原有的组织结构和制度衔接得如何，有无考虑过渡阶段的平稳性。

（三）战略计划的编制

战略实施的组织结构、制度建立后，战略实施的前期管理人员应进入战略实施的准备阶段，首先应将备用方案库的战略方案具体化，然后编制战略计划，最后报请企业的所有者、企业核心层通过。企业的所有者、企业核心层可以通过特定的方法听取各方面的意见，对计划进行修改和补充。

（四）适合的战略态势营造

战略态势指的是战略时机、条件、动力的不同组合。战略时机是指政治、经济、市场、对手方面造成的机会。实施战略的有关条件是指企业自身拥有的物质（如自然环境、物资、固定资产等）、资金、人员、信息、技术、组织结构等。战略计划应在合适的战略时机、条件以及比较强大的动力下实施，即在比较好的战略态势下实施。

（五）战略实施

战略态势有利，企业便可实施战略计划，并对实施过程进行监督和控制。

二、企业战略实施的模式

战略实施可以采取不同的模式，每一种模式有其特有的适用范围，选择战略实施模式对于成功实施战略至关重要。西方企业在战略管理实践中，总结出了以下五种不同的战略实施模式。

（一）指挥型模式

企业高层管理者考虑的是如何制定一个最佳战略的问题。在实践中，计划人员要向高层管理者提交企业经营战略的报告，高层管理者看后做出结论，确定战略之后强制下层管理人员执行。

（二）变革型模式

企业高层管理者将工作重心放在如何通过变革实施战略上。为了促进战略的实施，总经理本人或在其他人的帮助下，通常会采取一系列变革措施。例如，建立新的组织机构，进行人事调整，修订各种政策和程序，改革奖惩制度，推进企业文化变革。

（三）合作型模式

企业的高层管理者让其他中层管理人员与其一起共同实施战略，从战略实施一开始就共同承担有关的战略责任。

（四）文化型模式

总经理运用企业文化的手段，不断向企业全体员工灌输企业的战略思想和意图，建立共同的价值观和行为准则，使企业全体员工在共同的文化基础上参与战略的实施活动。也就是说，企业总经理的工作重心主要放在如何通过培育和改变企业文化，动员全体员工都参与战略实施活动上。

文化型模式的优点在于它打破了战略制定者和战略实施者的界限，全体员工都参与了战略的制定和实施工作，因而有利于统一思想和行动，集中众人智慧，确保战略的顺利实施。文化型模式局限性主要表现在：对员工的学识素质要求较高；过度强调企业文化，会掩盖企业中存在的某些问题；员工参与战略制定和实施可能因为企业高层领导不愿放弃控制权而流于形式；等等。

（五）增长型模式

企业战略采用自下而上的方式制定，而不是自上而下地推行。企业总经理的工作重心是如何激励下层管理人员参与战略制定和实施的积极性与主动性，为企业效益的增长而努力。采用这种模式，要求总经理认真对待下层管理人员提出的一切有利于企业发展的方案，只要方案基本可行，符合企业总体战略发展方向，就应及时批准或给予积极反馈，以激励员工的首创精神。

上述五种战略实施模式在制定和实施上的侧重点不同，指挥型与合作型更侧重于战略的制定，把战略的实施作为事后行为，而文化型与增长型则更多地考虑战略的实施问题。在企业实践中，这五种模式往往是交叉或混合使用的，主要取决于企业多种经营程度、发展变化速度、规模的大小以及目前的文化状态。

三、企业战略控制及其过程

企业战略控制是指通过对企业战略实施过程进行严密监控，及时发现并纠正偏差，为实现战略目标提供有力保证。战略控制的目标就是使企业战略的实际实施效果尽量符合预期的战略目标。

企业战略控制过程分为制定评价标准、衡量实际效益、评价实际效益和采取纠正措施四个步骤。

（一）制定评价标准

根据预期的战略目标或计划，分析出应当实现的战略效益，制定出具体的评价标准。评价标准是企业战略目标或计划的具体表述，为企业的各项工作成果提供了评判的尺度。

（1）可行性标准。它评估战略在实践中会如何运行。例如，是否有足够的资源或资金使战略得以实施？是否可获得相关技术的支持？企业员工能力是否足够？

（2）可接受标准。它评估战略的收益结果是否可被接受。例如，战略产生的利润或增长是否足以达到高级管理者、股东及其他权益持有者的期望？该战略所涉及的风险水平有多高？该战略的实施是否需要对企业结构进行重大改变？

（3）适宜性标准。它评价备选战略在多大程度上适用于战略分析中所识别出的问题。例如，该战略是否充分利用了企业的优点，克服、避免了企业的缺点并且应对了环境方面的威胁？它是否有助于企业实现目标？

在定性评价标准方面，有六种标准：战略内部各部分内容具有统一性；战略与环境保持平衡性；战略执行中注重评估其风险性；战略在时间上保持相对稳定性；战略与资源保持匹配性；战略在客观上保持可行性和可操作性。在定量评价标准方面的具体指标有销售额、销售增长、净利润、资产、销售成本、市场占有率、价值增值、产品质量和劳动生产率等。

确定企业战略的各项定量标准，应与本行业的有关资料对比，特别是要与竞争对手的有关资料进行比较，还要与国外同行业领先者的资料对比。

（二）衡量实际效益

衡量实际效益主要是指判断和衡量实现企业效益的实际条件。管理人员需要收集和处理数据，进行具体的职能控制，并且监测环境变化时所产生的信号。环境变化产生的信号主要可分为外部环境信号和内部环境信号。其中，外部环境信号较重要，但较难预测到，其影响也比较难以确定；内部环境信号则较易控制，而且时间也较短。此外，环境变化的信号还可分为强信号和弱信号两种。强信号是指环境变化的信息全面而且明确，企业可以做出反应的时间和选择的余地都很少。这种强信号出现时常常事先没有征兆，出现以后，企业大多不熟悉所发生的状况。在这种情况下，企业一般会突然感到有重大的战略机会或威胁。弱信号常常会在强信号之前或伴随着强信号出现。企业管理人员在判断和衡量实际效益时，应尽可能及早而且正确地捕捉到弱信号，从而减少意外，增加对强信号的反应时间。企业一旦发现了环境变化的弱信号，就应对此进行监控，并制订采取反应措施的计划。

（三）评价实际效益

企业要将实际的效益与计划的效益比较，确定两者之间的差距，并尽可能分析出形成差距的原因。如果实际效益在计划效益范围内，表明实现了预期的战略目标，应当总结成功的经验，必要时将其升华为企业内部的惯例或行为规范。如果实际效益与计划效益出现偏差，则要进一步分析形成偏差的原因和对策。原因可以从战略本身、战略环境、战略执行等多个方面进行分析。

（四）采取纠正措施

企业要考虑采取纠正措施或实施权变计划。如果战略评价是在企业战略的执行过程中进行，那么一旦战略实施的结果出现了偏差，就必须针对存在的问题采取相应的对策和措施。如果战略评价是在战略实施终结时做出的，也必须认真分析导致战略实施出现偏差的原因，提出可行性建议，为新的战略制定和实施提供借鉴。

纠正措施的方式有三种。第一，常规模式：企业按照常规的方式去解决所出现的问题，这种模式花费的时间较多。第二，专题解决模式：企业就目前所出现的问题进行重点解决，这种模式反应较快，节约时间。第三，预先计划模式：企业事先对可能出现的问题有所计划，从而减少反应的时间，提升处理战略意外事件的能力。

苏州市轨道交通集团有限公司的战略制定

苏州市轨道交通集团有限公司成立已有20年，其中建设历经15年，运营历经10年，均进入行业成熟期。为使企业可持续发展，基于使命、愿景和价值观，并以顾客与市场为导向，苏州市轨道交通集团有限公司制定了2010—2025年战略规划，前瞻性地提出具有全局性、长远性的管理战略，并对战略制定、部署、实施、评估、调整等全过程进行闭环管理。同时，公司牢抓坚持党的领导、坚持以人为本、坚持安全至上、坚持改革发展四项战略制定基本原则，制定"五年规划"动态调整与细化战略规划，以适应企业发展。公司希望通过巩固强化，持续发展，铸就一支能打硬仗并具发展潜力的管理团队；通过寻找机遇，持续培育业务新增长点；通过完善内部管理，不断提升市场竞争力。

一、企业战略规划团队

为确保战略制定的科学性、可行性，公司成立了以董事长为首、高层领导为成员的战略与投资委员会，主持战略管理的领导和决策；战略投资处为战略制定的牵头处室，负责战略管理的组织协调；各分（子）公司共同合作，收集、整理、分析企业内外部环境的相关信息，参与相关战略的制定工作；同时，邀请外部专家为公司的战略制定提供经验与智慧。

二、战略制定步骤

战略制定主要包括以下步骤：公司愿景、使命的确立；内外部信息的收集、整理；中高层领导访谈与战略培训；战略分析；战略制定；行动执行及评估；战略监督与改进。

战略与投资委员会以公司愿景、使命为出发点，采取"自上而下"与"自下而上"相结合的方式，通过与公司中高层领导的交流访谈，以及详细的信息收集和对内外部环境的细致分析，制定了公司的"十四五"发展战略规划，规划明确了发展方向，作为"十四五"期间的发展目标和工作指导思想。

通过对内外部环境的SWOT矩阵分析，以公司愿景和使命为基础，结合苏州市政府的公共交通发展战略，公司制定了长、短期发展战略目标。长期战略规划以五年为周期，与国家发展规划同步，短期战略规划以一年为周期，以支持使命和发展目标的逐步实现。

在此基础上，公司形成了由上到下的战略制定、部署流程，形成奖罚并重的考核文化，辅以考核手段，激励各层级有效完成战略任务。

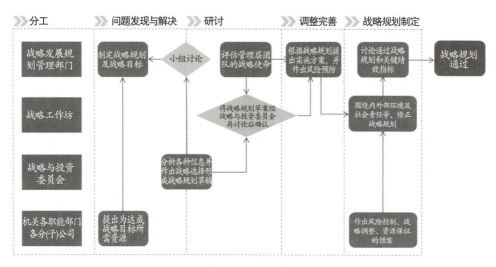

公司战略制定流程图

三、战略制定过程与长、短期计划区间相适应性

公司按时序控制战略制定、部署过程，使之与长、短期计划区间相适应。

短期：公司每季度进行战略分析会议，监测战略执行情况；每年进行一次战略评审，对战略执行情况进行评估；每年7—9月，由战略规划小组组织策划制定次年短期战略，结合实施计划，形成年度目标计划，并在12月或次年1月交总经理办公会审议，调整和确定短期战略目标和实施计划。

长期：在每个五年战略规划终了之年，公司根据战略目标的达成情况，系统收集、分析环境变化等信息，制定下一个区间的长期战略。

（资料来源：苏州市轨道交通集团有限公司）

案例思考题 简要分析苏州市轨道交通集团有限公司战略制定的步骤。

项目训练

【训练内容】"五力模型"分析。

【训练目的】加深对企业战略管理的理解，提升企业战略分析的能力。

【训练步骤】

1. 学生每4—6人划分为一个小组，以小组为单位，以苏州市轨道交通集团有限公司为研究对象。

2. 收集整理苏州市轨道交通集团有限公司的企业年报和相关新闻等资料，梳理出其企业战略的基本内容。

3. 选择"五力模型"分析工具，分析苏州市轨道交通集团有限公司的竞争战略环境。

4. 在案例企业的战略分析基础上,提出该企业的战略选择与制定。

5. 组织小组讨论,可采取小组两两比赛方式,教师根据小组讨论情况给予点评。小组提交案例分析报告。

自测题

1. 什么是企业战略?它有哪些特征?
2. 企业战略的类型有哪些?
3. 举例说明企业战略分析方法的运用。
4. 企业战略环境分析的内容包括哪些方面?
5. 如何理解企业战略管理过程?

【延伸阅读】

迈克尔·波特. 竞争战略 [M]. 陈丽芳,译. 北京:中信出版社,2014.

项目三　企业经营决策与计划

【学习目标】

1. 了解企业经营决策的含义和类型
2. 掌握企业经营决策过程和准则
3. 熟悉企业经营计划的制订程序

苏州轨道交通企业数字化转型的探索

党的十八大以来，党中央高度重视发展数字经济，习近平总书记提出了一系列战略部署——要"利用创新技术建设'数字中国'""深化大数据、人工智能等研发应用，培育新一代信息技术、高端装备、生物医药、新能源汽车、新材料等新兴产业集群，壮大数字经济""不断规范完善数字经济治理体系，做强做优做大我国数字经济"等，发展数字经济逐步上升为国家战略。

近年来，苏州市委市政府高度重视数字经济和数字化发展，数字经济既是未来苏州发展的主要方向，也是全社会关注的焦点。数字化转型是响应国家战略的需要，是"两化"（信息化和工业化）融合的需要，也是技术发展革新的必然，更是实现轨道交通网络化运营的迫切需求。

在苏州市政府宣布太湖新城作为数字产业集群创新区域后，苏州轨道交通也率先在那里进行了布局。2021年成立了几个攻坚小组，2022年年初对机电中心和建设分公司进行了优化整合，形成了一个信息化大数据中心。苏州轨道交通近年来始终坚持统一规划、分步实施，构建了包含四十多个应用领域的集成一体化平台，业务精细化管理能力和水平不断提升。随着6、7、8号线和S1线的陆续开通，轨道交通建设的运营变得更加复杂。2021年，5号线作为全市首条全自动运行的线路开通了，这对于苏州轨道交通来说也是一次重大的挑战。2019年以来，苏州轨道交通以BIM（Building Information Model，建筑信息模型）建设为抓手，开启了数字化转型之路，极大地提高了轨道交通设计建设环节的工作效率，并于2021年获得中国勘察设计协会BIM应用大赛一等奖。在BIM筹备建设过程中，通过前期招标，两家设计单位进驻苏州项目部，克服诸多困难，一起建立了BIM应用体系，搭建了平台，迈出了很重要的一步。苏州轨道交通经过近年的信息化建设，形成了42项软件、9项硬件、投入3.5亿元的信息化资产，成立了信息化工作小组，以便对信息化项目资产进行管理，并加强对项目的全生命周期监管。

苏州市轨道交通集团有限公司通过数字化转型，在流程、业务、组织架构等方面进行重塑，采用数字化、网络化和智能化的技术手段打通信息孤岛，实现资源深度共享，在一定程度上达到了减员增效、降低成本的目的，为轨道交通网络化、智慧化运营提供了扎实的技术支撑。通过智慧车站和智慧乘车服务示范工程的建设，苏州轨道交通让乘客体会到了智慧化带来的科技感和便利感。

（资料来源：苏州市轨道交通集团有限公司）

［案例思考题］结合案例材料，谈谈苏州轨道交通企业的数字化建设。

任务一 企业经营决策概述

一、决策的概念和要素

（一）决策的概念

决策，是指为了解决某个问题或实现一定的目标，从多个备选方案中选择一个满意方案的分析判断过程。首先，决策要有明确的目标。决策是为了解决出现的问题而产生的，没有问题就没有决策。由于有了问题，才会为了解决这个问题提出目标并为达到目标而采取行动。其次，做决策必有多个方案备选，若没有选择便无须决策。再次，决策时要进行分析、判断，要收集足够多的信息，从而更合理、更客观地选择方案，并且选择的是较满意的方案而不是最优方案。最后，决策是一个过程，而不仅仅是一个决定，它是一个发现问题、确定目标、收集信息、分析判断、实施方案、解决问题的全过程。

（二）决策的要素

决策要素可分为有形要素和无形要素，缺少任何一个，都难以形成完善有效的科学决策。决策的要素有决策主体、决策制度、决策方案、组织目标和不确定性情境等。

1. 决策主体

决策主体是决策构成的核心要素。决策主体可以是单个决策者，也可以是多个决策者组成的群体，如公司董事会。实际上，现实中很少有决策是个人在完全不考虑他人观点的情况下做出的，即使个人具有决策制定权，也通常要听取利益相关群体的意见，再征得其他人或团体的同意或默许。

2. 决策制度

决策制度包括决策过程中人员的安排，如职务和职位等。从职务角度看，组织决策中的人员必须从事一定的与组织目标实现相关的工作，承担一定的义务。从职位角度看，同一种工作或业务经常无法由一人完成，需要设置多个从事相同工作或业务的岗位。而且，担任不同职务、承担不同责任的人员之间必然存在某种责任、权力以及利益方面的关系。

3. 决策方案

决策方案指可供决策主体选择的行动方案。备选方案的制订、评价和选择是决策过程的基本环节。为供选择，备选方案要尽可能多，并具有可行性和创造性。为了提出更多、更好的方案，需要从多角度审视问题，需要广泛地调研，需要征询他人的意见，需要学习和掌握创造性解决问题的思维和方法。

4. 组织目标

目标是组织在一定时期内所要达到的预期成果，为决策提供方向。目标在组织中的作用是通过其具体形态来实现的，目标的具体形态是通过目标的具体描述来完成的。处于不同组织层次上的管理人员所关注的目标是不同的，如：宗旨和使命是最高层次，由董事会负责制定；高层管理人员主要负责制定战略，指导全局和长远发展的方针，涉及发展方向以及资源分配方针等；中层管理人员主要制定战术目标；基层管理人员则负责具体作业目标。组织目标是一个完整的体系，决策需要关注组织使命和宗旨这些方向性目标。

5. 不确定性情境

不确定性情境指决策中虽然对最终结果产生影响却不能直接由决策主体控制的部分。例如，生产能力决策中新产品可能的需求量就是一个不可控因素，可将其视为一种自然状态，它是由环境决定的，与决策本身无关。

二、决策与计划

决策与计划工作往往相互渗透、紧密联系并交织在一起。确定组织目标和拟订实现目标的总体行动计划是计划工作的首要任务，而确定组织目标和拟订行动计划的过程，其实质就是决策。决策为计划的任务安排提供了依据，计划则为决策所选择的活动和活动方案的落实提供了实施保证。通常，计划工作与决策工作密不可分。计划工作中的目标确定、任务分配、时间安排、资源配置、行动方案选择等都是不同层次的决策工作。其中目标的确定是最高层次的决策，而其他的则是常规性的决策。

计划体系通常分为以下基本阶段：第一阶段，筹划。每个企业或部门都有自己的产出，包括产品和服务，需要明确本企业或本部门的任务是什么，产出是什么。这些任务和产出实际上既是企业或部门存在的理由，也是企业成功的关键因素，需要首先在决策中予以考虑。第二阶段，分析。对收集的数据进行分析比较，即找出本企业与目标企业在绩效水平上的差距，以及在管理措施和方法上的差异，确立追赶的绩效目标，明确应该努力的最佳实践。第三阶段，综合与交流。反复交流、征询意见，根据全体员工的建议，修正决策方案，这也是计划成功的关键。第四阶段，行动。制订具体的行动方案，包括计划、安排实施的方法和技术以及阶段性的成绩评估等。必要时可聘请专家进行指导。而且，对工作进展要及时总结，并对新的情况、新的发现进行进一步的分析，提出新的目标，以便进行下一轮的计划决策，最终，将此作为企业经营的一项职能活动融合到日常工作中去，使之成为一项固定制度连续执行。计划的上述每个阶段及其步骤都与决策密不可分。

三、决策的类型

（一）按决策的重要程度划分

根据重要程度，决策可划分为经营决策、管理决策、业务决策。

经营决策，又称战略决策，是关系到企业生存发展的具有全局性、长期性特点的决策，如，确定企业的经营方向和经营目标、企业上市、收购与兼并、技术引进、新产品开发、市场开拓等。这类决策涉及时间长、范围广，较复杂，一般由高层管理者制定。

管理决策，又称战术决策，是为确保经营决策的实现而做的决策，往往是对企业人、财、物资源的合理配置及对备选方案的选择，一般比较具体，具有局部性的特点，如资金筹措、人员安排等。这类决策一般由中层管理者制定。

业务决策，又称日常管理决策，是处理企业日常业务的决策，具有日常性、琐碎性等特点，如员工值班时间安排、每天产量等，一般由基层管理者制定。

（二）按决策的问题划分

根据所涉及问题，决策可划分为程序化决策和非程序化决策。组织中的问题可被分为两类：例行问题与例外问题。例行问题是指那些重复出现的、日常的管理问题；例外问题是指那些偶然发生的、未遇见过的、性质与结构不明、具有重大影响的问题。程序化决策涉及的是例行问题，非程序化决策涉及的是例外问题。

程序化决策即在问题重复发生的情况下，决策者通过限制或排除行动方案，按照书面的或不成文的政策、程序或规则所进行的决策。这类决策要解决的具体问题是经常发生的，解决方法是重复的、例行的程序。例如，当库存货物剩余到一定数量时，管理者就会自觉采购货物使其存量达到标准要求量。又如，在组织对每个岗位的员工工资范围已经做出规定的情况下，对新进员工发放多少工资的决策就是一种程序化的决策。实际上，多数组织的决策者每天都要面对大量的程序化决策。

非程序化决策旨在处理那些不常发生的或例外的非结构化问题。如果一个问题因其不常发生而没有引起注意，或因其非常重要或复杂而值得给予特别注意，就有必要作为非程序化决策进行处理。事实上，决策者面临的多数重要问题，如怎样分配组织资源，如何处理有问题产品，如何开发新产品，如何开拓新市场等，常常都属于非程序化决策问题。决策者以前往往从没遇到过这类问题，需要依靠自己的智慧、经验、直觉、分析、判断力等来解决它。

（三）按决策环境可控程度划分

根据环境可控程度，决策可划分为确定型决策、风险型决策和不确定型决策。

确定型决策指所面临的环境是可以预测的，在已知的未来环境下，各备选方案的结果也是明确的，即每一个方案只有一个结果，决策者只需对比各方案结果哪个更好就可以做出选择。因此，确定型决策相对可靠。

风险型决策指面临的环境有多种可能的情况和相应的后果，决策者无法掌握，但可以预估出每种情况和后果出现的概率，即每一个方案有两个或两个以上的结果，且结果出现概率可预估，如对利润、效益的决策都是风险型决策。

不确定型决策指对所面临的环境或出现的情况无法预测，其结果也无法知晓，全凭决策者的经验和主观判断，即每个方案有两个或两个以上的结果，但结果出现概率不能预估，此类决策风险最大。

（四）按决策性质划分

根据性质的不同，决策可划分为定性决策和定量决策。

定性决策，又称非计量决策，是决策者根据自身的经验或者参与决策人群的智慧和经验所做出的决策。定性决策全凭决策者的主观认识和判断，因此决策者的经验、文化水平、思维方式对其影响很大。

定量决策，又称计量决策，是决策者采用数学方法和数学模型来进行决策的方法。

（五）根据决策主体划分

根据主体的不同，决策可以分为个体决策和群体决策。它们的决策效果各不相同，应根据其利弊在不同条件下加以选择。随着环境的变化，当今世界的重大问题越来越多地采用群体决策。虽然在许多时间紧迫的关键时刻，群体决策无法取代个人决策，但组织的许多决策都是通过委员会、团队、任务小组或其他群体的形式完成的，因此分析群体决策的利弊及影响因素具有重要的现实意义。

群体决策具有以下明显优点：第一，有利于集中不同领域专家的智慧，应对日益复杂的决策问题。通过这些专家的广泛参与，专家们可以对决策问题提出建设性意见，有利于在决策方案得以贯彻实施之前发现存在的问题，提高决策的针对性。第二，能够利用更多的知识优势，借助更多的信息，形成更多的可行性方案。第三，具有不同背景、经验的不同成员在选择收集的信息、要解决问题的类型和解决问题的思路上往往都有很大差异，他们的广泛参与有利于提高决策时考虑问题的全面性。第四，容易得到普遍的认同，有助于决策的顺利实施。由于决策群体的成员具有广泛的代表性，因而有利于得到与决策实施有关的部门或人员的理解和接受，在实施中也容易得到各部门的相互支持与配合。第五，有利于使人们勇于承担风险。有关学者研究表明，在群体决策的情况下，许多人都比个人决策时更敢于承担更大的风险。

但是，群体决策也可能存在一些问题。一方面是速度、效率可能低下。群体决策鼓励各个领域的专家、员工积极参与，力争以民主的方式拟订出最满意的行动方案。但在这个过程中，也可能陷入盲目争论的误区之中，既浪费了时间，又降低了速度和决策效率。另一方面是有可能为个人或子群体所左右。群体决策之所以具有科学性，原因之一是群体决策成员在决策中处于同等的地位，可以充分地发表个人见解。但在实际决策中，很可能出现以个人或子群体为主发表意见、进行决策的情况。同时，不可否认，群体决策中也有可能出现更关心个人目标的情况。在实践中，不同部门的管理者可能从不同角度对不同问题进行定义，管理者个人更倾向于对与其各自部门相关的问题非常敏感。例如，市场营销经理往往希望较高的库存水平，而把较低的库存水平视为有问题的征兆；财务经理则偏好较低的库存水平，而把较高的库存水平视为问题发生的信号。因此，如果处理不当，很可能发生决策目标偏离组织目标而偏向个人目标的情况。

西蒙及其决策理论

赫伯特·西蒙（Herbert A. Simon，1916—2001）是决策管理学派的主要代表人物，该学派是在社会系统学派的基础上发展起来的，他们把第二次世界大战以后发展起来的系统理论、运筹学、计算机科学等综合运用于管理决策之中，形成了有关决策过程、准则、类型及方法的较完整的理论体系。

赫伯特·西蒙学识广博，是现今很多重要学术领域，如人工智能、信息处理、决策制定、问题解决、注意力经济、组织行为学、复杂系统等的创始人之一。他创造了术语"有限理性"（Bounded Rationality）和"满意度"（Satisficing），也是第一个分析复杂性架构（Architecture of Complexity）的人。西蒙因其贡献和影响在晚年获得了很多顶级荣誉，如1975年的图灵奖、1978年的诺贝尔经济学奖、1986年的美国国家科学奖章和1993年美国心理协会的终身成就奖。

西蒙于1945年出版的《管理行为》是他最重要的著作。其主要内容有两个方面：

一是"有限度的理性"和"令人满意的准则",另一是决策过程理论。1978 年西蒙获得诺贝尔经济学奖时,瑞典皇家科学院如此评价他的学术贡献:西蒙有关组织决策的理论和意见,应用到现代企业和公共管理所采用的规划设计、预算编制和控制等系统中及其技术方面,效果良好。这种理论已成功地解释或预示如公司内部信息和决策的分配、有限竞争情况下的调整、选择投资各类有价证券投资和对外投资投放国家选择等多种活动。现代企业经济学和管理研究大部分都建立在西蒙的思想之上。

(资料来源:魏文斌. 现代西方管理学理论[M]. 上海:上海人民出版社,2004.)

任务二 企业经营决策过程和准则

一、企业经营决策过程

决策是一个从识别问题到方案确定,最终解决问题的过程,而不仅仅是对多个方案进行选择这一项程序。一般而言,企业经营决策过程通常包括识别问题、诊断原因、确定目标、制订备选方案、评价与选择方案、实施和监督六个步骤。

(一) 识别问题

识别问题就是要找出现状与预期结果的偏离。管理者所面临的问题是多方面的,有危机型问题(需要立即采取行动的重大问题)、非危机型问题(需要解决但没有危机型问题那么重要和紧迫的问题)、机会型问题(如果适时采取行动能为组织提供获利机会的问题)。识别问题是决策过程的开始,以后各个阶段的活动都将围绕所识别的问题展开。如果识别问题不当,所做出的决策将无助于解决真正的问题,从而直接影响决策效果。

(二) 诊断原因

识别问题不是目的,关键还要根据各种现象诊断出问题产生的原因,这样才能考虑采取什么措施,选择哪种行动方案。可以通过尝试性的询问来寻找问题的原因。例如:组织内外的什么变化导致了问题的产生?哪一类人与问题有关?他们是否有能力澄清问题?等等。或是利用鱼骨图等诊断分析工具逐步发现原因并分清主次。

(三) 确定目标

找到问题及其原因之后,应该分析问题的各个构成要素,明确各构成要素的相互关系并确定重点,以找到决策所要达到的目的,即确定目标。明确决策目标要注意以下两点:第一,明确企业要实现的是多重目标,而不是只有一个目标。每个时期都会有并只有一个相对重要的目标，随着活动重点的转移，目标会发生变化。在选择了主要目标后，要明确它与非主要目标的关系，因为多目标之间既相互联系，又相互排斥，所以要避免在决策实施时将资源过多地投入非主要目标中。第二，由于目标执行会带来有利结果和不利结果，所以要把目标的不利结果限定在一定水平内，一旦超出就必须立即停止目标活动。

（四）制订备选方案

明确了解决问题要达到的目标后，决策者要找出约束条件下的多个可行方案，并对每个行动方案的潜在结果进行预测。在多数情况下，它要求决策者在一定的时间和成本约束下，对相关的组织内外部环境进行调查，利用顾客、供应商、外部的评论家、工人、管理阶层、报刊、论文及本企业自己积累起来的调研数据等多种来源，收集与问题有关的、有助于形成行动方案的信息进行分析。同时，决策者应当注意避免因主观偏好接受第一个找到的可行方案而中止该阶段的继续进行。

（五）评价与选择方案

决策者通常可以从以下三个主要方面评价和选择方案：首先，行动方案的可行性。即组织是否拥有实施这一方案所要求的资金和其他资源，是否同组织的战略和内部政策保持一致，能否使员工全身心地投入决策的实施中去，等等。其次，行动方案的有效性和满意程度。即行动方案能够在多大程度上满足决策目标，是否同组织文化和风险偏好一致，等等。需要指出的是，在实际工作中，某一方案在实现预期目标时很可能对其他目标产生积极或消极影响。因此，目标的多样性在一定程度上又增加了实际决策的难度，决策者必须分清不同决策目标的相对重要程度。最后，行动方案在组织中产生的结果。即方案本身的可能结果及其对组织其他部门或竞争对手现在和未来可能造成的影响。采用统一客观的量化标准进行衡量，有助于提高评估和选择过程的科学性。

由于时间、财力等的限制，决策者不可能收集到与决策目标相关的所有信息，信息是不完整的，决策者由于文化背景、受教育程度、经验阅历等的影响，在对方案进行选择时，并不能做到完全客观。从主客观的角度分析可见，决策者做出的选择通常只是一个相对满意的结果。

（六）实施和监督

一项科学的决策很有可能由于实施方面的问题而无法获得预期成果，甚至导致失败。从这个意义上说，实施决策比评价、选择行动方案更重要。决策工作不仅是制订并选择最满意的方案，而且必须将其转化为实际行动，并制定出能够衡量其进展状况的监测指标。为此，决策者首先必须宣布决策并为其拟订采取的行动制定计划、编制预算。其次，决策者必须和参与决策实施的管理人员沟通，对实施决策过程中所包括的具体任务进行分配。同时，他们必须为因出现新问题而修改实施方案做好准备，通常要制订一系列备选方案以便应对在决策实施阶段所遇到的潜在风险和不确定性。再次，决策者必须对与决策实施有关的人员进行恰当的激励和培训。因为即使是一项科学的决策，如果得不到员工的理解和支持，也将成为无效决策。最后，决策者必须对决策的实施情况进行监督。如果实际结果没有达到计划水平，或者决策环境发生了变化，就必须在实施阶段加以修正，或者在目标不可达到时修正原始目标，从而全部或部分重复执行以上决策过程。

前景理论

前景理论（Prospect Theory）由丹尼尔·卡尼曼和特沃斯基于1979年提出，他们将心理学研究应用在经济学中，在不确定情况下的人为判断和决策方面作出了突出贡献。针对长期以来沿用的理性人假设，前景理论从实证研究出发，从人的心理特质、行为特征方面揭示了影响选择行为的非理性心理因素。

前景理论的基本假设是：(1) 大多数人在面临获利的时候是风险规避的；(2) 大多数人在面临损失的时候是风险偏好的；(3) 大多数人对损失比对获得更为敏感。卡尼曼等从心理学的角度对主观效用期望值模式作了修正，着重反映和描述决策者的实际决策过程，并把决策过程分为编辑（Edit）和评价（Evaluation）两个过程。瑞典国家科学院认为，卡尼曼因为"将来自心理研究领域的综合洞察力应用在了经济学当中，尤其是在不确定情况下的人为判断和决策方面作出了突出贡献"，从而获得2002年度诺贝尔经济学奖。

[资料来源：李睿. 前景理论研究综述［J］. 社会科学论坛，2014（2）.]

二、企业经营决策的影响因素

在企业经营决策过程中，影响决策的因素很多，其中最主要的因素有以下四个方面。

（一）环境

环境对企业经营决策的影响是显而易见的。环境的变化影响着企业经营决策的不同选择。比如，出口型企业在世界经济大环境良好的情况下，会继续做好做大对外贸易，保持自己的经营方向不变甚至增加经营内容。

（二）组织的历史

决策一般情况下都是在过去决策的基础上进行完善、调整或改革。也就是说，过去的决策是现在决策的起点，过去选择的方案的实施，不仅伴随着人力、物力、财力等资源的消耗，而且伴随着内部状况的改善，带来了对外部环境的影响。过去决策对现在决策的制约程度，主要取决于现任决策者与过去决策的关系。如果现任决策者与过去重大决策没有很深的渊源，则决策可能有重大改变。反之，如果过去的决策由现任决策者制定，那么决策者往往因为要承担过去决策的后果，也为保证决策的连续性，不会对企业经营活动进行大幅调整，仍将大部分资源投到过去未完成方案的执行中。

（三）决策者对风险的态度

风险即可能的失败。决策是人们确定未来活动的方向、目标和内容的行为，因为人的认知能力有一定的局限性，对未来的预测情况和最终出现的实际情况存在差别，因此做决策就会有风险。决策者对风险不同的态度会影响决策方案的选择。有的人喜欢冒险，在多个备选方案中趋向于选择风险大、收益大的方案。有的人比较慎重或保守，在多个备选方案中更愿意选择风险小的方案。因而，决策者对风险的态度会对决策的选择产生重大影响。

（四）组织文化

组织文化是组织的灵魂，是推动组织发展的不竭动力。它包含着非常丰富的内容，其核心是组织精神和价值观。决策者和决策的实施者对这种可能产生的变化的态度必然影响对不同行动方案的评价和选择。人们对待组织变化或变革的态度，在根本上取决于组织文化的特点，取决于组织文化所创造的价值观念和行为准则。

沙因与组织文化理论

埃德加·H. 沙因（Edgar H. She-in）是在国际上享有盛誉的实战派管理咨询家，是组织文化和组织心理学的开创者。沙因于1928年生于美国，1947年毕业于芝加哥大学教育系，1949年于斯坦福大学取得心理学硕士学位，1952年在哈佛大学取得社会心理学博士。此后，他一直任职于麻省理工学院斯隆管理学院。在组织文化领域，他率先提出了关于文化本质的概念，对文化的构成因素、文化的形成过程进行了分析。业界公认"组织文化"一词是他发明的。他的主要研究领域涉及组织文化、职业培训和过程咨询等。他主要的研究著作有《组织文化与领导》《组织心理学》等。

20世纪80年代中期以后，"组织文化"渐渐成为西方管理学界热切关注并激烈争论的话题。一大批学者对组织中的文化问题进行了探索研究，并形成了组织文化理论学派。沙因认识到组织是一个复杂的社会系统，要想真正了解组织中的人的行为，就必须对这个系统及人性进行深入的研究。通过对人性假设的研究，沙因认识到，个人和组织之间是相互交往和相互影响的关系，这种交互过程亦表现为力求和反复建立一种心理契约的过程。所以沙因提出，文化是一个具有普遍意义的概念，只有掌握了一个组织文化的本质，才能真正地认识和理解这个组织。

（资料来源：刘敬鲁，等. 西方管理哲学［M］. 北京：人民出版社，2010.）

三、企业经营决策的准则

(一) 提高决策效率和效果的准则

1. 重要性原则

组织资源和决策者时间的有限性决定了决策者不可能对组织中每天出现的所有问题同时进行决策，组织也没有足够的资源来同时解决所有问题。这就需要决策者必须分清重点，对解决问题的优先次序和应当投入的时间、精力、资金等资源的数量做出判断。重要性原则的体现之一就是靠近问题，即在尽可能地靠近问题产生或机会出现的地方进行决策，这样将会更容易、更便捷地获取真实信息，快速地做出并实施决策。

2. 准确性原则

准确性原则首先要求提供准确的信息。提供不准确信息的决策将会导致管理者在应该采取行动的时候没有行动，或在根本没有出现问题时采取行动。基于不准确信息的种种决策，往往会使整个组织蒙受损失。在信息准确的基础上，决策者必须建立起明确的决策目标，以便确定努力方向，在进行方案抉择时提供参考标准，同时有利于决策者对决策实施的最终效果进行监督和评价。此外，准确性原则还要求运用精确的工具和方法去衡量决策的实施结果，以保证准确的控制。

3. 灵活性原则

在复杂的环境中，决策要能适应组织调整或外部变化，即具备灵活性。当今世界，技术进步迅猛，顾客需求也在不断变化，环境越来越复杂，如果不能对这些变化做出准确的预测或反应，那么组织的生存将难以维系。灵活性还意味着管理者能即时获取所需信息，从而及时采取行动。

(二) 不确定性情境下的决策方案选择准则

不确定性情境下，决策方案的选择有四条基本准则：一是乐观准则，即决策者认为无论他们采取什么措施，无论别人采取何种策略，事情总是朝着对自己最有利的方向发展。因此他们估计每个方案的最好结果，并选择结果最好的行动方案。二是悲观准则，即决策者认为无论他们采取什么措施，无论别人采取什么策略，环境如何变化，事情总是朝着最坏的方向发展。因此，他们估计每个方案的最坏结果，并在最坏结果中选择他们认为最好的行动方案。三是等概率准则，即决策者认为各个可行方案的各种可能结果发生的概率相同，进而选择期望值最大的行动方案的准则。四是最小后悔准则，即决策者总是选择与最好结果偏离不大的行动方案，这是介于乐观准则和悲观准则之间的决策准则。按照这一准则，决策者需要先构造出一个机会损失矩阵，然后从机会损失矩阵的每一行中选出最大的机会损失，再从选出的机会损失中选择最小的机会损失，其所对应的方案就是最满意方案。

任务三 企业经营计划

一、计划的本质与特征

计划是关于组织未来的蓝图，是对组织在未来一段时间内的目标和实现目标途径的策划与安排。人们一般从动词和名词两种意义上使用着"计划"一词。从动词意义看，计划是指对各种组织目标的分析、制订和调整，以及对组织实现这些目标的各种可行方案的设计等一系列相关联的行为、行动或活动。从名词意义看，计划就是指上述计划行动的结果，包括组织使命和目标的说明以及组织所选择的战略活动在未来不同时空的展开。

计划工作是管理的重要工作，其特征体现在以下两个方面：一是计划工作的首要性。一方面，一切管理活动都是为支持和保障计划目标的实现而展开的。另一方面，计划工作是一切管理活动的前提，通常只有有了计划，人们才能开展其他的管理活动。例如，一个企业如果没有生产经营计划，则它的任何组织管理、资产管理、控制管理等都会成为盲目的行为。二是计划工作的普遍性。一切有组织的活动，不论涉及范围大小、层次高低，都必须有计划。计划工作是渗透到组织各种活动中的普遍性管理工作。另外，各级管理人员实际上都要担负或多或少的计划工作，计划是管理人员参与的最普遍的工作之一。

二、企业经营计划的类型与作用

（一）企业经营计划的类型

根据不同标准，可以将企业经营计划分成不同类型。

1. 按表现形式分类

企业经营计划按表现形式可分为正式计划和非正式计划。正式计划是指以书面文件的形式确定下来的企业未来的行动方案。非正式计划是指未采用书面文件的形式确定，仅是一个想法，但并不意味着就没有目标和方案。小企业常常会使用非正式计划，正式计划适用于大型企业。

2. 按对企业经营影响范围及影响时间分类

企业经营计划按对企业经营影响范围及影响时间可分为战略计划、战术计划和作业计划。

战略计划是关于企业活动总体目标和战略方案的计划。其特点是：涵盖的时间跨度大，涉及范围宽广；内容抽象、概括，不要求直接的可操作性；没有既定的目标框架作为计划的依据，设立目标本身成为计划工作的一项主要任务；方案往往是一次性的，很少能在将来得到再次或重复的使用；前提条件多是不确定的，执行结果也往往带有高度的不确定性。

战术计划是有关组织活动具体如何运作的计划。其特点是：涉及的时间跨度比较小，覆盖的范围也较小；内容具体、明确，通常要求具有可操作性；任务主要是规定如何在已知条件下实现根据企业总体目标分解而出的具体行动目标，这样计划制订的依据就比较明确；风险程度较低。

作业计划则是给定部门或个人的具体行动计划。作业计划通常具有个体性、可重复性和较大的刚性，一般情况下是必须执行的命令性计划。

战略、战术和作业计划强调的是组织纵向层次的指导和衔接。具体来说，战略计划往往由高层管理人员负责，战术和作业计划往往由中层、基层管理人员甚至是具体作业人员负责，战略计划对战术、作业计划具有指导作用，而战术和作业计划的执行可以确保战略计划的实施。

3. 按跨越的时间期限分类

企业经营计划按跨越的时间期限可分为短期计划、中期计划和长期计划。

短期计划是企业的年度计划。它的任务是适应企业内外的实际情况，组织和安排好企业的经营活动，以分年度逐步实现企业的经营目标。

中期计划是企业 2—5 年的计划。它的任务是建立企业的经营结构，为实现长远计划所确定的战略目标设计合理的设备、人员、资金等结构，以形成企业的经营能力和综合素质。中期计划起着承上启下的重要纽带作用。

长期计划是企业 5 年或 5 年以上的长远规划。它的任务是选择、改变或调整企业的经营服务领域和业务单位，确定企业的发展方向和目标，确定实现目标的最佳途径和方法。长期计划具有明确的方向性和指导性，具有统率全局的作用。它是一种战略性规划。

在这三种计划中，长期计划主要是方向性和长远性的计划，它主要回答组织的长远目标与发展方向以及大政方针方面的问题，通常以工作纲领的形式出现。中期计划根据长期计划制订，它比长期计划要详细、具体，是考虑了组织内部与外部的条件和环境变化情况后制订的可执行计划。短期计划则比中期计划更加详细、具体，它是指导组织具体活动的行动计划，一般是中期计划的分解与落实。

小贴士

苏州至 2035 年拟形成 22 条轨道交通线路

2020 年 9 月 1 日，苏州市召开轨道交通线网规划会议，深入研究轨道交通线网规划和近期建设规划，要求深化完善规划，推进多层次轨道交通融合，加快推进国铁干线、城际铁路、市域铁路、城市轨道融合发展，加快构建"四网融合、一票通城"的轨道交通体系。《苏州轨道交通线网规划（2035）》拟提出构建"十字快线＋中心放射"的整体架构，远景年形成 22 条线路、总里程 1086 千米，市区线网密度达到 0.9 千米/平方千米，内环内线网密度达到 1.5 千米/平方千米，线网规模和密度都处于国内领先水平。

（资料来源：http://news.2500sz.com/doc/2020/09/01/627112.shtml）

4. 按涉及内容分类

企业经营计划按照所涉及活动的内容，可以分成综合计划、专业计划与项目计划。其中，综合计划一般会涉及组织内部的许多部门和许多方面的活动，是一种总体性的计划。专业计划则是涉及组织内部某个方面或某些方面的活动计划，如企业的生产计划、销售计划、财务计划等，是一种单方面的职能性计划。项目计划通常是组织针对某个特定课题所制订的计划，如某种新产品的开发计划、某项工程的建设计划、某项具体组织活动的计划等，是针对某项具体任务的事务性计划。

（二）企业经营计划的作用

企业经营计划主要有以下五个方面的作用。

1. 计划是管理者进行指挥的抓手

管理者在计划制订出来之后就可以依据计划进行指挥了。这种指挥包括依据计划向组织中的部门或人员分配任务，进行授权和定责，组织人们开展计划的行动，等等。在这一过程中，管理者都是依照计划进行指挥与协调的。

2. 计划是管理者实施控制的标准

管理者在计划的实施过程中必须按照计划规定的时间和要求指标，去对照检查实际活动结果与计划规定目标是否一致，如果存在偏差，管理者就必须采取控制措施去消除差距，从而保证按时、按质、按量地完成计划。没有计划，控制便无从谈起。

3. 计划是降低未来不确定性的手段

未来的情况是不断变化的。尤其是在当今信息时代，世界正处在急剧的变化之中，社会在变革，技术在进步，观念在更新，一切都处在变化之中。而计划就是面向未来的，因此在计划编制过程中，人们就必须对各种变化进行合理预期，以及预测各种变化对组织带来的影响。计划编制者在编制计划时，通常要依据历史和现状信息对未来的变化做出预测与推断，并根据这些预测与推断制订出符合未来发展变化的计划。计划编制中的这些工作能够大大地降低未来不确定性所带来的风险。

4. 计划是提高效率与效益的工具

在计划编制过程中，有一项很重要的工作是进行综合平衡。这项工作的目的是使未来组织活动中的各个部门或个人的工作负荷与资源占有都能够实现均衡或基本均衡。这种计划综合平衡工作可以消除未来活动中的重复、等待、冲突等各种无效活动，从而避免这些无效活动所带来的浪费。同时，这种综合平衡工作会带来资源的有效配置、活动的合理安排，从而提高组织的工作效率。

5. 计划是激励人员士气的依据

计划通常包含有目标、任务、时间安排、行动方案等。由于计划中的目标具有激励人员士气的作用，所以包含目标在内的计划同样具有激励人员士气的作用。不论是长期计划、中期计划还是短期计划，也不论是年度计划、季度计划还是月度计划，甚至每日、每时的计划，都有这种激励作用。例如，有的研究发现，当人们在接近完成任务时会出现一种"终末激发"效应，即人们在已经出现疲劳的情况下，当看到计划将要完成时会受到一种激励，使工作效率重新上升，并一直会坚持到完成计划，达成目标。

三、企业经营计划编制的程序

计划工作必须紧紧围绕两个基本问题：拟实现哪些目标？如何实现所制定的目标？围绕这两个问题，完整的计划工作可展开为以下过程。

1. 制定计划目标

目标是组织期望达到的最终结果。一个组织在同一时期可能有多个目标，但任何目标都应包括以下内容：一是明确主题，即明确是扩大利润、提高顾客的满意度，还是改进产品质量。二是期望达到的数量或水平，如销售数量、管理培训的内容等。三是可用于测量计划实施情况的指标，如销售额、接受管理培训的人数等。四是明确的时间期限，即要求在什么样的时间范围内完成目标。

2. 估量现状与目标之间的差距

组织的将来状况与现状之间必然存在差距。客观地度量这种差距，并设法缩小这种差距，是计划工作的重要任务。一般来说，缩小现状与目标之间的差距，可采取两类措施：一类措施是在现状的基础上力求改进，随着时间的推移不断地逼近目标。例如，针对市场占有率低的现状，可以通过加大广告开支和营销力度或降低产品价格等措施，实现企业提高市场占有率的目标。这类措施风险相对小。另一类措施是变革现状，有时甚至是对组织进行根本性的调整，如调整产品品种、大幅度精简人员等。这类措施风险相对大，但如果成功，组织绩效将会得到明显的提高。具体采用哪一类措施，需要对现状与目标之间的差距做出客观而准确的分析。

3. 预测未来情况

在计划的实施过程中，组织内外部环境都可能发生变化。预测，就是根据过去和现在的资料，运用各种方法和技术，对影响组织工作的未来环境做出正确的估计和判断。预测有两种：一种是对未来经营条件、销售量和环境变化所进行的预测，这是制订计划的依据和先决条件；另一种是从既定的现行计划发展而来的对将来的期望，如对一项新投资所做的关于支出和收入的预测，这是计划工作结果的预期。预测的方法可归纳为两大类：一是定性预测方法，主要靠人们的经验和分析判断能力进行预测，如德尔菲法等；二是定量预测方法，就是根据已有的数据和资料，通过数学计算和运用计量模型进行预测，如时间序列分析、回归分析等。

4. 制订计划方案

在上述各阶段任务完成之后，接下来应制订具体的计划方案。制订计划方案包括提出方案、比较方案、选择方案等工作，这与决策方案的选择是一样的道理。计划是面向未来的管理活动，未来是不确定的，不管计划多么周密，在实施过程中都可能因为内外部环境的变化而无法顺利开展，有的情况下甚至需要对预先制订的计划予以调整。僵化的计划有时比没有计划更糟糕。因此，在制订计划方案的同时，应该制订应急计划或称权变计划，即事先估计计划实施过程中可能出现的问题，预先制订备选方案，这样可以加大计划工作的弹性，使之更好地适应未来环境。

5. 实施和总结计划方案

实施全面计划管理，应把实施计划包括在计划工作中，组织中的计划部门应参与计划的实施过程，了解和检查计划的实施情况，与计划实施部门共同分析问题，采取对策，确保计划目标的顺利实施。参与计划实施，及时获取有关计划实施情况的信息，总结和积累经验，将有助于计划的实施和计划工作科学化水平的提高。

小 知 识

OD 交通量

OD 交通量就是指起终点间的交通出行量。"O"来源于英文 origin，指出行的出发地点，"D"来源于英文 destination，指出行的目的地。OD 调查即交通起止点调查，又称 OD 交通量调查。

通常利用个人出行调查和机动车 OD 调查等来获取 OD 交通量。这其中又可分为客流 OD 调查和货流 OD 调查。前者的调查内容主要有起止点分布、出行目的、出行方式、出行时间、出行距离、出行次数等。由此可以确定公交线网上的乘客分布规律，为公交线网优化提供数据，也可以确定各线路的乘客平均乘距及乘客平均乘行时间，建立居民出行量与车流量之间的换算关系。通过个人出行调查获得的数据是进行城市综合交通体系规划与评价的基础数据。货流 OD 调查内容主要有各单位的货运人、运出量、调查日各交通区之间及各交通区与外地之间的货物来往量、各单位历年的一些基础数据等。由此可以为分析、预测货物发生（即各交通区的货运人、运出量）和分布（即各交通区之间及交通区与外地之间的货物来往量）提供必要的基础数据。

[资料来源：陈大鹏，等. OD 交通量的估计方法 [J]. 交通科技与经济，2007（5）.]

苏州轨道交通全自动运行快速发展

2012 年苏州轨道交通 1 号线开通运营，苏州正式迈入"地铁时代"。11 年的时间，"轨道上的苏州"建设不断提速，截至目前，苏州已开通 5 条轨道交通线路，运营里程 210 千米，覆盖苏州约 336 平方千米区域、275.45 万人口，日均客流由 10 万人次增长至 120 万人次，单日最高达到 191 万人次，轨道交通占苏州市区公共交通出行比例超 50%。

随着人工智能、信息技术等的飞速发展，全自动运行的信息化程度在不断提高。在地铁设备研发过程中，采用全自动运行可以提高列车的运行效率，节约大量的人工。地铁应用的全自动运行技术，是继人工智能和信息技术之后发展起来的一项新技术。苏州轨道交通紧跟科技创新发展新趋势，5 号线首次采用全自动运行系统。

苏州轨道交通 5 号线全自动运行相关立项程序：

1. 2015 年主要阶段

5 号线工程于 2015 年完成初步设计审查，2015 年 12 月获省发改委批复，批复的文件为 ATO（列车自动控制系统）模式。

2. 2016 年主要阶段

2016 年 7 月，开展 5 号线全自动运行系统可行性研究分析。2016 年 12 月，向指挥部提交了《关于苏州市轨道交通 5 号线拟采用全自动驾驶系统的请示》。

3. 2017 年主要阶段

2017 年 2 月 22 日，向苏州市轨道交通建设领导小组进行了全自动运行专题汇报。

2017 年 3 月 2 日，召开了轨道交通 5 号线全自动运行系统方案专家咨询会，邀请了来自北京、上海、广州、新加坡等地的 4 位专家开展了专家论证。

2017 年 3 月，向市政府提交了《关于苏州市轨道交通 5 号线拟采用全自动运行系统的补充报告》，并获市政府批复。

2017 年 4 月，为保证 5 号线全自动运行系统建设工作的顺利推进，苏州市轨道交通集团有限公司成立 5 号线全自动运行系统建设领导及工作小组。建设领导小组分别设立了土建专业、机电系统专业、运营筹备 3 个工作小组。

2017年10月，市指挥部召开会议，会议明确因全自动运行系统预留方案增加的费用从概算内的预备费中列支。

4. 2019年主要阶段

2019年6月组织了5号线核心系统功能和设计专家审查会。

最终5号线全自动运行系统共形成运营场景共计59个，包含正常运营场景34个，故障运营场景19个，应急运营场景6个。

苏州市轨道交通5号线是苏州市第五条建成运营的地铁线路，是江苏省省内首条全自动运行的地铁线路，于2021年6月29日10时开通初期运营。

苏州市轨道交通5号线采用了目前国际最高自动化等级（GoA4）的全自动运行系统，列车唤醒、自检、出库、回库等各项任务均可自行完成。运行过程中，中央控制中心将实时监控车辆设备和运行情况，正常运行时无需工作人员介入，一旦出现紧急情况，列车上的值守人员与控制中心调度工作人员将及时介入处理。

相比传统模式，全自动运行系统能根据运输需求灵活调整发车间隔，在保证相同的有效站停时间下可降低站停时间，提高运输效能。全自动运行系统在单车节能驾驶的基础上，进一步实现列车协同控制，调整高峰和平峰时期投入运营的列车数量，实现节能减排。

全自动运行代表着智慧地铁的发展方向。苏州市轨道交通5号线开通运行之后，6、8、S1号线和后续规划线路都将采用全自动运行系统，轨道交通"全自动化运行"的新模式将在苏州全面开启。苏州轨道交通也将继续探索创新智能化、绿色低碳的发展模式，助推长三角地区轨道交通深度融合，有效支撑基础设施的互联互通和区域一体化发展，奋力书写轨道交通行业的高质量发展答卷。

（资料来源：苏州市轨道交通集团有限公司内部资料）

案例思考题 试指出苏州轨道交通采用全自动运行的决策依据。

项目训练

【训练内容】制订企业年度计划。

【训练目的】加深理解决策类型及决策过程，学会制订经营计划。

【训练步骤】

1. 学生每4—6人划分为一个小组，以小组为单位选择一家企业（建议选择轨道交通企业）为调研对象，收集和整理该企业年报和相关新闻等资料，梳理该企业经营计划的主要内容。

2. 根据企业经营决策与计划的相关内容，小组在讨论分析案例企业发展计划的基础上，制订该企业年度计划。

3. 各小组汇报，可采取小组互动提问方式进一步讨论，各小组互评打分。
4. 教师总结点评。
5. 小组提交案例分析报告。

自 测 题

1. 什么是决策？它有哪些类型？
2. 简述企业经营决策过程。
3. 影响企业经营决策的因素有哪些？
4. 什么是计划？它有哪些类型？
5. 简述企业经营计划编制的程序。

【延伸阅读】

查尔斯·康恩，罗伯特·麦克林. 所有问题，七步解决 [M]. 杨清波，译. 北京：中信出版社，2021.

项目四　企业组织管理

【学习目标】

1. 了解组织管理及其内容
2. 掌握组织结构设计的内容和原则
3. 掌握几种主要的组织结构形式，并能识别不同的企业组织结构形式

苏州轨道交通工程指挥部的组织模式

苏州市轨道交通工程建设指挥部是在市委、市政府的领导下，对苏州轨道交通涉及规划、建设、运营、经营等重大事项进行研究、协调、审议、审查的议事机构。为落实市委、市政府战略部署，充分发挥轨道交通对城市发展的支撑作用，不断提升建设运营质量，更好地服务市民出行、促进城市高质量发展，结合苏州轨道交通规划、建设、运营、经营等情况，制定了苏州市轨道交通工程建设指挥部工作规则。

指挥部内设"一办四组"，即办公室、资金组、征地动迁组、规划组（管线组）、开发专项工作组，落实指挥部的各项决策部署，分工负责各项工作。

一、指挥部工作职责

1. 全面贯彻落实市委、市政府关于轨道交通工程建设工作的决策部署。

2. 审议研究轨道交通建设总体筹划、年度目标任务，听取建设过程中重要工作节点的情况汇报。

3. 审议研究线路基本走向、敷设方式、线路长度、车站数量、主要系统制式等已批复的初步设计方案发生的重大变化事项。

4. 审议研究线网规划、建设规划阶段需开展的专题研究项目立项事宜。

5. 审议研究代建、共建等涉及多方主体的工程项目的实施主体、招投标方案、施

工许可证办理等事项。

6. 审议研究轨道交通建设过程中需市级层面协调解决影响进度的重难点问题。

7. 审议研究因技术更新迭代、设备设施改造升级引起相关方案重大调整的事项。

8. 审议研究运营板块使用财政资金进行重大基础建设或重大固定资产投资，以及项目发生超概调整及采购方式变更等事项，如增购车、改扩建、设备设施更新改造。

9. 审议研究运营业务重大调整、票价调整，以及运营经营机制发生重大调整时涉及的重大事项。

10. 审议研究因客观条件变化引起的重大工程方案调整。

11. 审议研究轨道交通 TOD 综合开发用地清单和供地计划，以及一级开发用地范围、规划指标、开发方案和土地收储、地价评估、出让方案等事项。

12. 审议研究轨道保护区内对轨道交通规划、建设存在重大影响或对轨道交通既有结构存在重大安全风险且相关主管部门协调无果的事项。

13. 审议研究项目建设管理费控制标准调整事项。

14. 审议研究指挥部成员调整、内设机构议事规则及工作实施办法制定等事项。

15. 审议研究经指挥部"一办四组"、招标领导小组等初审后，需提交指挥部决策的重大事项。

16. 需要指挥部决定的其他重要事项。

二、指挥部内设机构工作职责

1. 办公室。负责指挥部日常事务工作，组织、协调各成员单位共同履行指挥部工作职责；推进、督查、落实指挥部工作要求和部署，协调处理工程项目建设过程中遇到的急难险重问题；组织安排指挥部会议。

2. 资金组。负责轨道交通资金管理政策、资金筹集计划；收集分析报表、政府采购工作；根据项目进度，做好资金保障和拨付工作；负责资金支出审核、招标文件和标底审核、合同审核工作；负责工程结算和工程竣工结算的评审工作；根据评审意见，批复项目竣工财务决算；负责指导、协调区指挥部资金组开展相关工作。

3. 征地动迁组。根据指挥部进度安排，推进项目范围内的房屋征收拆迁、地块协调工作；协调落实征收拆迁政策和区域性事项；动态掌握各区指挥部项目征收拆迁进度情况，报市指挥部；负责指导、协调区指挥部征地动迁组开展相关工作。

4. 规划组（管线组）。负责指导和推动轨道交通建设项目的报规、报批工作；负责制定轨道交通市政迁改项目管理政策；参与管线综合规划工作；协同推进轨道交通各类管线迁改、绿化移植工作；负责组织相关部门集中会办绿化移植、交通疏解、管线迁改等审批手续；统筹协调施工期间涉及公交改线、车辆绕行等方面的审批；协同交警部门做好施工期间的交通疏解管控工作；负责指导、协调区指挥部规划组（管线组）开展相关工作。

5. 开发专项工作组。负责轨道建设中规划总体层面的工作统筹和综合开发规划方案等重要事项的协调，推进综合开发与轨道交通项目同步实施，以及轨道交通线路相关TOD资源的梳理和研究；负责审查轨道交通TOD综合开发用地清单、土地收储及供地计划；审查一级开发用地范围、规划指标、开发方案、地价评估、出让方案等事项；指导、协调区指挥部开发专项工作组开展相关工作。

三、建立指挥部议事规则

（一）建立会议议事制度

指挥部会议由总指挥召集并主持。总指挥不能参加会议时，可委托副总指挥召集并主持，其他副总指挥和有关成员参加，原则上每月召开一次。视议题需要，由总指挥或副总指挥确定，可邀请其他负责领导同志及单位列席会议。会议议事程序如下：

1. 议题准备。由成员单位在会前向指挥部办公室提出，并提交相关议题材料。指挥部办公室汇总初审后，报总指挥审定。议题确定后，会前有关材料和会议通知应提前发送给参加会议的指挥部有关成员。议题一经确定，一般不应变更。如无特殊情况，会议不增加临时动议议题。

2. 会议议程。提出会议议题的指挥部成员单位作具体情况汇报，与会人员充分发表意见，总指挥或受委托的副总指挥总结。

3. 会议纪要。指挥部办公室负责会议记录、归档，并将会议内容整理成会议纪要，报总指挥或主持会议的副总指挥签发。会议纪要是开展有关工作的依据。

4. 事项落实。对指挥部会议决定的事项，指挥部成员单位应按照分工负责落实和督办，并及时向会议召集人反馈办理情况。

（二）建立工作运行机制

1. 建立文件审签机制。文件审签由起草部门牵头组织，与内容涉及单位就相关事宜进行讨论、协商并签署意见，经办公室初审后，报副总指挥审阅同意，再报总指挥签发。

2. 建立协调会商机制。"一办四组"应对工作推进中的重难点问题进行协调会商，研究制定解决措施。对于"一办四组"无法协调解决的，应进行初步研究后，形成统一意见建议或提出倾向性建议，报指挥部审议。

3. 建立请示报告机制。"一办四组"牵头单位或指挥部成员单位应就轨道交通重点工作推进情况、重大事项处理情况等，及时向指挥部请示报告。

（资料来源：苏州市轨道交通集团有限公司）

[**案例思考题**] 结合案例材料，谈谈工程指挥部组织模式的特点及其适用条件。

任务一　企业组织管理概述

一、企业组织管理及其内容

（一）企业组织管理的含义

组织管理是管理活动的一部分，也称组织职能。一般来讲，组织是由为了实现共同目标的众人建立的具有规范的秩序、职权层级、沟通系统和成员协调系统的一种动态复杂的协作系统。学校、工厂、政府机关、社会团体等都是组织。而企业组织管理是企业从事管理活动以实现企业目标的一个协作系统。企业组织管理是为了有效配置企业内部的有限资源，为了实现一定的共同目标而通过建立组织结构，规定职务或职位，明确责权关系，以使组织中的成员互相协作配合、共同劳动，有效实现组织目标的过程。企业组织管理的基本职能是保证企业功能的实现，保持企业活动的协调性和提高企业的效率，维护企业的稳定性和适应性。

（二）企业组织管理的内容

组织管理，应该使人们明确组织中有些什么工作，谁去做什么，工作者承担什么责任，具有什么权力，与组织结构中上下左右的关系如何。只有这样，才能消除由于职责不清造成的执行中的障碍，才能使组织协调地运行，保证组织目标的实现。

企业组织管理的内容包括三个方面：组织设计、组织运作、组织调整。组织设计是根据组织目标、构架、建立一整套组织机构和职位系统；明确组织目标是组织工作的第一步。组织运作是组织实现自身目标和发挥自身功能的过程。组织调整是为了更好地实现组织目标和提高组织效率而对组织结构进行的调整与优化。

具体来讲，组织管理的内容包括以下四个方面：

第一，确定实现组织目标所需要的活动，并按专业化分工的原则进行分类，按类别设立相应的工作岗位。

第二，根据组织的特点、外部环境和目标需要划分工作部门，设计组织机构和结构。

第三，规定组织结构中的各种职务或职位，明确各自的责任，并授予相应的权力。

第四，制定规章制度，建立组织结构中纵横各方面的相互关系。

二、企业组织管理的对象

企业组织管理的对象是指具体的管理活动所针对的对象，主要包括组织目标、组织结构、组织职能、组织流程等与组织运作密切相关的要素。

（一）组织目标

企业组织也和其他组织一样是一个特定的目标体系，且在现实中具有目标的一致性。组织作为管理的主体时，其建立和活动都是为实现一定的目标服务的。管理的目标，也就是作为管理主体的组织的目标，离开了共同的目标，也就失去了组织存在的灵魂。也正是组织成员的共同目标使此组织与彼组织区分开来，一旦组织的共同目标发生变化，组织也就发生了变化。在既定组织目标的指引下，组织成员互相沟通，各尽其责，实现组织目标，共享组织发展带来的成果。也就是说，组织是通过把管理目标的每项内容落实到具体的岗位和部门来实现管理职能的，从而保证管理系统中的每一件事情都有人做，每一项任务的具体要求和工作程序都有人贯彻和执行。

（二）组织结构

组织结构的概念有广义和狭义之分。狭义的组织结构，是指为了实现组织的目标，在组织理论指导下，经过组织设计形成的组织内部各个部门、各个层次之间固定的排列方式，即组织内部的构成方式。广义的组织结构，除了包含狭义的组织结构内容外，还包括组织之间的相互关系类型，如专业化协作、经济联合体、企业集团等。一般来说，组织结构是一个组织是否实现内部高效运转、是否能够取得良好绩效的先决条件。组织结构通常表现为一个组织的人力资源、职权、职责、工作内容、目标、工作关系等要素的组合形式，是组织在"软层面"的基本形态，其本质是实现某一组织的各种目标的一种手段。

任何企业组织都是由作为组成要素的人按照一定的结构建立起来的系统，具有系统性。基于人的主观局限性，企业组织必须具有纵向的上下层次关系和同层次之间的横向或交叉关系。上下层次是一种权力和责任分配的关系，横向层次则是一种专业分工的关系。其实，权责关系与专业分工关系在本质上还是权力与责任的问题，是管理系统中的每一件事都能做好的保证。管理系统中的每一个岗位和部门必须权责一致，权力过小担不起应负的职责，权力过大虽然能保证任务的完成，但也会导致不负责任的权力滥用，甚至影响到整个系统的运行。就整个组织的运行而言，它既要有对内的封闭性，又要有对外的开放性，保持一种封闭与开放的辩证统一，这样才能实现组织的持续发展。

（三）组织职能

企业组织工作和组织活动在于合理地向分系统和成员分配工作，调整各个分系统的关系。当组织内部因素变动或外部生存环境变动而引起组织的不适应时，组织的职能就在于经过调整而重新适应，以便统一组织的各种行为。企业组织活动的职能就在于消除不断产生的各种无序状态，使之保持系统的有序性。如果企业组织担当不了这种职能，无序状态不断加剧，就有可能导致组织的崩溃。

(四)组织流程

当企业组织管理的焦点集中于部门内部人与人之间的关系,就是对职能的关注。而当企业组织管理的焦点集中于部门与部门之间的关系,就是对流程的关注。此时的组织管理主要指宏观和微观层面的流程管理,即把企业内部所有部门之间的职能和本企业与其他企业相关的产品功能进行时间上和空间上的搭配与组合。只有使所有职能关系都按照实现企业目标的要求,纳入企业的分工与协作体系,并体现出高度的系统性和逻辑性,企业才能在不断变化的外部环境面前及时做出有效的回应。如果部门与部门间、此企业与彼企业间的信息沟通不畅,目标体系不配套,相关控制指令不统一,那么组织流程必将效率低下,甚至彻底失败。

小贴士

"组织理论之父"——马克斯·韦伯

马克斯·韦伯(Max Weber,1864—1920),著名社会学家、政治学家、经济学家、哲学家,是现代最具生命力和影响力的思想家之一。韦伯曾于海德堡大学求学,在柏林大学开始教职生涯,并陆续在维也纳大学、慕尼黑大学等大学任教。韦伯同泰勒和法约尔处于同一历史时期,他提出了理想的行政组织体系理论,是公认的古典社会学理论和公共行政学最重要的创始人之一,被后世称为"组织理论之父"。

韦伯认为组织要保持长久稳定和高效,所有人都要听领导的,领导必须有权威。他总结了三种权威:传统型、个人魅力型和法理型。法理型权威是科层制的基础,法理型权威解决了管理的延续性、权力的合法性和合理性。韦伯组织理论的核心是组织活动应当通过职位进行管理,而不是世袭,就是今天的"因岗设人",他是当时第一个提出这个概念的学者,是对现代组织理论的伟大创造。

(资料来源:昀熙. 马克斯·韦伯:组织理论之父[J]. 现代企业文化,2012(9).)

任务二 企业组织结构设计

一、组织结构设计概述

(一)组织结构设计的含义

组织结构是一个组织内正式的工作安排,这个结构可以直观地展示在一份组织结构图中并能够服务于实现组织目标。组织结构界定了对工作任务进行正式划分、组合和协调的方式。组织结构设计是指按照一定的方法，从业务流程、战略决策、预测计划、执行控制和协同关系等组织运作的全过程考虑，实现组织的正常运营和发展。组织结构要依据组织自身的特点和发展规模进行设计，并在社会和组织发展变化中进化。当管理者创建或改变组织结构时，他就是在进行组织结构设计。

组织结构设计可以合理配置企业各类资源，可以支撑战略、目标的实现，可以以市场为导向，满足客户需要，可以为企业高效运营奠定基础。

（二）组织结构设计的基本内容

组织结构设计的基本内容包括以下几个方面。

1. 职能设计

职能设计是指企业的经营职能和管理职能的设计。企业作为一个经营单位，要根据其战略任务设计经营、管理职能。如果企业的有些职能不合理，那就需要调整，对其弱化或取消。

2. 部门设计

组织的职能设计中，会出现许多职能和职务，这些职能和职务会出现重叠、交叉和近似的情况。组织的部门设计是指按照职能的相似性、活动的关联性、联系的紧密性将各个职位整合为部门的过程。部门设计虽然有一定的规律和通用原则，但部门划分并没有统一标准，组织可以根据组织活动的特点、组织规模、环境进行安排，并根据组织内外环境的变化进行调整。

3. 层级设计

层级设计是对部门之间关系的安排，这种关系既包括部门之间的纵向层级，又包括部门之间的横向联系。层级设计首先要对组织内外部资源和人员情况，对各类职务、部门加以分析，必要时进行适当调整，据此确定适当的管理幅度，并划分出纵向的管理层次，以保证整个组织结构安排得精干高效。通过层级设计，组织各部门之间纵向、横向的关系变得清晰，职能部门以及管理者的权责关系趋于明确。

4. 沟通系统设计

部门间层级关系确定后，组织需要建立沟通系统，以确保信息准确、有效地传递。具体内容包括：按照统一指挥的原则确定各类管理事务的决策主体、执行部门，以及相应的工作程序；建立组织内部门之间的横向沟通与协调机制；建立信息反馈机制，以便及时了解决策的执行情况，实施有效控制。

5. 管理规范设计

管理规范设计是指建立组织的规章制度，保证组织的各个层级、部门和岗位按照统一的要求和标准进行配合和行动。管理规范设计的目的在于充分发挥组织成员主观能动性的同时，对其行为进行有效约束，为组织各项活动的开展提供制度保障。规章制度包括各部门的活动目标、规则程序和工作标准以及奖惩制度等,以制度的形式明确决策、执行的主体和工作流程,使得组织活动有章可循,保证组织内部的公平性。

6. 激励设计

激励设计是指组织为了调动组织成员尤其是管理人员的积极性而进行的制度性安排,包括激励制度(正激励)和惩罚制度(负激励)。激励制度既包括物质层面的薪酬、实物、期权和其他福利,也包括精神层面的表彰、晋升、荣誉称号等。正向激励包括工资、福利等,负向激励包括各种约束机制,也就是所谓的奖惩制度。完善的激励制度既有利于调动管理人员的积极性,也有利于防止一些不正当和不规范的行为。

非正式组织

非正式组织是组织种类之一,与正式组织相对,是指以情感、兴趣、爱好和需要为基础,以满足个体的不同需要为纽带,没有正式文件规定的、自发形成的一种开放式的社会组织。非正式组织的要领是由美国行为科学家埃尔顿·梅奥等人在进行了著名的霍桑实验之后提出来的。

非正式组织是伴随着正式组织的运转而形成的。一些正式组织的成员之间的私人关系从相互接受、了解逐步上升为友谊,一些无形的、与正式组织有联系,但又独立于正式组织的小群体便慢慢地形成了。这些小群体形成以后,其成员由于工作性质相近、社会地位相当,以及对一些具体问题的认识基本一致、观点基本相同,或者在性格、业余爱好、感情相投的基础上,产生了一些被大家所接受并遵守的行为规则,从而使原来松散、随机性的群体渐渐转变为趋向固定的一个体系,即"非正式组织"。

非正式组织一般没有明确的组织机构或章程,但这种组织一旦形成,也会产生各种行为规范,以制约非正式组织中的成员。这种规范与正式组织的目标可能一致,也可能不一致。由于非正式组织的主要目标在于满足其成员的心理需要,所以这种组织也叫作心理-社会系统。例如,集邮组织、绘画组织、技术革新组织、业余文体活动组织等,都属于非正式组织范畴。

非正式组织是不以人们意志为转移而客观存在的,具有许多有利于正式组织的积极作用,正式组织的领导人应充分利用非正式组织,以达到培养集体意识的目的。

[资料来源:张益民,豆志杰. 关于非正式组织的研究综述[J]. 经济研究导刊,2019(1).]

二、组织结构设计的原则和步骤

（一）组织结构设计的原则

1. 目标一致原则

组织活动是围绕一定目标进行的，因此组织结构设计需要以组织的整体目标为引领，部门设置、沟通协调、冲突解决都要为这一目标服务，这就是目标一致原则。事实上，目标一致原则有两层含义：一是目标的一致性，即组织结构设计要有明确的、统一的目标，部门、成员的目标需要与组织保持一致；二是统一指挥，即组织需要有明确的指挥链，确保信息的准确传递，明确各级管理人员的责任。

2. 分工与协作原则

分工与协作原则是指组织结构能够反映出实现目标所需的工作分解和相互协调，在专业分工的基础上实现部门间、人员间的协作与配合，保证组织活动的顺利开展，从而实现组织的整体目标。现代企业的管理工作量大、专业性强，分别设置不同的专业部门有利于提高管理工作的质量与效率。

3. 有效管理幅度原则

管理幅度又称管理跨度或控制幅度，是指一个管理人员直接有效地指挥下属人员的数量。组织中的管理者直接管辖下属的人数应该控制在适当的范围内，这样才能保证组织的有效运行。由于受个人精力、知识、经验等的限制，一名管理人员能够有效管理的直属下级人数是有一定限度的。这一原则要求在进行组织结构设计时，管理人员的管理幅度应控制在一定水平上，以保证管理工作的有效性。

4. 责权对等原则

权责对等原则是指组织中各个层级的管理者需要拥有开展工作所需要的相应权力，同时承担相应责任。组织中的职位与权力存在明确的对应关系，对某一职位授予某一权力的时候，必须使其承担相应的责任，有多大的权力就应当承担多大的责任，履行相应的义务。如果管理者没有相应权力，决策、组织、领导、控制等管理职能就无从谈起，组织也不可能实现其目标。权责对等原则要求管理者在被授予的权限范围内行事，并承担相应的责任，避免有权无责、有责无权现象的出现。

5. 稳定性和适应性相结合原则

稳定性是指组织抵抗干扰，保持其正常运行规律的制度；适应性是指组织调整运行方式，以保持对内外环境变化的适应能力。稳定性和适应性相结合原则要求组织结构设计时既要保证组织在外部环境和企业任务发生变化时，能够继续有序地正常运转，同时又要保证组织在运转过程中，能够根据变化了的情况做出相应的变更。组织结构应具有一定的弹性和适应性。

（二）组织结构设计的步骤

企业内部的部门是承担某种职能的载体，按一定的原则将其组合在一起即表现为组织结构。在设计组织结构的过程中，对影响组织结构的因素进行系统分析、对部门机构的不同模式进行选择是两个关键环节。组织结构设计具体包括以下六个环节：

（1）确立企业组织性质（合伙公司、有限责任公司或股份有限公司等），分析影响组织结构的因素，选择最佳的组织结构模式。

（2）根据业务复杂程度对专业化分工的要求，以及所选的合适的组织结构模式，将企业划分为不同的、相对独立的部门。

（3）为各个部门选择合适的部门结构，确定业务板块和支持板块在分工与协作方面的部门数量和管理幅度，根据一级部门承担的核心职能与工作量，设立下属岗位或二级部门来进行责任与目标的二次分解，进行组织机构设置。

（4）将各个部门组合起来，形成特定的组织结构。

（5）按照层级分明、管理幅度合理、职能划分无遗漏的标准，检查该组织的结构合理性、可行性与精简高效性，并根据环境的变化不断调整组织结构。

（6）编制并使用组织结构手册。将组织结构图与一级部门、独立业务单元的职能划分表一并正式发布。

三、组织结构设计的影响因素

影响组织结构设计的因素包括环境、战略、技术、规模、组织发展阶段五种类型。

（一）环境

企业管理活动是在一定的环境下进行的。作用于组织的环境因素又可以分为两大类：一般环境和任务环境。

一般环境是指对组织活动产生间接影响的政治、经济、社会和文化环境，组织结构设计中需要考虑这些因素的影响。例如，企业开展跨国业务时，必须考虑东道国的政治、经济、社会和文化环境，因此可以设立相应的机构或部门来研究企业经营面临的环境，处理相应的问题与冲突。

任务环境是指与组织活动直接相关的环境，包括政府、行业协会、合作方、供应商、客户、竞争对手等。组织结构设计时需要根据任务环境设置相应的机构或部门，但不同类型的组织与任务环境因素之间联系的紧密程度不同，因此需要区别对待。例如，从事消费品生产、流通的企业需要设置专门部门乃至呼叫中心处理售后服务、投诉等事宜，而原材料生产企业因为面对的客户数量有限，并不需要建立呼叫中心。

环境的复杂性影响组织部门和岗位设置。当外部环境的复杂性提高时，会带来超越原有职能覆盖面的新课题。传统的应变方法是设置必要的职能部门和岗位，减少外部环境对组织的冲击。如跨国公司遭遇战争、政治动荡等风险时，需要设置专门机构、安排相应人员收集信息；当潜在风险成为现实风险时，则需要由相应机构处理撤退、财产保全以及索赔等事宜，必要时还需要借助政府或外部力量。

环境的不确定性影响组织结构。研究发现，外部环境与组织内部结构之间具有关联性。当外部环境较为稳定时，组织为了提高运行效率，往往需要制定明确的规章制度、工作程序和权力层级，因此采用机械式层级结构，规范化、集权化程度比较高；当外部环境不稳定时，组织则需要更加关注适应性，尽可能做到信息共享、权力下放，以便能够迅速对环境的变化做出反应，可以采用有机式组织结构，组织结构的规范化、集权化程度相应下降。

（二）战略

美国企业史学家钱德勒通过研究杜邦、通用汽车、西尔斯、标准石油等美国企业的发展史，发现这些企业无一例外地在不同发展阶段采用了不同的战略，并进行了相应的组织结构变革，由此提出一个重要命题：结构服从战略。战略的发展阶段和战略类型对组织结构设计具有重要影响。

钱德勒认为，战略发展有四个不同的阶段，即数量扩大阶段、地区开拓阶段、纵向联合开拓阶段和产品多样化阶段，每个阶段都应有与之相适应的组织结构。

（1）数量扩大阶段。许多组织开始建立时，往往只是一个单一的工厂，只有生产、销售等职能。因此，数量扩大阶段的组织结构相对简单，只需要少量职能部门就能解决问题。

（2）地区开拓阶段。随着生产规模的扩大，组织需要向其他地区拓展业务。业务范围的扩大带来了协调、标准化和专业化等问题，组织需要建立职能部门对分布在不同地区的业务进行有机整合。

（3）纵向联合开拓阶段。组织在同一行业发展的基础上，自然而然地会向其他领域扩展，如销售服装的商店可能拓展饰品、日用品、家具、电器等业务，这就要求组织建立与纵向联合开拓阶段相适应的组织结构。

（4）产品多样化阶段。随着竞争者的加入，组织面临的竞争态势发生变化，原有产品或服务的主要市场开始衰退。组织为了应对这种变化，有必要利用现有技术、设备和人员等资源开拓新的产品或服务，于是形成了产品多样化的局面。这一阶段，组织不得不重新考虑资源分配、部门划分、新老业务之间的协调等问题，组织结构也会随之变化。

钱德勒发现，成功企业的组织结构是与其战略相适应的。组织结构需要根据战略的变化及时进调整，以提高组织的自适应性。

（三）技术

技术是把原材料等资源转化为产品或服务的机械力和智力。技术的变化不仅能够改变生产工艺和流程，而且会影响人与人之间的沟通与协作。因此，组织结构设计必须考虑技术因素。

伍德沃德根据复杂程度将生产技术分为三类：单件小批量生产技术，适用于定制服装、大型发电机组等单件或小批量产品的生产；大批量生产技术，适用于成衣、汽车以及其他标准产品的制造，可以通过专业流水线实现规模经济；流程生产技术，适用于炼油厂、发电厂、化工厂等连续不断的生产，比前两种技术更为复杂。采用不同生产技术的组织在管理层级、管理幅度、管理人员与一般人员比例、技术人员比例、规范化程度、集权化程度、复杂化程度等方面存在以下差异。

（1）从单件小批量生产技术到流程生产技术，随着技术复杂性的提高，企业组织结构复杂程度相应提高，管理层级增多，高层管理人员的管理幅度、管理人员与一般人员比例也会提高。然而，基层管理人员的管理幅度呈现非线性变化，即大批量生产技术最高，单件小批量生产技术次之，流程生产技术最低。

（2）大批量生产组织通过严格的规范化管理可以有效地提高效率，而集权化、规范化对于小批量生产、流程生产并不合适。

（3）有效管理取决于如何分析环境需求、围绕需求构建组织结构、通过管理行为实现组织目标。如缩短指令传达路径、增强沟通的管理模式最适合中小批量的生产，而不适合大批量生产。

（4）创建组织时，技术因素和人际关系因素同样重要。企业选择的组织结构形式如果能够实现二者的有机结合，组织效率是最高的。

（四）规 模

一般来说，小规模的组织结构简单，组织层级少，集权化程度高，复杂性低，协调比较容易，而大规模组织正好相反。因此，规模因素是影响组织结构设计的一个重要变量。大型组织和小型组织在组织结构上的区别主要表现在以下方面。

1. 规范程度不同

规范程度是指组织依靠工作程序、规章制度引导员工行为的程度。工作程序、规章制度既包括以文字形式表述的各种制度、条例，指示员工可以做什么和不可以做什么，也包括以非文字形式存在的传统、组织文化、企业伦理、行为准则等。一个组织规章、条例越多，其组织结构的规范性就越高，组织就越正规。

2. 集权程度不同

集权程度是指组织决策正式权力在组织层级中的集中或分散程度。通常，小型组织的决策事务较少，高层管理者对组织拥有更大的控制权，因此集权化程度较高。然而，大型官僚制或科层组织中，决策往往是由那些具有控制权的管理者做出的，组织的集权化程度同样较高。与小型组织不同的是，大型组织往往通过授权的形式将决策权分散给不同层级的管理者，既可以减轻高层管理者的负担，又有利于及时沟通，对环境变化做出快速反应。

3. 复杂程度不同

复杂程度是指组织内部结构的分化程度。每一个组织在专业化分工程度、组织层级、管理幅度、人员之间、部门之间存在巨大差异，组织的分工越细、层级越多、管理幅度越大，组织的复杂性就越高；组织的部门越多，地理分布越广，协调人员及其活动也就越困难。

4. 人员结构不同

英国的帕金森在观察了军队、政府和商业官僚机构的基础上，提出了著名的"帕金森定律"，即工作总是在增长以致占满分配给它的时间，而工作时间延长的原因在于"管理者总是增加下属而不是增加竞争者，并给他们安排工作"。一个有趣的现象是：随着组织规模的扩大，管理人员的增速要高于普通员工的增速，而当组织进入衰退阶段时，管理人员的减幅却明显低于普通员工的减幅。也就是说，管理人员是最先被聘用而最后被解雇的。也有一种观点认为，随着组织规模的扩大，管理人员的比例是下降的。虽然两种观点在结论上存在明显对立，但组织规模影响人员结构是一个不可否认的事实。

彼得原理

彼得原理是管理中的一种心理学效应，是美国学者劳伦斯·彼得（Laurence Peter）在对组织中人员晋升的相关现象进行研究后得出的一个结论：在各种组织中，由于习惯于对在某个等级上称职的人员进行晋升提拔，因而雇员总是趋向于被晋升到其不称职的地位。彼得原理有时也被称为"向上爬"理论。

帕金森是英国著名的社会理论家，他曾仔细观察并有趣地描述层级组织中冗员累积的现象。他假设，组织中的高级主管采用分化和征服的策略，故意使组织效率降低，借以提升自己的权势，这种现象即帕金森所说的"爬升金字塔"。但彼得认为这种理论设计是有缺陷的，他给出的解释是许多或大多数主管已到达他们的不胜任阶层，这些人无法改进现有的状况，因为所有的员工已经竭尽全力了，于是为了再增进效率，他们只好雇用更多的员工。员工的增加或许可以使效率暂时提升，但是这些新进的人员最后将因晋升过程而到达不胜任阶层从而导致无效率。这样就使组织中的人数超过了工作的实际需要。

对一个组织而言，一旦组织中的相当部分人员被推到了其不称职的级别，就会造成组织的人浮于事，效率低下，导致平庸者出人头地，发展停滞。因此，这就要求改变单纯的"根据贡献决定晋升"的企业员工晋升机制，不能因某个人在某一个岗位级别上干得很出色，就推断此人一定能够胜任更高一级的职务。要建立科学、合理的人员选聘机制，客观评价每一位职工的能力和水平，将职工安排到其可以胜任的岗位。

（资料来源：袁建财. 48个管理定律精解［M］. 北京：中国经济出版社，2011.）

(五) 发展阶段

同其他有机体一样，组织的发展同样有着自身的规律。一般来说，组织的发展会经历生成、成长、成熟、衰退和再生五个阶段。组织结构设计需要根据不同阶段的特点来进行。

1. 生成阶段

组织的生成阶段也被称作创业阶段。由于规模较小，组织往往采用比较简单、机械的组织结构，权力集中在以创始人为代表的高层管理者手中。这一阶段，组织成长的动力在于创始人或团队的创造性，活动复杂性较低，对分权的需求、对管理规范性的要求也不高，但面临着领导力风险。也就是说，由于决策权集中在高层，需要管理者通晓企业的内部事务，一旦出现决策失误，组织将陷入巨大危机。

2. 成长阶段

组织在成长阶段，一般发展速度较快。这一阶段，组织成长的关键在于决策的方向。随着规模的迅速扩大，原有机械式组织结构已经不能满足组织发展的需求，需要形成一种有机的组织结构，向中层、基层管理者授予更多决策权，提高组织的规范性。与此同时，容易出现沟通不畅、部门之间争权夺利的现象，组织面临各自为政的风险，因此需要对组织结构进行必要的调整。

3. 成熟阶段

经过快速发展之后，组织进入成熟阶段。这一阶段，组织成长的动力在于授权，组织结构呈现出规范化的特征：层级关系更加清晰，职能逐渐健全，内部沟通越来越正式化，规章制度更加完善。此时，组织需要在提高内部稳定性的同时，通过创新来扩大市场，通常采用的方法是单独成立研发部门，但在官僚制组织结构中，创新的范围受到限制，组织面临着控制风险，即管理者需要通过授权来调动各部门的积极性，但又不能失去控制。

4. 衰退阶段

授权、规范化固然能够带来组织的成长，但同样会产生负面影响。主要表现在：机构臃肿，人浮于事；沟通路径过长导致决策迟缓；过于强调程序和规范，形式主义蔓延；明知组织运行效率低，却无法推进改革。这种现象就是"大企业病"，如果不能有效地加以应对，组织就会进入衰退阶段。这一阶段，组织成长的动力在于协调，但同时面临着"繁文缛节风险"。

5. 再生阶段

组织进入衰退阶段后，如果不能适时调整组织结构，进行大刀阔斧的改革，可能面临灭亡的命运。然而，多数情况下组织会努力地生存，寻求可持续发展，这就要求进行大胆变革：通过再集权排除阻力、推进改革；通过流程再造对原来过细的分工进行重新整合；有选择地退出部分业务，降低运行成本；通过扁平化管理，减少组织层级；采用矩阵制组织结构，提高沟通效率；加强与其他组织的合作，谋求共同发展；等等。

四、组织的高耸结构与扁平结构

当组织规模一定时，管理层次和管理幅度之间存在着反比例的关系。管理幅度越大，管理层次就越少；反之，管理幅度越小，则管理层次就越多。这两种情况相应地对应着两种类型的组织结构形态，前者称为扁平结构，后者则称为高耸结构。一般来说，传统的企业结构倾向于高耸结构，偏重于控制和效率，比较僵硬。扁平结构则被认为比较灵活，容易适应环境，组织成员的参与程度也相对比较高。近年来，企业组织结构出现了一种由高耸向扁平演化的趋势。

（一）高耸结构的特点

高耸结构是指组织的管理幅度较小，从而形成管理层次较多的组织结构。高耸结构有管理严密、分工明确、上下级易于协调的特点。其优点是权责关系明确，有利于增强管理者的权威，有利于控制，为下级提供晋升机会。但其缺点也很明显，管理层级越多，管理成本也就随之大幅增加，组织中的垂直沟通更加复杂，影响信息传输。管理层级增多也会减慢决策速度，并使高层管理者趋于隔离状态。同时，管理层级增多易造成对下级监督过严的情况，不利于调动下级积极性。

（二）扁平结构的特点

扁平结构是指组织的管理幅度较大从而形成管理层次较少的组织结构。其优点是缩短上下级距离，密切上下级关系，信息纵向流动快，管理费用低，有利于发挥下级的积极性和自主性，有利于培养下级的管理能力。但由于不能严格监督下级，上下级协调性较差，管理幅度的加大也加重了同级间相互沟通的困难，对管理者素质要求较高。

（三）高耸结构与扁平结构的优缺点比较

高耸结构层层叠加管理层次，层级数量很多，且管理幅度都很小。扁平结构管理层次比较少，管理幅度比较大。在实际应用中，应根据组织的具体情况选择符合组织实际需求的结构。例如，如果组织人员素质不高，管理工作较为复杂，许多问题处理不易标准化，实现日常管理工作科学化和规范化需要较长时间，生产机械化和自动化水平不高，则适合使用高耸结构；反之，则比较适合使用扁平结构。高耸结构与扁平结构的比较见表4-1。

表 4-1　高耸结构与扁平结构优缺点比较

组织结构类型	优点	缺点
高耸结构	1. 高层管理人员精力充沛，能够进行全面而深入的领导 2. 不需设副职和助手，领导关系明确 3. 集体规模小，易于团结，便于决策 4. 各级主管职务多，下属晋升机会多	1. 需要较多的管理人员，协调工作量大，增加了管理费用 2. 信息传递速度慢，容易发生失真和误解 3. 计划和控制工作较复杂 4. 高层领导不易了解基层现状 5. 集体规模小，遇到复杂任务难以胜任
扁平结构	1. 信息传递速度快、失真少 2. 节省管理费用 3. 便于领导了解基层现状 4. 有利于解决较为复杂的问题 5. 对下级分权较多，为培养管理人员创造良好条件	1. 管理人员精力分散，难以对下级进行深入而具体的领导 2. 对管理人员素质要求比较高 3. 管理人员和下级结成较大的集体，难以取得协调和一致意见

任务三　企业组织结构形式

一、几种主要的组织结构形式

（一）直线制

直线制是最简单、最单纯的组织结构设计形式。直线制是指组织没有职能机构，从最高管理层到最基层，职权或命令的流向呈现一条直线，由上而下贯穿整个组织，每个下属只有一个直接上级，只接受一个上级的指挥，也只向一个上级报告，实行直线垂直领导。直线制组织结构如图 4-1 所示。

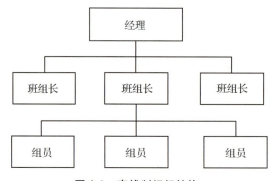

图 4-1　直线制组织结构

直线制的优点是沟通迅速，指挥统一，责任明确。缺点是管理者负担过重，难以胜任复杂职能。直线制一般适用于小型组织。

(二)直线职能制

直线职能制是一种吸收了直线制和职能制优点的组织结构形式,是指在组织内部既设置纵向的直线指挥系统,又设置横向的职能管理系统,是以直线指挥系统为主体建立的二维的管理组织。

直线职能制既保证了组织的统一指挥,又加强了专业化管理,但是会产生直线人员与参谋人员关系难协调的问题。目前绝大多数组织都采用这种组织结构模式,其结构如图4-2所示。

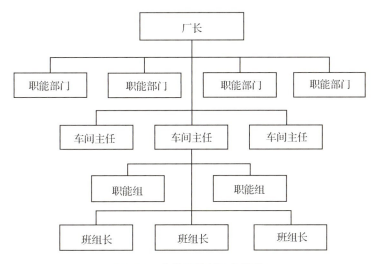

图4-2 直线职能制组织结构

(三)事业部制

在直线职能制框架基础上按产品或地区设置独立核算、自主经营的事业部,在总公司领导下统一政策、分散经营的结构模式被称为事业部制。事业部主要按产品、项目或地域划分,是一种分权化体制。事业部制组织结构如图4-3所示。

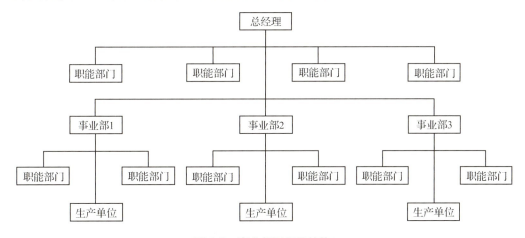

图4-3 事业部制组织结构

事业部制有利于发挥事业部的积极性、主动性,更好地适应市场,公司高层也可以集中思考战略问题,有利于培养综合管理人员。但其缺点也比较明显:存在分权带来的不足,如指挥不灵、机构重叠等问题,同时对管理者要求较高。

事业部制一般适用于面对多个不同市场的大规模组织。

(四) 矩阵制

矩阵制是由按职能划分的纵向指挥系统与由项目组成的横向系统结合而成的组织结构。纵向上是职能系统,横向上是各项目组,在项目负责人的主持下从纵向的各职能部门抽调人员组成项目组,共同从事项目的工作。项目完成后,返回本部门,项目组随即撤销。矩阵制组织结构如图4-4所示。

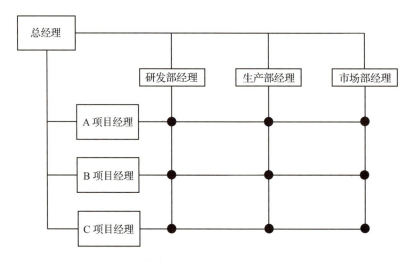

图4-4 矩阵制组织结构

矩阵制组织结构纵横结合,有利于配合,人员组合富有弹性。矩阵制主要适用于突击性、临时性任务,如科研攻关、运动项目集训、大型赛事组织等。

(五) 委员会制

委员会制是一种为执行某方面职能而设置的管理者群体组织形式。它实行集体决策、集体领导的体制。组织中的委员会既可以是临时的,也可以是常设的;其职权属性既可以是直线性质的,也可以是参谋性质的。

委员会制使集体决策更加科学可靠,可代表各方利益,可协调各种职能;如果是临时委员会,可不设专职人员,组织结构富有弹性。但是委员会组织决策速度慢,可能出现决策的折中性,集体决策责任不清。

委员会制在组织中广泛使用,尤其是在一些经常性的专项管理职能或临时性的突击工作中。

(六) 模拟分权制

模拟分权制又称模拟分散管理组织结构,是指为了改善经营管理,人为地把企业划分成若干单位，实行模拟独立经营、单独核算的一种组织管理模式。模拟分权制组织结构如图 4-5 所示。

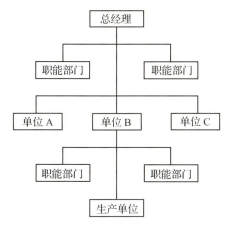

图 4-5　模拟分权制组织结构

（七）多维立体型组织结构

一般而言，对于较大的企业，其整体性的组织结构模式和局部性的组织结构模式与模拟分权制组织结构是不同的。多维立体型组织结构是矩阵组织结构和事业部组织结构形式的综合发展，又称多维组织结构。多维立体型组织结构是由直线职能制、矩阵制、事业部制和地区、时间结合为一体的复杂结构形态。它是从系统的观点出发，建立多维立体的组织结构。多维立体型组织结构如图 4-6 所示。

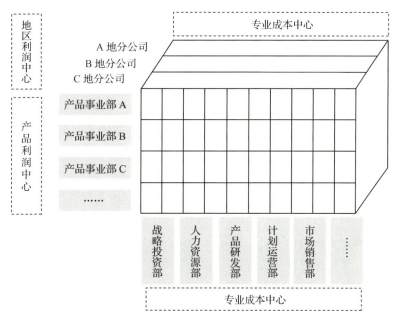

图 4-6　多维立体型组织结构

二、企业组织结构的演变规律及发展趋势

（一）企业组织结构的演变规律

从企业发展的历史来看，企业组织结构的演变过程本身就是一个不断创新、不断发展的过程，先后出现了直线制、矩阵制、事业部制等组织结构形式。当前，金字塔式的层级结构已不能适应现代社会特别是知识经济时代的要求。目前企业发展已经呈现出竞争全球化、顾客主导化和员工知识化等特点。故而，企业组织形式必须是弹性的和分权化的。因此，现代企业十分推崇流程再造、组织重构，以客户的需求和满意度为目标，对企业现有的业务流程进行根本性的再思考和彻底重建，利用先进的制造技术、信息技术以及现代化的管理手段，最大限度地实现技术上的功能集成和管理上的职能集成，以打破传统的职能型组织结构，建立全新的过程型组织结构，从而实现企业经营成本、质量、服务和效率的巨大改善，以更好地适应以顾客、竞争、变化为特征的现代企业经营环境。

（二）企业组织结构的发展趋势和新型组织结构形态

从近年来的实际情况看，企业组织结构发展呈现出新的趋势，其特点是：重心两极化，外形扁平化，运作柔性化，结构动态化。团队组织、动态联盟、虚拟企业等新型的组织结构形式相继涌现，具体来说，具有这些特点的新型组织结构形态有以下几种：

1. 横向型组织

横向型的组织结构，弱化了纵向的层级，打破刻板的部门边界，注重横向的合作与协调。其特点是：

（1）组织结构是围绕工作流程而不是围绕部门职能建立起来的，传统的部门界限被打破。

（2）减少了纵向的组织层级，使组织结构扁平化。

（3）管理者更多的是授权给较低层次的员工，重视运用自我管理的团队形式。

（4）体现顾客和市场导向，围绕顾客和市场的需求组织工作流程，建立相应的横向联系。

2. 无边界组织

这种组织结构寻求的是削减命令链，成员的等级秩序降到最低点，拥有无限的控制跨度，取消各种职能部门，取而代之的是授权的工作团队。无边界，是指打破企业内部和外部边界：打破企业内部边界，主要是在企业内部形成多功能团队，代替传统上割裂开来的职能部门；打破企业外部边界，则是与外部的供应商、客户包括竞争对手进行战略合作，建立合作联盟。

3. 组织的网络化和虚拟化

无边界组织和虚拟组织是组织网络化和虚拟化的具体形式。组织的虚拟化，既可以

是虚拟经营，也可以是虚拟的办公空间。虚拟组织并不局限于电子商务、互联网领域，制造型企业组织同样存在虚拟化的趋势，一些企业所采用的动态网络结构同样是虚拟化的具体尝试。

北京轨道公司的科研管理组织结构

北京市轨道交通建设管理有限公司（以下简称"北京轨道公司"）是北京市负责组织城市轨道交通建设的专业管理公司，负责轨道交通新建线路的初步设计、施工设计、施工队伍及车辆设备的招标、评标和决标，组织轨道交通新建线路的土建结构、建筑装修、设备安装工程及相应市政配套工程的实施，组织轨道交通新建线路的系统调试、开通、验收直至交付试运营全过程的建设管理。

作为工程建设企业，公司秉承"发展轨道交通，建设精品工程"的理念，坚持以人为本，注重科技创新，精心筹划，科学组织，完成了北京轨道交通4号线、5号线、6号线、7号线、8号线、9号线、10号线、14号线、亦庄线、昌平线、燕房线、西郊线、北京大兴国际机场线等线路的建设管理任务，使北京市轨道交通运营总里程从2003年的114千米快速发展到2019年的700千米。工程多次荣获"中国建设工程鲁班奖""中国土木工程詹天佑奖"等荣誉。目前，公司承担着3号线、12号线、17号线、19号线等线段的建设管理任务。同时实现管理输出，代建乌鲁木齐轨道交通1号线、2号线。公司既往业绩良好体现了作为国有企业所承担的政治责任、社会责任与经济责任。

作为企业，北京轨道公司既有生产经营业务，也有科技创新职责，并且科研项目大多依托于工程建设项目，科研管理与生产经营相互结合、相辅相成。因此，对于科研管理中的众多要素，通过建立维度模型并从不同视角进行分析，有利于科研管理组织结构的建立。

北京轨道公司根据其组织构架与主营业务特征，以及公司科研管理特点，分别建立三维结构模型，并将两个模型合并成为一个企业科研管理组织六维结构模型。如图4-7所示，该模型包括层级、职能、工艺、程序、对象、资源等六个维度，较为全面地描述北京轨道公司科研、管理、组织的结构。

一、层级维度

层级维度描述了公司的组织层级，公司的最高领导层级是党委会，其次是重大事项的决策机构董事会，再下一层级是公司日常经营业务的决策层即经理层（包括总经理、分管副总经理、总工程师等），最后是公司生产经营的职能部室以及项目管理部门。

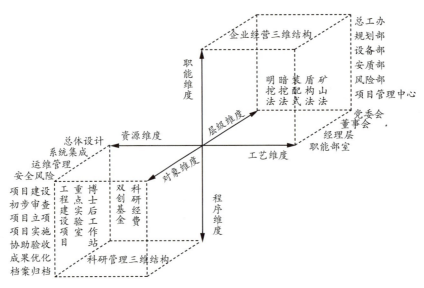

图 4-7　北京轨道公司科研管理组织六维结构模型

二、职能维度

职能维度描述了公司根据主营业务及生产经营需要而设置的主要职能部门。例如，总工办是公司科研、技术与标准的管理部门，规划部是工程设计概算、工程变更设计、设计质量管理部门，设备部是设备系统设计、招投标等相关方面的管理部门，安质部是工程竣工验收、安全质量检查、检测单位履约评价等方面的管理部门，风险部是针对作业面安全与风险监控方面的管理部门，而项目管理中心负责具体工程建设项目的计划调度、安全质量、参建单位履约协调、工程档案等方面的工作。

三、工艺维度

工艺维度描述了公司开展生产经营业务的主要技术手段。在城市轨道交通建设中，根据工程所处的地势及周边环境、工程造价等，采取的主要施工工艺包括明挖法、暗挖法、装配式、盾构法、矿山法等。

四、程序维度

程序维度描述了公司科研管理中科研项目的基本工作程序。一个完整的科研项目周期，从技术部门提出项目建议开始，经过初步审查、立项审查后开始实施，最终完成验收，将成果转化到实际工程项目中应用，并开展科技奖励的申报工作，最后将全套科研项目资料组卷并归档。

五、对象维度

对象维度描述了公司主要的科技攻关对象。结合城市轨道交通工程建设的实际需求，公司针对轨道交通总体设计、设备系统集成、智能运维管理、安全风险控制、BIM-UIS 技术等方面，开展持续的研究与开发工作。

六、资源维度

资源维描述了公司为科研活动提供的各种资源，包括物质资源、人力资源、经费资源等。北京轨道公司为支持各项科技攻关活动而提供的主要资源包括科研经费、双创基金、研发人员、博士后工作站、重点实验室、所依托的工程建设项目等。

根据对公司主营业务以及科研管理的维度分析，为便于工程建设任务与科技创新工作同步开展，北京轨道公司实行建设-科研双矩阵组织架构，即"一套班子、两块牌子"模式。在保持其资源共享、信息传递畅通、科研活动具有针对性等优势的同时，还要防止可能产生的激励目标不统一而导致的生产经营或科研活动效率降低的情况，生产与科研需要兼顾。

［案例改编自：陈明昊. 工程建设企业科研管理组织结构研究——以北京轨道公司为例［J］. 科技创业月刊，2021（4）.］

案例思考题

1. 北京轨道公司的科研管理组织结构有何优点及不足？
2. 结合案例材料，谈谈如何优化北京轨道公司的科研管理组织结构。

项目训练

【训练内容】设计企业组织结构。

【训练目的】进一步理解企业组织管理。

【训练步骤】

1. 学生按5—8人划分为一个小组，要求以小组为单位创办一家模拟公司。

2. 结合所学组织结构内容，小组讨论构建公司组织结构框架，并制订公司组织结构目标和相关行动方案。

3. 制作PPT及电子文档进行，完成实训报告。

实训报告格式如下：

_____实训报告		
实训班级：	项目小组：	项目组成员：
实训时间：		
实训地点：		
实训成绩：		
实训目的：		
实训步骤：		
实训成果：		
实训感言：		
不足及今后改进：		
项目组长签字：	项目指导教师评定并签字：	

4. 班级小组讨论与交流，小组互评，教师总结点评并进行成绩评定。小组提交案例分析报告。

自 测 题

1. 组织管理的内容包括哪些方面？
2. 组织结构设计的基本原则有哪些？
3. 组织结构设计的内容有哪些？
4. 组织结构设计的影响因素有哪些？
5. 组织结构有哪几种基本形式？各有什么特点？

【延伸阅读】

彼得·德鲁克. 管理：使命、责任、实务 [M]. 王永贵，译. 北京：机械工业出版社. 2016.

项目五 企业人力资源管理

【学习目标】

1. 掌握人力资源管理的内容与要求
2. 了解工作分析方法及职位说明书的基本要求
3. 掌握人员招聘、培训的内容
4. 掌握人员绩效考核的内容
5. 掌握薪酬管理的内容

上海建工的人才激励体系

上海建工集团股份有限公司（简称"上海建工"）是上海国资中较早实现整体上市的企业，其前身为创立于1953年的上海市人民政府建筑工程局，1994年整体改制为以上海建工（集团）总公司为资产母公司的集团型企业。1998年发起设立上海建工，并在上海证券交易所挂牌上市。2010年和2011年，经过两次重大重组，完成整体上市。

上海建工始终坚持改革创新，不断增强经营活力和内生动力，确保国有资产保值增值，经营业绩多年来持续保持两位数增长的稳健态势。2021年累计新签合同4 425.06亿元、营业收入2 810.55亿元，排名2022年《财富》世界500强第321位、2021年《工程新闻记录（ENR）》全球最大250家工程承包商第8位。2021年商品混凝土产量达4 677万立方米，规模排名中国第3位、世界第5位。

上海建工由"五大事业群＋六大新兴业务"构成完整的产业链。"建筑施工、设计咨询、房产开发、城建投资、建材工业"五大事业群，全产业链协同联动，为客户提供高效的建筑全生命周期服务整体解决方案；"城市更新、水利水务、生态环境、工业化建造、建筑服务业、新基建领域"六大新兴业务，全产业链绿色发展再添新引擎，积极践行"绿水青山就是金山银山"理念，助力建设"美丽中国"。从投资、策划、设计到建造、运维、更新，上海建工的全产业链服务平台致力为客户创造最大价值。

上海建工不断创新人才管理机制，积聚优秀人才，倡导"以亩产论英雄"，大力营造"永远做奋斗者"的文化氛围，让有作为者有地位、有贡献者有获得。自 2012 年起至今，相继实施了领导干部激励基金计划、员工职业发展通道建设计划、核心员工持股计划、职业经理人薪酬制度、SCG-E 人才培养计划、核心员工中长期激励计划、青年人才公寓等，不断强化人才机制创新导向，使企业与员工成为利益共同体、事业共同体、命运共同体。上海建工拥有 1 位中国工程院院士、2 位何梁何利基金获得者、7 位国家级设计大师、62 位享受国务院政府特殊津贴专家、66 位上海市青年科技启明星、15 人荣膺"上海工匠"称号，拥有 270 多位博士、440 多位教授级高级工程师，具备一级建造师执业资格的员工超过 4 800 位。

上海建工在打造全产业链的模式下，对人才队伍结构提出了新的要求。为应对变化，上海建工精心设计了 12 条职业上升通道，并给每一个岗位设置了不同的等级。以建筑行业的专业工种——钢筋翻样为例，员工可以晋升为现场专业工程师，相当于管理层，工资和待遇也会相应跟进。员工有了盼头，就会更执着于坚守岗位。

为此，上海建工出台了《关于进一步推进员工职业发展通道工作的意见》，进一步明确员工职业发展体系、专业晋升考评体系、薪酬管理体系和培训体系建设。打开各条线员工的职业发展晋升空间，全面融入 SCG-E 人才培养体系，让员工成长有舞台、发展有空间、福利有保障、学习有机会。

"上海建工人才培养 SCG-E 计划"主要由四个子计划组成：基石（S 计划）、支柱（C 计划）、栋梁（G 计划）及精英（E 计划）。

上海建工还制定了《集团关于加强全国化员工队伍建设的实施意见》和《集团关于区域公司核心员工中长期激励计划的指导意见》，引导全国化员工立足区域长期发展，增强对企业的忠诚度和认同感。上海建工在上述两个"意见"中表示，要围绕集团全国化发展，深化人才全国化的体制、机制改革，坚持党管干部、党管人才原则，推进人才全国化、宽领域、多层次开发，加强和改进全国化人才招聘、培养、选拔、任用的新途径、新方法，建立一支与集团发展相适应、数量充裕、结构合理、具有市场竞争力的高素质全国化人才队伍。

[案例改编自：① 上海建工集团官网 https://www.scg.com.cn/；② 金琳. 上海建工重构人才激励体系［J］. 上海国资 2020（3）.］

[案例思考题] 结合案例材料，谈谈上海建工是如何创新人才管理机制的，对你有何启示。

任务一 人力资源管理概述

一、人力资源管理的内容

(一) 人力资源的概念

戴维·尤里奇被誉为人力资源管理的开创者,他最早提出了"人力资源"(Human Resource)的概念。在此之前,人力资源被叫作"人事管理"(Human Management)。尤里奇认为,现在唯一剩下的有竞争力的武器就是组织,因为那些传统的竞争要素,如成本、技术、分销、制造以及产品特性,或早或晚都能被复制,它们无法保证你就是赢家。在新经济中,胜利将来源于组织能力,包括速度、响应性、敏捷性、学习能力和员工素质,而人力资源部的新使命就牵涉到卓越的组织能力的培养。

人力资源是指一定时期内组织中的人所拥有的能够被企业所用,且对价值创造起贡献作用的教育、能力、技能、经验、体力等的总称。当把人的资源看成是组织最重要、最有活力、最能为组织带来效益的资源时,组织的全体成员就是人力资源。现代管理的一个重要趋势就是以人为中心的管理。

理解人力资源的概念要把握以下几个要点:

(1) 人力资源的本质是人所具有的脑力和体力的总和,可以统称为劳动能力。
(2) 这一能力要能够对财富的创造起贡献作用,成为社会财富的源泉。
(3) 这一能力还要能够被组织所利用。这里的"组织"可以大到一个国家或地区,也可以小到一个企业或作坊。

(二) 人力资源管理的概念

人力资源管理是指企业的一系列人力资源政策以及相应的管理活动。这些活动主要包括企业人力资源战略的制定,员工的招募与选拔、培训与开发,绩效管理,薪酬管理,员工流动管理,员工关系管理,员工安全与健康管理等。也就是说,人力资源管理是企业运用现代管理方法,通过对人力资源的获取(选人)、开发(育人)、保持(留人)和利用(用人)等方面所进行的计划、组织、指挥、控制和协调等一系列活动,最终达到实现企业发展目标的一种管理行为。

二、人力资源管理的目标

人力资源管理的最终目标是促进企业目标的实现。一般认为,人力资源管理的目标主要有以下几个方面：

（1）企业的目标最终将通过其最有价值的资源——它的员工来实现。

（2）为提高员工个人和企业整体的业绩，人们应把促进企业的成功当作自己的义务。

（3）制定与企业业绩紧密相连，具有连贯性的人力资源方针和制度，是企业最有效利用资源和实现商业目标的必要前提。

（4）应努力寻求人力资源管理政策与商业目标之间的匹配和统一。

（5）当企业文化合理时，人力资源管理政策应起支持作用；当企业文化不合理时，人力资源管理政策应促使其改进。

（6）创造理想的企业环境，鼓励员工创造，培养积极向上的作风；人力资源政策应为合作、创新和全面质量管理的完善提供合适的环境。

（7）创造反应灵敏、适应性强的组织体系，从而帮助企业实现竞争环境下的具体目标。

（8）增强员工上班时间和工作内容的灵活性。

（9）提供相对完善的工作和组织条件，为员工充分发挥其潜力提供所需要的各种支持。

（10）维护和完善员工队伍以及产品和服务。

小贴士

人力资源管理大师——戴维·尤里奇

戴维·尤里奇（Dave Ulrich，1953—）是美国密歇根大学罗斯商学院教授、人力资源领域的管理大师。尤里奇致力于研究如何使组织通过人力资源建立快速发展、学习、协作、责任、智能和领导力等方面的能力，并在此领域享有盛誉。他还在评估策略与人力资源实践和能力的数据库方面做出了突出贡献。他曾为超半数的福布斯200强企业提供过咨询或研究服务。

尤里奇认为，现在唯一剩下的有竞争力的武器就是组织，因为那些传统的竞争要素，如成本、技术、分销、制造以及产品特性，或早或晚都能被复制。尤里奇已发表文章100多篇，著作十余本，其中《人力资源冠军》首次提出"人力资源"概念，《人力资源管理的未来》《基于结果的领导》和《无边界组织：打破组织结构链》等成为最畅销的管理著作。同时，他还著有《人力资源最佳实务》《绩效导向的领导力》《人力资源记分卡》《新人力资源资格》《如何通过人员和组织构建价值》《结果导向的领导力：领导如何构建成功业绩并提升底线》《组织能力：来自组织内外的竞争》等。

（资料来源：戴维·尤里奇. 人力资源转型：为组织创造价值和达成成果［M］. 李祖滨，孙晓平，译. 北京：电子工业出版社，2019.）

任务二　工作分析与人力资源规划

一、工作分析

（一）工作分析概述

工作分析是指系统全面地确认工作整体，以便为管理活动提供各种有关工作方面的信息所进行的一系列工作信息收集、分析和综合的过程。工作分析是人力资源管理工作的基础，其分析质量对其他人力资源管理模块具有举足轻重的影响。

（二）工作分析的内容

工作分析包含三个部分：对工作内容的分析；对岗位、部门和组织结构的分析；对工作主体员工的分析。

对工作内容的分析是指对产品（或服务）实现全过程及重要的辅助过程的分析，包括对工作步骤、工作流程、工作规则、工作环境、工作设备、辅助手段等相关内容的分析。

对岗位、部门和组织结构的分析包括对岗位名称、岗位内容、部门名称、部门职能、工作量及相互关系等内容的分析。

对工作主体员工的分析包括对员工年龄、性别、爱好、经验、知识和技能等各方面的分析，通过分析有助于把握和了解员工的知识结构、兴趣爱好和职业倾向等内容。在此基础上，企业可以根据员工特点将其安排到最适合他的工作岗位上，达到人尽其才的目的。

（三）职务说明书

职务说明书，也称岗位说明书或工作说明书。职务说明书是工作分析人员根据某项职务工作的物质和环境特点，对工作人员必须具备的生理和心理需求进行的详细说明。

职务说明书由职务描述与职务规范两部分组成。职务描述是说明某一职务的性质、责任权利关系、主体资格条件等内容的书面文件，职务规范是任职者任用条件的具体说明，二者结合起来构成了针对某一职务的完整、全面、详细的职务说明。职务说明书的精确与否将直接影响到职务分析的有效性。

编制职务说明书就是编制职务描述和职务规范两个书面文件。职务规范集中于对任职人员的分析，职务描述侧重于反映工作定向分析的结果。表5-1是一份招聘助理的职务说明书。

表 5-1 招聘助理的职务说明书

职务头衔：招聘助理
区域：
部门：人力资源管理部
分析时间：
职务陈述
在员工招聘、选拔、测量、定向、转移及员工人力资源档案的保存等领域，完成专业的人力资源工作。在完成指派工作中有义务执行创造性的工作和独立判断
基本功能
1. 制订招聘计划，交主管人员审核 2. 准备招聘文件和招聘广告 3. 检查邮寄的申请书和履历表，初步筛选申请人 4. 准备与安排面试 5. 对申请人进行背景调查等甄别工作 6. 处理在招聘方面与地区经理的日常工作关系 7. 评估招聘活动 8. 执行由人力资源经理安排的有关事项
职务说明
1. 具有大专或本科学历，有人力资源管理、企业行政或工业心理学相关专业知识 2. 具备选拔和人事安排的知识 3. 具备书面和口头表达能力 4. 具备独立计划和自己组织活动的能力 5. 具备人力资源管理计算机应用的知识

二、人力资源规划

（一）人力资源规划概述

人力资源规划也叫人力资源计划，是指为实施企业的发展战略，完成企业的生产经营目标，根据企业内外环境和条件的变化，通过对企业未来的人力资源的需要和供给状况的分析及估计，运用科学的方法进行组织设计，对人力资源的获取、配置、使用、保护等各个环节进行职能性策划，制订企业人力资源供需平衡计划，以确保组织在需要的时间和需要的岗位上获得各种必需的人力资源，保证事（岗位）得其人、人尽其才，从而实现人力资源与其他资源的合理配置，有效激励、开发员工的规划。

企业规划的目的是使企业的各种资源（人、财、物）彼此协调并实现内部供需平衡，由于人（或人力资源）是企业内最活跃的因素，因此人力资源规划是企业规划中起决定性作用的规划。人力资源规划的总目标是：确保企业各类工作岗位在适当的时机，获得适当的人员（包括数量、质量、层次和结构等），实现人力资源与其他资源的最佳配置，有效地激励员工，最大限度地开发和利用人力资源潜力，从而最终实现员工、企业、客户、社会利益一致基础上的企业经济和社会效益最大化。

（二）人力资源规划的目的

1. 规划人力发展

人力发展包括人力预测、人力增补及人员培训，这三者紧密联系，不可分割。人力资源规划一方面对目前的人力现状予以分析，以了解人事动态，另一方面对未来的人力需求做一些预测，以便对企业人力的增减进行通盘考虑，再据以制订人员增补和培训计划。所以，人力资源规划是人力发展的基础。

2. 促使人力资源的合理运用

只有少数企业的人力资源配置是完全符合理想状况的。在相当多的企业中，一些人的工作负荷过重，而另一些人则工作过于轻松；一些人的能力有限，而另一些人则感到能力有余，未能充分利用。人力资源规划可改善人力分配的不平衡状况，进而谋求合理化，以使人力资源能配合组织的发展需要。

3. 配合组织发展的需要

任何组织的特性，都是不断地追求生存和发展，而生存和发展的主要因素是人力资源的获得与运用。也就是如何适时、适量及适质地使组织获得所需的各类人力资源。现代科学技术日新月异，社会环境变化多端，如何针对这些多变的因素，配合组织发展目标，对人力资源进行恰当的规划相当重要。

4. 降低用人成本

影响企业用人数目的因素很多，如业务、技术革新、机器设备、组织工作制度、工作人员的能力等。人力资源规划可对现有的人力结构做一些分析，并找出影响人力资源有效运用的瓶颈，使人力资源效能充分发挥，降低人力资源成本在总成本中所占的比例。

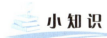

猎　头

猎头，意为物色人才的人，是为了帮助优秀的企业找到需要的人才。这个词另外的说法叫作高级人才寻访。"头"指智慧、才能集中之所在，"猎头"也可指猎夺人才，即发现、追踪、评价、甄选和提供高级人才的行为。

从事高级人才委托招聘业务，又被称为猎头服务或BeaconMan。专门从事为企业猎取中高端人才的公司，被称为猎头公司。猎头公司就是依靠猎取社会所需的各类高级人才获得利润而生存的人才猎寻组织。猎头公司采取隐蔽猎取、快速出击的主动竞争方式，为所需高级人才的客户猎取从人才市场上得不到的高级人才。猎头公司的网罗对象是各行业优秀的人才,一般来说,主要是举荐总裁、副总裁、总经理、副总经理、人事总监、人事经理、财务经理、市场总监、市场经理、营销经理、产品经理、技术总监、技术经理、厂长、生产部经理、高级项目经理、高级工程师、博士后、博士、工商管理高级人才、其他高级顾问及其他经理级以上人才等。

随着互联网的发展,相对传统猎头,网络猎头出现了。网络猎头,是指利用网络技术开辟"平台+工具+顾问"的服务模式,让用人企业与高级人才直接"面对面"的服务机制,是猎头行业的一个细分。虽然新兴的网络猎头会给传统猎头带来一些冲击,但传统猎头也有自身的优势。网络猎头就像服装工业的流水线,而传统猎头更像是技术精湛、量身定做品牌服装的世界知名服装设计大师,适合一些价格不菲却需要精心制作、充分体现"个性化"着装品位的客户。

(资料来源:李葆华,等. 现代猎头实训指南 [M]. 广州:中山大学出版社,2018.)

(三) 人力资源规划的内容

广义人力资源规划的内容包括以下几个方面:

(1) 人力资源战略发展。根据企业总体发展战略的目标,对企业人力资源开发和利用的大政方针、政策和策略的规定。

(2) 组织人事规划。

(3) 人力资源管理费用预算。这是企业在一个生产经营周期内,人力资源全部管理活动预期的费用支出的计划。组织人事规划不能脱离人力资源管理费用预算而独立进行。

(4) 人力资源管理制度建设。这是人力资源总规划目标实现的重要保证,包括人力资源管理制度体系建设的程序、制度化管理等内容。

(5) 人力资源开发规划。包括企业全员培训开发规划、专门人才的培养计划、人员轮换接替计划、员工职业生涯发展规划、企业文化建设等。

(6) 人力资源系统调整发展规划。规划并非一成不变,它是一个动态的开放系统,应对其实施过程及结果进行监督、评估,并重视信息的反馈,不断调整,使其更切合实际,更好地促进企业目标的实现。

狭义人力资源规划的内容包括:人员配置计划,陈述企业每个职务的人员数量、人员的职务变动、职务人员空缺数量等;人员补充计划,通过总计划、职务编制计划、人员配置计划可以得出人员补充计划;人员晋升计划,把员工个人职业发展同企业发展结合起来,有效地留住人才,为人才提供晋升通道,稳定企业的员工队伍。

(四) 人力资源规划的编制流程

一个企业必须根据企业的整体发展战略目标和任务来制定其本身的人力资源规划。一般来说,一个企业人力资源规划的编制要经过以下五个步骤。

1. 预测和规划本组织未来人力资源的供给情况

通过对本组织内部现有各种人力资源的测算,并对照本组织在某一定时期内人员流动的情况,即可预测出本组织在未来某一时期里可能出现的各种人力资源情况。

2. 对人力资源的需求进行预测

在对本组织员工在未来某一时期内人力资源供给方面预测规划的基础上,根据组织的战略目标来预测本组织在未来某一时期对各种人力资源的需求。对人力资源需求的预测和规划可以根据时间的跨度而相应地采用不同的预测方法。

3. 进行人力资源供需方面的分析比较

把本组织人力资源需求的预测数与在同期内组织本身仍可供给的人力资源数进行对比分析,从比较分析中测算出组织对各类人员的所需数。在进行本企业在未来某一时期内可提供的人员和相应所需人员的对比分析时,不但可测算出某一时期内人员的短缺或过剩情况,还可以具体地了解到某一具体岗位上员工余缺的情况,从而可以测出需要具有哪一方面的知识、怎样技术水平的人才,这样就可有针对性地物色或培训,并为组织制定有关人力资源相应的政策和措施提供依据。

4. 制定有关人力资源供需方面的政策和措施

在经过人力资源供给测算和需求预测比较的基础上,组织即应制定相应的政策和措施,并将有关的政策和措施呈交最高管理层审批。

5. 审核人力资源规划的效益

制定审核的标准,对人力资源规划的效益进行评估。

职业经理人的由来

职业经理人,是指在一个所有权和经营权分离的企业中承担法人财产的保值增值责任,全面负责企业经营管理,对法人财产拥有绝对经营权和管理权,由企业在职业经理人市场(包括社会职业经理人市场和企业内部职业经理人市场)中聘任,而其自身以受薪、股票期权等为获得报酬主要方式的职业化企业经营管理专家。

职业经理人起源于美国。19世纪中叶,美国铁路货运进入大规模正式运营阶段。当时,由于轨道、机车、车辆等分属各区业主所有,货物在铁路运输途经各区时,需要频繁地更换车体与押载人员,进行区段计价核算,经常性地造成大比例的货物缺损和不可控制的日期顺延。基于此现状,世界上第一批职业经理人——专业货运计划人员应运而生。

[资料来源:郑和娟,刘建民. 论公司治理结构中职业经理人制度建设[J]. 财会通讯,2014(2).]

任务三 人力资源招聘与培训

一、人员招聘

(一) 人员招聘概述

人员招聘是指组织及时寻找、吸引并鼓励符合要求的人，到本组织中任职和工作的过程。人员招聘不仅直接影响到人员配备的其他方面，而且对整个管理过程的进行，乃至整个组织的活动，都有着极其重要和深远的影响。"得人者昌，失人者亡"，这是古今中外公认的一条组织成功的要诀。

组织需要招聘员工可能基于以下几种情况：新设立一个组织；组织扩张；调整不合理的人员结构；员工因故离职而出现职位空缺；等等。

(二) 人员招聘的依据

1. 职位的要求

通常，组织结构设计中的职位说明书对各职位已有了明确的规定。在人员招聘时，可以通过职务分析来确定某一职务的具体要求。职务分析的主要内容有：这个职务是做什么的？应该怎样做？需要一些什么知识和技能才能胜任？有没有别的方法实现目标？如果有的话，那么新的要求又是什么？

2. 人员的素质和能力

个人的素质与能力，是人员选聘时要重点考虑的另一重要标准。应根据不同职位对人员素质的不同要求来评价和选聘员工。如招聘主管人员，其个人素质应包括身体、智力、道德、一般文化、专业知识、经验等六个方面，除此之外，还有一个重要的方面，就是从事管理工作的欲望，或称管理愿望，即人们希望从事管理的主观要求。

(三) 人员招聘的方式

人员招聘的方式一般分为内部选拔和对外公开招聘。内部选拔的优点是对员工的个人能力、性格等有比较深入的了解，基本能判断候选人能否胜任新的职位；同时，内部选拔也可以打开员工晋升通道，激励员工工作积极性。对外公开招聘则能在更大范围筛选优秀的候选人，为组织补充新鲜血液，激发组织活力。

此外还可通过其他方式招聘，如运动员通过谈判转会等方式进行招聘。

无论是专业人才还是管理人才，招聘的最重要方式都是公开招聘。要采用各种有效形式，对应聘者进行测试，包括心理测试、知识测试、能力测试。具体测试方式有书面测试与面试。

二、人员组合

(一) 人员组合概述

所谓人员组合，是指人与人的配合，即组织内按管理或作业需要所进行的人员配置与合作。人员组合的重要性主要表现为：社会化大生产的需要，实现组织目标的需要，人自身发展的需要。

人员组合包括技术结构和社会结构两个方面的组合。人员组合的技术结构是指人作为劳动要素，按照完成组织工作条件和任务的要求，结合人员的专业与素质条件，实现各类人员在技术上的科学配置。人员组合的社会结构是指人作为社会成员，根据各类人员的社会心理类型与特点，实现最佳社会心理组合，以形成有效激励的氛围，增强组织凝聚力。

(二) 人员组合的原理和效应

1. 同素异构原理

同素异构原理是人员组合最基本的原理，是指在群体成员的组合上，同样数量与素质的一群人，由于排列组合不同，所产生的效应会有所不同。

2. 技术匹配原理

技术匹配原理是指在人员组合中，要根据群体工作任务的需要，按照在技术上各类劳动力相匹配的规律，科学地配置人员。

3. 社会心理相容与互补原理

这是指为使组合中的成员获得心理上的满足，应使他们在社会心理上存在着相容性或互补性，从而使他们愉悦而和谐地相处。包括组织成员的相容性和组织成员的互补性。

4. 人员组合的综合效应

在人员组合中，当人作为个体，按一定的方式组合以后，会产生相应的组合效应。具体表现为以下三种类型：

设：Z 为综合效应；X、Y 分别为个体，则：

最佳效应组合：$Z > X + Y$

低效效应组合：$Z = X + Y$

最差效应组合：$Z < X + Y$

当人员组合非常差时，Z 可能为负值。

管理者必须通过有效的管理与配置，努力实现最优组合，取得最佳综合效应。

三、员工培训

(一) 员工培训概述

培训是一种有组织的管理训诫行为。为了达到统一的科学技术规范、标准化作业,通过目标规划设定、知识和信息传递、技能熟练演练、作业达成评测、结果交流公告等现代信息化的流程,让员工通过一定的教育训练技术手段,达到预期的水平提高目标。

在培训过程中,要注意受训者的学习曲线和信息的反馈,及时听取受训者的信息,以提高组织今后的培训效果,减少不必要的支出。

(二) 培训的分类

按时间期限划分,培训可以分为长期培训和短期培训,长期培训一般计划性较强,有较强的目的性。

按培训方式分,又可分为在职培训和脱产培训两种。

按培训体系分,可划分为组织内培训体系和组织外培训体系两种。组织内培训体系包括基础培训、适用性培训、日常培训、个别培训和目标培训等;组织外的培训体系如果按教育机构来划分,又可分为三类:全日制的大中专院校和成人高等院校;地方政府和行政部门举办的教育培训机构;社会力量办学。

(三) 员工培训的方式

1. 职前培训

新进人员均应在入职前进行职前培训,具体的培训方式有短期培训、专业培训和实习。

(1) 短期培训,即在较短时间内(一般不超过1个月)组织新进人员进行培训,培训合格后上岗。此种培训是职前培训的主要形式,应予以特别注意。

(2) 专业培训,即对某些专业技术方面的知识和技能进行的职前培训。

(3) 实习,即一面工作,一面在专人的指导下通过实际工作学习相关知识和技能。

2. 在职培训

在职培训有多种类别,一般分为共同性培训、专业性培训以及岗位培训三种。

(1) 共同性培训,根据培训对象不同,共同性培训又分为管理者培训和一般人员培训。

① 管理者培训,其培训的对象通常是业务主任及以上从事经营管理的人员。对管理者进行培训的目的是提高管理者的管理水平和技能,其培训次数不定,培训方式主要有外出参加培训课、内部培训、自学管理书籍等。培训内容主要以NTP(管理者培训计划)课程为主要内容。

② 一般人员培训,即对业务主任以下级别的员工所进行的培训。

（2）专业性培训，即为提高工作胜任度所做的关于专业技术方面的培训。

（3）岗位培训，企业管理人员通过日常工作或日常接触，指导下属的工作方法和工作技能，激发下属的工作热情，培养下属敬业、协作、团体品质的过程。岗位培训是一项经常性的工作，它贯穿于企业生产、经营的全过程。

职业锚理论

职业锚（Career Anchor）理论由埃德加·H. 施恩（Edgar H. Schein）于1978年首次提出，该理论是从对美国麻省理工学院斯隆管理学院毕业生的职业生涯研究中演绎成的。

所谓职业锚，又称职业系留点。锚，是使船只停泊定位用的铁制器具。职业锚，实际上就是人们选择和发展自己的职业时所围绕的中心，是指当一个人不得不做出选择的时候，他无论如何都不会放弃的职业中的那种至关重要的东西或价值观，是自我意向的一个习得部分。职业锚是个人进入早期工作情境后，由习得的实际工作经验所决定，与在经验中自省的动机、价值观、才干相符合，达到自我满足和补偿的一种稳定的职业定位。职业锚强调个人能力、动机和价值观三方面的相互作用与整合。职业锚是个人同工作环境互动作用的产物，在实际工作中是不断调整的。

［资料来源：和微. 职业锚理论［J］. 企业管理，2015（3）.］

任务四　人力资源绩效考核

一、人力资源绩效考核的含义

绩效考核是指针对企业中每个员工所承担的工作，应用各种科学的定性和定量的方法，对职工行为的实际效果及其对企业的贡献或价值进行考核和评价。它是企业人事管理的重要内容，更是企业管理强有力的手段之一。

绩效考核是现代组织不可或缺的管理工具。它是一种周期性检讨与评估员工工作表现的管理系统，是指主管或相关人员对员工的工作做系统的评价。有效的绩效考核，不仅能确定每位员工对组织的贡献或不足，更可在整体上为人力资源的管理提供决定性的评估资料，从而改善组织的反馈机能，提高员工的工作绩效，还可以激励士气，也可作为公平合理地奖赏员工的依据。

二、绩效考核的种类

按照不同的方式，绩效考核可分为不同类型。

（一）按时间划分，分为定期考核和不定期考核

（1）定期考核。企业考核的时间可以是一个月、一个季度、半年、一年。考核时间的选择要根据企业文化和岗位特点选择。

（2）不定期考核。不定期考核有两方面的含义，一方面是指组织中对人员的提升所进行的考评，另一方面是指主管对下属的日常行为表现进行纪录，发现问题及时解决，同时也为定期考核提供依据。

（二）按考核的内容分，分为特征导向型考核、行为导向型考核和结果导向型考核

（1）特征导向型考核。考核的重点是员工的个人特质，如诚实度、合作性、沟通能力等，即考量员工是一个怎样的人。

（2）行为导向型考核。考核的重点是员工的工作方式和工作行为，如服务员的微笑和态度、待人接物的方法等，即对工作过程的考量。

（3）结果导向型考核。考核的重点是工作内容和工作质量，如产品的产量和质量、劳动效率等，侧重点是员工完成的工作任务和生产的产品。

（三）按主观和客观划分，分为客观考核和主观考核

（1）客观考核。客观考核是对可以直接量化的指标体系所进行的考核，如生产指标和个人工作指标。

（2）主观考核。主观考核由考核者根据一定的标准设计的考核指标体系对被考核者进行主观评价，如对工作行为和工作结果的考核。

三、人力资源绩效考核的原则

（一）公平原则

公平是确立和推行人员绩效考核制度的前提。不公平，就不可能发挥绩效考核应有的作用。

（二）严格原则

考核不严格，就会流于形式，形同虚设。考核不严格，不仅不能全面地反映工作人员的真实情况，而且还会产生消极的后果。考核的严格性包括：要有明确的考核标准；要有严肃认真的考核态度；要有严格的考核制度与科学而严格的程序及方法；等等。

（三）单头考核原则

对各级职工的考核，都必须由被考核者的"直接上级"进行。直接上级相对来说

最了解被考核者的实际工作表现（成绩、能力、适应性），也最有可能反映真实情况。间接上级（即上级的上级）对直接上级作出的考评评语，不应当擅自修改。这并不排除间接上级对考核结果的调整和修正。单头考核明确了考核责任所在，并且使考核系统与组织指挥系统取得一致，更有利于加强经营组织的指挥机能。

（四）结果公开原则

绩效考核的结论应对本人公开，这是保证考核民主的重要手段。这样做有两个好处：一方面，可以使被考核者了解自己的优点和缺点、长处和短处，从而使考核成绩好的人再接再厉，继续保持先进，也可以使考核成绩不好的人心悦诚服，奋起上进；另一方面，有助于防止绩效考核中可能出现的偏见以及种种误差，以保证考核的公平与合理。

（五）结合奖惩原则

依据绩效考核的结果，应根据工作成绩的大小、好坏，有赏有罚，有升有降，而且这种赏罚、升降不仅与精神激励相联系，还必须通过工资、奖金等方式同物质利益相联系，这样才能达到绩效考核的真正目的。

（六）客观考评原则

绩效考核应当根据明确规定的考核标准，针对客观考核资料进行评价，尽量避免渗入主观性和感情色彩。

（七）反馈原则

考核的结果（评语）一定要反馈给被考核者本人，否则就起不到绩效考核的教育作用。在反馈考核结果的同时，应当向被考核者就评语进行说明解释，肯定成绩和进步，说明不足之处，提供今后努力的参考意见等等。

（八）差别原则

考核的等级之间应当有鲜明的差别界限，使考评带有刺激性，鼓励员工的上进心。

四、人力资源绩效考核的方法

（一）书面描述法

考评者以书面形式描述员工的优缺点、以往绩效及潜力，并且提供改进建议。这种考核方法的优点是简单易行，缺点是主观性较强，与其说是评估员工的实际工作绩效，不如说是衡量考评者的写作能力。

（二）关键事件法

这是一种通过员工的关键行为和行为结果来对其绩效水平进行绩效考核的方法，一般由主管人员将其下属员工在工作中表现出来的非常优秀的行为事件或者非常糟糕的行为事件记录下来，然后在考核时点上（每季度或者每半年）与该员工进行一次面谈，根据记录共同讨论，对其绩效水平做出考核。这种考核方法优点是事例丰富，可以具体行为作依据，但比较耗时，无法量化。

（三）评分表法

评分表法是一种非常流行的绩效评估方法，它列出一系列绩效要素和一种增量尺度，然后由考评者根据这些来对员工进行逐项评分。这种考核方法可以提供定量的数据分析，同时不会耗费太长时间，但无法针对工作行为提供有深度的信息。

（四）行为定位评分法

这也是一种非常流行的绩效评估方法，它综合了关键事件法和评分表法的主要内容，考评者使用某种评分量表，量表中的评分项目为工作中的具体行为事例。这种考核方法的优点是聚焦于具体的、可测量的工作行为，缺点是耗时且量表难以开发。

（五）交替排序法

交替排序法是一种较为常用的排序考核法。其原理是：从群体中挑选出最好的或者最差的绩效表现者，较之于对其绩效进行绝对考核要简单易行得多。因此，交替排序的操作方法就是分别挑选、排列"最好的"与"最差的"，然后挑选出"第二好的"与"第二差的"，这样依次进行，直到将所有的被考核人员排列完全为止，从而以优劣排序作为绩效考核的结果。

（六）多人比较法

通过与工作群体中其他员工的比较来评估员工。这种考核方法的优点是把被考核员工与其他员工分别进行比较，但在员工数量多时难以操作，并且可能会引发法律问题。

（七）配对比较法

配对比较法是一种更为细致的通过排序来考核员工绩效水平的方法，它的特点是每一个考核要素都要进行人员间的两两比较和排序，使得在每一个考核要素下，每一个人都和其他所有人进行了比较，所有被考核者在每一个要素下都获得了充分的排序。这种考核方法的优点是把被考核员工与其他员工分别进行比较，但在员工数量多时难以操作，并且可能会引发法律问题。

（八）目标管理法

运用目标管理法时，管理者通常很强调利润、销售额和成本这些能带来成果的结果指标。在目标管理法下，每个员工都确定有若干具体的指标，这些指标是其工作成功开展的关键目标，它们的完成情况可以作为评价员工的依据。此种考核方法有利于聚焦于目标并以结果为导向，缺点是耗时。

（九）360度评估法

360度评估法指利用来自上司、员工本人及同事的反馈意见进行评估。这种考核方法的优点是评价较为全面，缺点是耗时。

2022 福布斯中国年度最佳雇主

2022 年 7 月 8 日，福布斯中国联合全球领导力咨询公司——罗盛咨询公司正式发布"2022 福布斯中国·最佳雇主"年度评选结果。本次评选活动前后历时 3 个月，设有主评选及子评选，从雇主企业和雇员的双重视角以公开报名、问卷调研等方式获取反馈，并邀请各领域专家学者从多元化维度对企业进行评估审视，从而保证中立性与专业性。

入选 2022 福布斯中国年度最佳雇主的企业共有 10 家，分别是唯品会、小米集团、海尔、联想、蚂蚁、日立能源、施耐德电气、远景科技、中国银行和中金公司。福布斯中国表示，本次共有近 300 家企业参与评选活动，持续重视投资技术、具备技术领先性的互联网科技企业，仍然备受求职者的青睐。同时，雇主品牌的价值已在国内企业的实践中得到了明显的体现。超过 90% 的雇员认同就职的公司制定了明确的中长期发展战略和实施计划，且能够清楚传达公司的发展目标、经营宗旨和社会职责。

（资料来源：https://www.forbeschina.com/leadership/61245）

任务五　人力资源薪酬管理

一、薪酬管理概述

（一）薪酬管理的定义

所谓薪酬管理，是指一个组织针对所有员工所提供的服务来确定他们应当得到的报酬总额以及报酬结构和报酬形式的一个过程。在这个过程中，企业就薪酬水平、薪酬体系、薪酬结构、薪酬构成以及特殊员工群体的薪酬做出决策。同时，作为一种持续的组织过程，企业还要持续不断地制订薪酬计划，拟订薪酬预算，就薪酬管理问题与员工进行沟通，同时对薪酬系统的有效性做出评价并不断予以完善。

薪酬管理对任何一个组织来说几乎都是一个比较棘手的问题，主要是因为企业的薪酬管理系统一般要同时达到公平性、有效性和合法性三大目标，企业经营对薪酬管理的要求越来越高，但就薪酬管理来讲，受到的限制因素却也越来越多，除了基本的企业经济承受能力、政府法律法规外，还涉及企业不同时期的战略、内部人才定位、外部人才市场以及行业竞争者的薪酬策略等因素。

薪酬管理的目标是吸引和留住组织需要的优秀员工，鼓励员工积极提高工作所需要的技能和能力，鼓励员工高效率地工作。

（二）薪酬管理的内容

（1）薪酬的目标管理，即薪酬应该怎样支持企业的战略，又该如何满足员工的需要。

（2）薪酬的水平管理，即薪酬要满足内部一致性和外部竞争性的要求，并根据员工绩效、能力特征和行为态度进行动态调整，包括确定管理团队、技术团队和营销团队薪酬水平，确定跨国公司各子公司和外派员工的薪酬水平，确定稀缺人才的薪酬水平以及确定与竞争对手相比的薪酬水平。

（3）薪酬的体系管理，这不仅包括基础工资、绩效工资、期权期股的管理，还包括如何给员工提供个人成长、工作成就感、良好的职业预期和就业能力的管理。

（4）薪酬的结构管理，即正确划分合理的薪酬等级，正确确定合理的级差和等差，还包括如何适应组织结构扁平化和员工岗位大规模轮换的需要，合理地确定工资幅度。

（5）薪酬的制度管理，即薪酬决策应在多大程度上向所有员工公开和透明化，谁负责设计和管理薪酬制度，薪酬管理的预算、审计、控制体系又该如何建立和设计。

二、薪酬构成

（一）基本薪资

基本薪资是雇主为已完成工作而支付的基本现金薪酬。它反映的是工作或技能价值，而往往忽视了员工之间的个体差异。某些薪酬制度把基本工资看作雇员所受教育、所拥有技能的一个函数。对基本工资的调整可能是基于以下事实：整体生活水平发生变化或通货膨胀；其他雇员对同类工作的薪酬有所改变；雇员的经验进一步丰富；员工个人业绩、技能有所提高。

（二）绩效工资

绩效工资是对过去工作行为和已取得成就的认可。作为基本工资之外的增加，绩效工资往往随雇员业绩的变化而调整。调查资料表明，美国90%的公司采用了绩效工资。我国企业在2000年前后开始的新一轮工资改革中也都纷纷建立了以绩效工资为主要组成部分的岗位工资体系，事业单位在2006年的工资改革中也都设置了绩效工资单元。

（三）激励工资

激励工资也和业绩直接挂钩。有时人们把激励工资看成可变工资，包括短期激励工资和长期激励工资。短期激励工资，通常采取非常特殊的绩效标准；而长期激励工资，则把重点放在雇员多年努力的成果上。高层管理人员或高级专业技术人员经常获得股份或红利，这样，他们会把精力主要放在投资回报、市场占有率、资产净收益等组织的长期目标上。

虽然激励工资和绩效工资对雇员的业绩都有影响,但两者有三点不同:一是激励工资以支付工资的方式影响员工将来的行为,而绩效工资侧重于对过去工作的认可,即时间不同;二是激励工资制度在实际业绩达到之前已确定,与此相反,绩效工资往往不会提前被雇员所知晓;三是激励工资是一次性支出,对劳动力成本没有永久的影响,业绩下降时,激励工资也会自动下降,而绩效工资通常会加到基本工资上去,是永久的增加。

(四)福利和服务

福利和服务包括休假(假期)、服务(医药咨询、财务计划、员工餐厅)和保障(医疗保险、人寿保险和养老金),福利越来越成为薪酬的一种重要形式。

除了以上四种形式的薪酬之外,非货币的收益也影响人们的行为。包括:赞扬与地位,雇佣安全,挑战性的工作和学习的机会。其他相关的形式可能包括:成功地接受新挑战,和有才华的同事一起工作的自我满足感。它们是"总薪酬体系"的一部分,并经常和薪酬相提并论。也有人将薪酬分为经济性薪酬和非经济性薪酬两大类,据此,可以将薪酬结构做进一步细分,如表5-2所示。

表5-2 薪酬构成表

薪酬	经济性薪酬	直接经济薪酬	基本薪酬
			可变薪酬
		间接经济薪酬	带薪非工作时间
			员工个人及其家庭服务
			健康以及医疗保健
			人寿保险
			养老金
	非经济性薪酬	满足感	
		赞扬与地位	
		雇佣安全	
		挑战性的工作机会	
		学习的机会	

三、影响企业薪酬的因素

(一)内部因素

1. 企业规模、实力与经营状况

企业规模、实力与经营状况是薪酬体系设计和变动时的硬性约束,它决定了企业用

于薪酬分配，特别是货币性薪酬的总体水平，决定了员工薪酬的构成及其水平的变动区间。

2. 工作状况

主要是通过工作要求、工作责任、工作条件和工作类别的差异体现薪酬差别。工作责任重大、工作活动对企业的生存和发展有重大影响的，一般薪酬水平较高；对技能和任职资格有特殊要求的岗位，薪酬水平也较高；工作条件差、比较危险的岗位薪酬水平也较高。

3. 员工特征

员工特征决定了各个不同员工的薪酬水平和薪酬体系的构成。这些个人因素主要有教育程度、年龄构成、资历因素、发展潜力、特定人力资源的稀缺性等。例如，处于不同年龄层次的员工对薪酬的需求是不同的，青年员工比较关注货币收入，以满足生活消费的需要；中年员工则比较重视晋升发展的机会和内在的非货币薪酬，以满足地位和成就的需要；老年员工相对而言更多地考虑间接薪酬。

（二）外部因素

1. 国家法规

国家法规影响企业薪酬的合法性。企业薪酬的制定必须符合政策、法规的规定，如对员工最低工资的规定、对最长工作时间的规定、对特殊工种的从业人员的规定等。

2. 区域经济发展水平

区域经济发展水平及其发展趋势会影响企业的薪酬水平。一般来说，经济发展水平较高的区域，员工薪酬水平也会相应较高。

3. 行业薪酬水平

行业薪酬水平受历史原因和现实需要的影响，不同行业之间存在着薪酬差异。

4. 市场人力资源供求状况

市场人力资源供求状况成为影响薪酬标准的重要因素。当人力资源丰富时，薪酬相应会降低；反之，则会提高。企业付给员工的薪酬数额应根据人才市场价格来决定，同一行业、同一地区或同等规模的不同企业中类似岗位的薪酬水平定在竞争对手之上，就能增强企业在吸引员工方面的竞争能力。一个企业，不论其财务状况如何，如果低于市场平均薪酬水平，就可能导致重要人才的流失，继而丧失继续发展的能力。

中国铁建的内部绩效审计

中国铁建股份有限公司（以下简称"中国铁建"）是 2007 年 11 月在北京成立的特大型建筑企业。中国铁建是全球最具实力、规模的特大型综合建设集团之一，2022 年

《财富》"世界500强企业"排名第39位,2021年"全球250家最大承包商"排名第3位、"中国企业500强"排名第12位。公司业务涵盖工程承包、规划设计咨询、投资运营、房地产开发、工业制造、物资物流、绿色环保、产业金融及其他新兴产业,经营范围遍及全国32个省、自治区、直辖市以及全球130多个国家和地区。公司已经从以施工承包为主发展成为具有科研、规划、勘察、设计、施工、监理、运营、维护和投融资完整的行业产业链,具备了为业主提供一站式综合服务的能力。在高原铁路、高速铁路、高速公路、桥梁、隧道和城市轨道交通工程设计及建设领域确立了行业领导地位。截至2021年底,公司累计获国家科学技术进步奖87项,中国土木工程詹天佑奖136项,国家优质工程奖444项,中国建筑工程鲁班奖148项,省部级工法3 182项;累计拥有专利19 072项。

一、内部绩效审计流程

中国铁建内部绩效审计流程实现了如下几个统一:

一是制定统一的绩效审计原则,统一审计标准,对同一类型事项和经济业务活动采取相同的衡量尺度,比如对竣工待结算工程的预计总收入使用开累计价与收款孰高的原则,避免因审计原则不一致导致出现不同的审计结果;二是统一绩效报告模板,避免不同审计组写出的报告格式多种多样,不便于报告使用者对信息的读取;三是统一审计表格,对一个业务板块的审计表格采用相同的设计,便于数据的统计和对比;四是统一审计业务指导书模板,根据历年审计经验编制审计业务指导书,对不同板块的业务分别编制,但同一板块的业务指导书是统一的,便于审计人员快速熟悉审计方法,提高可操作性。在此"四统一"基础上,再根据每年对被审计单位的了解编制个性化审计方案,增加审计内容,但总体框架基本固定。这样的顶层设计大大提高了绩效审计的效率。

二、内部绩效审计内容

近年来,大型国有企业越来越关注资金安全和风险,在内部绩效审计中加入资金审计的内容,如对现金、票据、银行存款的突击盘点和检查,对网银盾、人名章、财务章的保管情况进行抽查,对不相容岗位分离情况进行验证等,这样可以有效监督被审计单位的资金使用安全。在内部绩效审计中还可以加入风险提示的审计内容。

三、推动审计信息化建设

内部绩效审计的主要审计方向是对经营成果的审计,主要审计对象是财务报表。目前,各大型国有企业的财务信息化系统已经比较成熟,内部审计应充分利用财务信息化系统,开发出能够与财务系统对接的审计信息系统,高效提取数据,并实现对数据的自动化分析和风险识别。另外,实现各信息系统的数据共享和对接。中国铁建将工程管理信息系统、劳务实名制系统、分供商管理信息系统、施工分包管理系统等各个业务子系统与财务共享信息系统、审计业务系统进行数据对比分析,从而有效识别风险。

大型国有企业内部绩效审计作为内部审计工作的一项重要内容，在衡量和评价经营者业绩、实现国有企业内部控制、发现和防范经营风险等方面发挥着重要作用，然而还有很多国有企业的内部绩效审计尚未开展或者体系尚不完善，其审计流程、审计方法、审计资源调配等方面有很大的改进空间。

[案例改编自：① 中国铁建股份有限公司官网. https://www.crcc.cn/；② 尚圳. 大型国有企业内部绩效审计研究：以中铁建设集团有限公司为例 [J]. 中国总会计师，2021（9）.]

案例思考题 结合案例材料，分析中国铁建内部绩效考核的特点，提出改进企业绩效考核的建议。

项目训练

【训练内容】制订企业人力资源管理方案。

【训练目的】加深对人力资源管理的理解，提高人力资源管理水平。

【训练步骤】

1. 学生每 8—10 人划分为一个小组，以小组为单位选择一家公司案例，讨论并制订该企业人力资源管理方案（人力资源规划、招聘计划、培训计划、绩效考核、薪酬管理等，可选择其中一项内容）。时间 30—40 分钟。

2. 用 8—10 分钟陈述本组制订的企业人力资源管理方案。

3. 讨论与交流：

（1）在制订该企业人力资源管理方案时，你的关注点及体会是什么？

（2）对其他小组陈述的企业人力资源管理方案，你有何更好的建议？

4. 评价及表彰：对各小组制订的企业人力资源管理方案，结合陈述和讨论表现进行评价，对表现优秀的个人和小组给予合适的表彰。

自 测 题

1. 人力资源管理包含哪些内容？
2. 制定人力资源规划的步骤有哪些？
3. 人员招聘可以采用什么方式？各有什么优缺点？
4. 人力资源绩效考核的方法有哪些？分别有什么优点？
5. 薪酬由哪几部分构成？影响薪酬的因素有哪些？

【延伸阅读】

罗恩·阿什肯纳斯，等. 无边界组织：打破组织结构的锁链［M］. 姜文波，等译. 北京：机械工业出版社，2016.

企业管理基础

项目六

企业财务管理

【学习目标】

1. 理解财务管理的概念
2. 了解成本和利润的管理
3. 理解企业财务分析与评价方法

深圳地铁集团的投融资模式

深圳市地铁集团有限公司（以下简称"深圳地铁集团"）系由深圳市人民政府国有资产监督管理委员会履行出资人职责的国有独资公司，于1998年7月31日成立，2009年4月由"深圳市地铁有限公司"更名为"深圳市地铁集团有限公司"。经过20多年的发展，深圳地铁集团确立了国家铁路、城际铁路、城市轨道交通"三铁合一"的产业布局和轨道建设、轨道运营、站城开发、资源经营"四位一体"的核心价值链，业务涵盖地铁工程建设、轨道运营、物业开发、商业经营、物业管理、工程勘察设计等领域。截至2022年6月底，集团注册资本金459.43亿元，总资产6 238.8亿元，净资产3 171.56亿元，员工约2.7万人。

在轨道交通建设领域，集团已构建集规划、勘察设计、咨询监理、建设管理于一体的完整发展体系。地铁建设方面，完成了深圳城市轨道交通一、二、三、四期工程地铁1、2、3、5、6、7、8、9、10、11、20号线及4号线南段总计393千米、272个车站线路的建设任务。枢纽建设方面，同步建成了罗湖、福田、深圳北站、深圳东站等重要交通枢纽，完成了近百项市政代建工程。目前三铁在建线路21条、在建里程达到558.6千米、186座车站。其中地铁四期、三期及四期调整工程共16条线路（226.8千米，147座车站）有序实施建设，计划在年内按全自动驾驶标准开通16号线、14号线、12

号线及6号线支线4条线路。国铁城际方面,负责穗莞深城际机前段及前皇段、深汕铁路、深大城际、深惠城际、大鹏支线等5条线6个项目331.8千米城际铁路及高铁项目工程建设,同时积极履行市政府出资代表职责,开展国铁项目的出资和股权管理。设计咨询方面,深铁设计具有市政全行业、轨道交通、公路工程、建筑工程、城市规划、工程勘察综合、工程咨询、风景园林等甲级设计资质及施工图审查一类资质和甲级监理资质;深铁咨询具有市政和房建工程监理双甲级资质及工程造价咨询企业资质。

在轨道交通运营领域,集团秉承"从心出发,为爱到达"的服务理念,全力打造"舒适、安全、快捷"的地铁运营优质服务品牌。目前集团承担着深圳市11条地铁线路、389千米的运营任务。截至2022年6月底,安全运送乘客共7.46亿人次,公交分担率58.2%。截至2022年6月30日,安全运营6 393天。

在站城开发领域,"轨道+物业"模式日益与城市深度融合,以枢纽为代表的"站城一体化"项目成为深铁站城一体经营业务的核心产品。集团努力践行"以公共交通为导向"(TOD)的发展模式,一方面充分利用上盖空间再造土地资源,另一方面以地铁上盖及沿线物业的升值效益反哺轨道交通建设运营,实现城市轨道交通的可持续发展。

集团以"造就高素质员工队伍,成为全球轨道交通标杆"为企业愿景,以"经营地铁,服务城市"为企业使命,以"厚德载运,深铁为民"为企业精神,坚持"以乘客为中心,以价值为导向,以法制为圭臬,以奋进者为本"的核心价值观,先后荣获"国家科技进步二等奖""全国五一劳动奖章""广东省国有重点企业管理提升标杆创建行动标杆企业""深圳质量百强企业""深圳市科技进步奖一等奖"等一系列荣誉。

深圳现有城市轨道交通工程较多,如果完全交由深圳地铁集团投融资建设管理,不管是资金投入还是建设管理,面临的压力都难以承受。因此,深圳市政府尝试以多种投融资建设管理模式进行建设。

以政府财政投资为主导的投融资模式。轨道交通一期实行以政府财政投资为主导的投融资模式。轨道交通一期工程包括1号线首期和4号线南段,总里程21.446千米,概算总投资115亿元,经竣工决算审计后的总造价为106.53亿元,市财政投入70%的建设资金,其余30%的建设资金由地铁集团以基准利率下浮10%的银团贷款解决。

探索实行"轨道+物业"投融资模式。深圳地铁一期工程政府资本金70%,二期工程政府资本金减少至50%,由地铁企业融资50%。轨道交通二期工程,深圳市政府就引进港铁公司,以BOT(Bulid-Operate-Transfer,建设-经营-转让)模式进行地铁4号线的特许经营。虽因政策问题没有实现以土地资源综合开发的配置,但引入了港铁的建设经营理念,开始探索实行"轨道+物业"投融资模式,并在前海车辆段等尝试实践。

全面实行"轨道+物业"投融资模式。地铁三期工程7、9、11号线,政府进行了轨道交通投融资体制和土地管理制度改革，建立了轨道交通投融资平台。轨道交通建设50%的资本金，政府通过土地作价出资模式注入。市政府已研究决定将地铁二期、三期沿线及上盖配套的土地以土地使用权作价出资方式注入深圳地铁集团，并将配套土地资源形成的现金流用以解决地铁建设的资金及折旧、利息等需求。土地使用权作价出资模式符合深圳市的土地管理制度改革总体方案，是对自然资源部提出的土地资源、资产、资本管理新模式的积极探索和实践。

为推进深圳市轨道交通投融资体制改革，深圳地铁集团树立"以城市发展引领城市各项事业发展"和"建地铁就是建城市"理念，秉承"先行先试"的特区精神，在政府政策和上盖物业开发资源配置的支持下，在国内轨道交通行业率先建立并成功实施"轨道+物业"可持续发展模式，创新土地二次利用，主导实施轨道交通站场及沿线的物业开发，最大程度创造土地资源和商业资源价值，并将其内化为深圳地铁集团收益，初步形成了自我造血、良性循环的可持续发展良好机制。

（案例改编自：① 深圳地铁集团官网. http：//www..szmc.net/；② 谷增军."轨道+物业"融合发展之路：深圳地铁集团投融资模式的探索与实践, 中国管理案例共享中心. http：//www.cmcc-dlut.cn/cases/）

[案例思考题]

1. 深圳地铁集团"轨道+物业"投融资模式的优势是什么？有何创新？
2. 深圳地铁集团城市轨道交通投融资的经验有哪些？如何推广？有何困难？

企业财务管理概述

一、财务管理的含义和内容

（一）财务管理的含义

财务管理是在一定的整体目标下，关于资产的购置（投资）、资本的融通（筹资）和经营中现金流量（营运资金）以及利润分配的管理。财务管理是企业管理的一个组成部分，是根据财经法规制度，按照财务管理的原则，组织企业财务活动，处理企业财务关系的一项经济管理工作。所谓企业财务活动，就是企业再生产过程中的资金运动。所谓企业财务关系，就是由企业的资金运动形成的企业与其他各个经济主体的经济利益关系。

（二）财务管理的内容

公司的基本活动可以分为筹资、投资、营运和利润分配四个方面，因此本书把财务管理的内容分为筹资管理、投资管理、营运资金管理和利润分配管理四个部分。由于短期投资、短期筹资和营业现金流管理有密切关系，故通常合并在一起讨论，称为营运资金管理。

1. 筹资管理

企业要根据其生产经营、发展战略、投资和资本结构等的需要，通过筹资渠道和资本市场，运用筹资方式，依法、经济、有效地筹集企业所需资金，进行筹资管理。无论是建立新企业还是经营现有企业，都需要筹措一定数量的资金。在进行筹资活动时，企业一方面要科学预测筹资的总规模，以保证所需资金，另一方面要通过筹资渠道和筹资方式的选择，确定合理的筹资结构，以降低资本成本、增加公司的利益、控制相关的风险。筹资管理是企业财务管理的一项重要内容。

2. 投资管理

投资是企业生存、发展及进一步获取利润的基本前提。企业筹集到资金后，必须将其投入使用，以谋求良好的经济效益。在进行投资管理活动时，企业必须考虑投资规模，同时必须通过投资方向和投资方式的选择来确定合适的投资结构，提高投资效益，降低投资风险。不同的投资项目，对企业价值和财务风险的影响程度不同。

企业的投资，有对内投资和对外投资之分。对内投资是指企业把筹集到的资金用于本企业的资产上，如购置固定资产、无形资产等；对外投资是指企业把筹集到的资金用于购买股票、债券和出资新组建公司或与其他企业联营等项目，以期在未来获得投资收益的经济行为。如果投资决策不科学、投资结构不合理，那么投资项目往往不能获得预期效益，进而影响企业盈利水平和偿债能力。投资决策的正确与否，直接关系到企业的兴衰成败，要科学做好投资管理。

3. 营运资金管理

企业在日常的生产经营活动中，会发生一系列流动资产和流动负债资金的收付。企业的营运资金在全部资金中占有较大的比重，是企业财务管理工作的一项重要内容。其主要涉及：现金持有计划的确定；应收账款的信用标准、信用条件和收款政策的确定；存货周期、存货数量、订货计划的确定；短期借款计划、商业信用筹资计划的确定；等等。如何节约资金成本，提高资金使用效率，进行流动资产的投融资，以及如何管理流动负债都需要企业提前做好规划。

4. 利润分配管理

利润分配管理是对企业利润分配活动及其形成的财务关系的组织与调节，是企业进行销售预测和定价管理，并将一定时期内所创造的经营成果合理地在企业内、外部各利益相关者之间进行有效分配的过程。利润反映的是企业经济利益的来源，而分配反映的是企业经济利益的去向，二者共同构成企业经济利益流动的完整链条。收入的初次分配是对成本费用的弥补，这一过程随着再生产的进行而自然完成；利润分配则是对收入初次分配的结果进行再分配。根据投资者的意愿和企业生产经营的需要，企业实现的净利润既可以作为投资收益分配给投资者，也可以暂时留存企业形成未分配利润，或者作为投资者的追加投资。企业的财务人员要合理确定分配的规模和结构，以确保企业取得最大的长期利益。

企业财务管理的上述四部分内容是相互联系、相互制约的。筹资是基础，离开企业生产经营所需的筹措资金，企业就不能生存与发展，而且公司筹资数量制约着公司投资的规模。企业所筹措的资金只有有效地投放出去，才能实现筹资的目的，并不断增值与发展，而且投资反过来又决定了企业需要筹资的规模和时间。筹资和投资的成果都需要依赖资金的营运实现，筹资和投资在一定程度上决定了公司日常经营活动的特点和方式，但企业日常经营活动还需要对营运资金进行合理的管理与控制，以努力提高营运资金的使用效率与效果。利润分配影响着筹资、投资和营运资金的各个方面，利润分配的来源是企业上述各方面共同作用的结果，同时会对上述各方面产生反作用。因此，筹资管理、投资管理、营运资金管理和利润分配管理都是企业价值创造的必要环节，是保障企业健康发展、实现可持续增长的重要内容。

"中国现代会计之父"——潘序伦

潘序伦先生，江苏省宜兴市人，生于1893年7月14日，故于1985年11月8日。他是中国现代杰出的会计学家和著名教育家，是发展我国会计事业和培养我国会计人才的先驱。他的传略曾分别收入新版《辞海》、《中国现代教育家传》第八卷、《中国企业家列传》第四卷。潘序伦先生一生从事会计事业达60多个春秋，成为中国现代会计学界的泰斗。他终身倡导"信以立志，信以守身，信以处世，信以待人，毋忘立信，当必有成"，并将其作为立信会计学校的校训，对国内会计学界有着深远的影响。

潘序伦先生开创了"三位一体"的立信会计事业，在会计学、审计学等方面都有很深的造诣，对财政、金融、税务、经济管理等都有很深的研究，是一个集大成的会计学家。中共中央政治局委员、国务院副总理李岚清同志对潘序伦先生作出如下评价："现代会计学宗师，职业教育之楷模"。

[资料来源：陆军. 潘序伦：中国现代会计之父［J］. 中国档案，2019（1）.]

二、财务管理环境

(一) 外部环境

1. 经济环境

影响财务管理的经济环境因素主要有经济周期、通货膨胀、经济政策等。

(1) 经济周期。经济周期也称为景气循环，是指经济运行中周期性出现的经济扩张与经济紧缩交替更迭、循环往复的一种现象。一般分为繁荣、衰退、萧条和复苏四个阶段。经济发展的周期性对财务管理工作有着重大影响，不同的周期应采取不同的财务管理策略，如表6-1。在经济繁荣时期，市场需求旺盛，销售大幅上升，企业为了满足市场需求，需扩大生产规模、增加投资，这就要求财务人员迅速筹集所需资金；而当整个经济环境不景气时，企业销售下降，存货积压，投资锐减，经营环境恶化，财务管理人员需要适当调整财务政策，保证企业能够健康、持续、稳定发展。

表6-1 经济周期不同阶段的财务管理战略

繁荣阶段	衰退阶段	萧条阶段	复苏阶段
增加厂房设备	停止扩张	建立投资标准	增加厂房设备
继续存货	出售多余设备	保持市场份额	实行长期租赁
提高产品价格	停产不利产品	压缩管理费用	建立存货准备
开展营销规划	停止长期采购	放弃次要投资	开发新产品
增加劳动力	削减存货	削减存货	增加劳动力
	停止扩招雇员	裁减雇员	

(资料来源：王培，高祥，郑楠. 财务管理 [M]. 北京：北京理工大学出版社，2018.)

(2) 通货膨胀。通货膨胀是指货币购买力下降，这不仅对消费者不利，也给企业财务管理带来不利影响。主要表现在资金需求量增加、筹资成本上升、筹资难度增大、利润虚增等方面。

(3) 经济政策。在市场经济条件下，扩张性财政政策可刺激投资、消费，增加生产和就业；反之，紧缩性经济政策抑制投资和消费，控制物价上涨，使生产和就业减少或放缓。

2. 金融市场环境

企业生产、经营所需资金除自有资金外，大部分从金融市场获得。国家宏观政策的变化必然会影响金融机构和金融市场，从而影响企业的筹资、投资。

3. 法律环境

法律环境是指企业开展经济活动时应当遵守的各种法律、法规和规章。法律对企业的经济行为进行约束，也为企业合法从事各项经济活动提供保障。

（二）内部环境

1. 资产规模

资产规模的大小在相当程度上决定了财务管理工作的难易。

2. 生产技术条件

企业应针对不同的生产技术条件开展不同的财务管理工作。例如，技术密集型企业由于其生产设备较先进，固定资产比重大，企业需筹集大量的长期资金；而劳动密集型企业，固定资产比重相对较小，企业需筹集大量的短期资金。

3. 经营管理水平

财务管理工作是企业管理的重要组成部分，企业管理工作的好坏、管理水平的高低以及各部门之间的相互协调和配合直接决定了财务管理工作的质量。如果企业内部有着完善、健全的管理制度并得到严格执行，那么财务管理工作就容易走上正轨并收到理想的理财效果；反之，必然会给财务管理工作带来困难。

任务二　企业筹资管理

一、企业筹资的含义、动机和分类

（一）企业筹资的含义

企业筹资是指企业为了满足经营活动、投资活动、资本结构管理和其他需要，运用一定的筹资方式，通过一定的筹资渠道，筹措和获取所需资金的一种财务行为。筹资活动是企业资金流转运动的起点，筹资管理要求解决企业为什么要筹资、需要筹集多少资金、从什么渠道以什么方式筹集资金以及如何协调财务风险和资本成本、合理安排资本结构等问题，所以企业筹资活动要做好如下三项工作：科学预测资金需求量；合理安排筹资渠道，选择筹资方式；降低资本成本，控制财务风险。

（二）企业筹资动机

企业筹资最基本的目的是企业经营的维持和发展，为企业的经营活动提供资金保障。但每次具体的筹资行为，往往受特定动机的驱动。各种具体的筹资动机归纳起来表现为下述四类。

1. 创立性筹资动机

它是指企业设立时，为取得资本金并形成开展企业经营活动的基本条件而产生的筹资动机。

2. 支付性筹资动机

它是指为了满足经营业务活动的正常波动所形成的支付需求而产生的筹资动机。

3. 扩张性筹资动机

它是指企业因扩大经营规模或对外投资需要而产生的筹资动机。

4. 调整性筹资动机

它是指企业因调整现有资本结构而产生的筹资动机。

(三) 企业筹资分类

1. 按照所取得资金的权益特性分类

按照所取得资金的权益特性，企业筹资可以分为股权筹资、债务筹资和混合筹资。股权筹资形成股权资本，股权资本也称股东权益资本、自有资本、主权资本，是企业依法长期拥有、能够自主调配运用的资本；债务筹资即指银行借款、债券等筹资形成的债务资本，是企业按合同取得的、在规定期限内需要清偿的债务；混合筹资包括兼具股权与债务特性的混合融资和其他衍生工具融资，主要包括可转换债券和认股权证。

2. 按照是否以金融机构为媒介分类

按照是否以金融机构为媒介，企业筹资可以分为直接筹资和间接筹资。直接筹资是直接与资金供应者协商筹集资金，直接筹资方式主要有发行股票、发行债券、吸收直接投资等；间接筹资是企业通过银行和非银行金融机构筹集资金，主要包括银行借款和融资租赁。

3. 按照资金的来源范围分类

按照资金的来源范围，企业筹资可以分为内部筹资和外部筹资。内部筹资是指企业通过利润留存而形成的筹资来源；外部筹资是指向企业外部筹措资金而形成的筹资来源。

4. 按照所筹集资金的使用期限分类

按照所筹集资金的使用期限，企业筹资可以分为长期筹资和短期筹资。长期筹资是指企业筹集使用期限在 1 年以上的资金筹集活动；短期筹资是指企业筹集使用期限在 1 年以内的资金筹集活动。

二、债务筹资

债务筹资一般包括银行借款、发行公司债券、租赁等。

(一) 银行借款

银行借款是指企业根据借款合同向银行或非金融机构借入的需要还本付息的款项。

1. 银行借款的种类

(1) 按借款的使用期限长短分为短期借款和长期借款。

(2) 按借款的条件分为信用借款、抵押借款和担保借款。

(3) 按借款的用途分为基本建设借款、专项借款和流动资金借款。

(4) 根据提供贷款的机构分为政策性银行贷款、商业银行贷款和其他金融机构贷款。

2. 银行借款的条款

(1) 基本条款。主要包括：借款种类、借款用途、借款金额、借款利率、借款期限、还款资金来源及还款方式、保证条款、违约责任等。

(2) 一般性限制条款。主要包括：对企业流动资金保持量的规定，其目的在于保持借款企业资金的流动性和偿债能力；对企业支付现金股利的限制，其目的在于限制现金外流；对企业资本性支出规模的限制，其目的在于降低企业日后不得不变卖固定资产以偿还贷款的可能性；对企业借入其他长期债务的限制，其目的在于防止其他贷款人取得对企业资产的优先求偿权。

(3) 例行性限制条款。主要包括：企业定期向银行及其他贷款机构报送报表；不准在正常情况下出售大量资产；企业要及时清偿到期债务，如期缴纳税款；不准以任何资产作为其他承诺的担保或抵押；不准贴现应收票据或出售应收账款等。

(4) 特殊性保护条款。主要包括：贷款专款专用，不准企业投资于短期内不能收回资金的项目，要求企业主要领导人在合同有效期间担任领导职务，要求企业主要领导人购买人身保险等。

3. 银行借款的优缺点

(1) 银行借款的优点主要有：

第一，筹资速度快。企业从银行借款，一般所需时间短，手续简便，可较快满足企业的资金需求。

第二，筹资成本低。银行借款利息可在税前支付，因此低于股票筹资成本，且无须支付大量的发行费用。我国目前银行借款利率低于债券利率，这也减少了筹资成本。

第三，用款灵活。在借款时，企业与银行直接商定贷款的时间、数额和利率等；用款时如财务状况发生变化，可再行协商借款数量及还款期限等。

(2) 银行借款的缺点主要有：

第一，筹资风险大。银行借款有固定的利息和固定的偿付期限，如企业经营不善，有可能面临不能偿付利息的处境，导致贷款进入不良状态，难以收回。

第二，限制条件多。银行为保证信贷资金的安全，通常会在借款合同中注明一些限制条款，如定期报表收集、贷款使用条件限制、贷后资金监管等，这在某种程度上会影响资金的有效利用，减少收益。

第三，筹资数量有限。银行从风险管理角度出发，一般不愿借出巨额的长期借款，因此银行借款不像发行股票、债券那样能一次性募集到大笔资金。

（二）债券筹集

债券是政府、金融机构、工商企业等各类经济主体向社会筹措资金时，向投资者发行，承诺以一定利率支付利息并按约定偿还本金的债权债务凭证。

1. 债券的种类

第一，根据债券是否记名，可将其分为记名公司债券、无记名公司债券。记名公司债券是指应当在公司债券存根簿上载明债券持有人的姓名及住所、债券持有人取得债券的日期及债券的编号等信息的债券。记名公司债券由债券持有人以背书方式或者法律、行政法规规定的其他方式转让。转让后由公司将受让人的姓名或者名称及住所记载于公司债券存根簿。无记名公司债券是指应当在公司债券存根簿上载明债券总额、利率、偿还期限和方式、发行日期及债券编号的债券。对于无记名公司债券的转让，在债券持有者将该债券交付给受让人后即发生转让的效力。

第二，根据债券能否转换成公司股权，可将其分为可转换债券、不可转换债券。可转换债券是指债券持有者可以在规定的时间内按规定的价格转换为发债公司股票的一种债券。这种债券在发行时，对债券转换为股票的价格和比率等都做了详细规定。我国《公司法》规定，可转换债券的发行主体是股份有限公司中的上市公司。不可转换债券是指不能转换为发债公司股票的债券，大多数公司债券属于这种类型。

第三，根据有无特定财产担保，债券可分为担保债券和信用债券。担保债券是指以抵押方式担保发行人按期还本付息的债券，主要是指抵押债券。抵押债券按抵押品的类型，又分为不动产抵押债券、动产抵押债券和证券信托抵押债券。信用债券是指仅凭公司自身的信用发行的、没有抵押品作抵押担保的债券。在公司清算时，信用债券的持有人因无特定的资产作担保品，故只能作为一般债权人参与剩余财产的分配。

2. 发行债券的条件

根据我国《公司法》的规定，股份有限公司、国有独资公司和两个以上的国有公司或者两个以上的国有投资主体投资设立的有限责任公司，具有发行债券的资格。

我国《证券法》规定，公开发行公司债券应当符合下列条件：股份有限公司的净资产不低于人民币 3 000 万元，有限责任公司的净资产不低于人民币 6 000 万元；累计债券余额不超过公司净资产的 40%；最近 3 年平均可分配利润足以支付公司债券 1 年的利息；筹集的资金投向符合国家产业政策；债券的利率不超过国务院限定的利率水平；国务院规定的其他条件。公开发行公司债券筹集的资金，必须用于核准的用途，不得用于弥补亏损和非生产性支出。

3. 债券筹资的特点

（1）一次筹资数额大。利用发行公司债券筹资，能够筹集大额的资金，满足公司大规模筹资的需要，这是与银行借款等债务筹资方式相比，选择发行公司债券筹资的主要原因，大额筹资能够满足大型公司经营规模的需要。

（2）募集资金的使用条件限制少。与银行借款相比，发行公司债券募集的资金在使用上相对灵活和自主，特别是发行公司债券所筹集的大额资金，能够用在流动性较差的公司的长期资产上。从资金使用的性质来看，银行借款一般期限短、额度小，主要用途为增加适量存货或增加小型设备等；反之，期限较长、额度较大，用于公司扩张、增加大型固定资产和基本建设投资的需求多采用发行公司债券方式筹资。

（3）资本成本负担较高。相对于银行借款筹资，发行公司债券的利息负担和筹资费用都比较高。而且公司债券不能像银行借款一样进行债务展期，加上大额的本金和较高的利息，在固定的到期日，将会对公司现金流量产生巨大的财务压力。不过，尽管公司债券的利息比银行借款高，但公司债券的期限长、利率相对固定，在预计市场利率持续上升的金融市场环境下，发行公司债券筹资能够锁定资本成本。

（4）提高公司的社会声誉。公司债券的发行主体有严格的资格限制，发行公司债券往往是股份有限公司和有实力的有限责任公司所为。企业通过发行公司债券，一方面筹集了大量资金，另一方面也扩大了企业的社会影响。

（三）商业信用

商业信用是指商品交易中以延期付款或延期交换方式所形成的借贷关系，是企业之间的直接信用行为，属于自然性融资。

1. 应付账款

应付账款即赊购商品，指买卖双方发生商品交易时，卖方允许买方在购货后一定时期内支付货款。卖方利用这种方式促销，而对买方来说，延期付款等于向卖方借入资金购进商品，可以满足短期的资金需要。

2. 应付票据

应付票据是指购销双方根据购销合同进行商品交易时，因延期付款所开出的反映债权债务关系的一种信用凭证。

3. 预收账款

预收账款是指企业在销售商品时，已知买方信用欠佳，或所销售的产品生产周期长、售价高，则要求买方在卖方发出货物之前支付部分或全部货款的一种信用条件。

（四）融资租赁

融资租赁是由租赁公司按照承租单位的要求融资购买设备，并在契约或合同规定的较长期限内提供给承租企业使用的融资信用业务。

1. 融资租赁的主要特征

（1）租赁物由承租人决定，出租人出资购买并租赁给承租人使用。

（2）租赁是为了满足承租人对资产的长期需求，租赁资产的收益和风险由承租人承受。

（3）出租人保留租赁物的所有权，承租人在租赁期间支付租金而享有使用权，并负责租赁期间租赁物的管理、维修和保养。

（4）租赁合同一经签订，在租赁期间，任何一方均无权单方面撤销合同。

2. 融资租赁的优点

（1）筹资速度快。融资租赁集"融资"与"融物"一体，比借款购置更迅速、更灵活，有助于企业迅速形成生产能力。

（2）筹资限制少。与发行股票、债券、银行借款相比，融资租赁的限制条件较少。

（3）设备投入风险小。融资租赁的期限一般为资产使用年限的一定比例，不会像自己购买设备那样整个期间都要承担风险，且多数租赁协议都规定由出租人承担设备陈旧过时的风险。

（4）财务风险小。租金在整个租期内分摊，可适当减少不能偿付的风险。

（5）税收负担轻。租金在所得税前扣除，具有抵税效应。

3. 融资租赁的缺点

融资租赁的缺点主要有资金成本较高、固定的租金支付构成一定的负担等。

三、股权资本的筹集

股权资本也称自有资金，是企业最基本的资金来源，包括投资者投入企业的资本金及企业在经营过程中形成的积累。股权资本的筹集主要通过吸收直接投资、发行股票、留存收益等方式进行。

（一）吸收直接投资

吸收直接投资是指企业按照"共同投资、共同经营、共担风险、共享收益"的原则，直接吸收国家、法人、个人和外商投入资金的一种筹集方式。出资方式如下：

（1）货币资产出资是吸收直接投资中一种最重要的出资方式。货币在使用过程中具有很大的灵活性，企业有了现金可以购买所需一切资源，因此，企业应尽量动员投资者以现金方式出资。

（2）实物资产出资是指投资者以房屋、建筑物、机械设备等固定资产以及原材料、燃料、产品等流动资产所进行的投资。

（3）无形资产出资是指以专利权、商标权、非专利技术、土地使用权等所进行的投资。

（二）发行股票

股票是股份有限公司为筹集权益资本而发行的有价证券，是股东拥有公司股份的凭证。股份有限公司根据投资与筹资的需要，可发行不同种类的股票。普通股按有无记名分为记名股票和无记名股票，按是否标明金额分为面值股票和无面值股票，按投资主体分为国家股、法人股和个人股，按发行对象和上市地区分为 A 股、B 股、H 股和 N 股等，按股东权利的不同分为普通股股票与优先股股票。

1. 普通股筹集

普通股股票是股份公司发行的无特别权利的股份，它是构成公司资本的基础，是股票的一种形式，也是发行量最大、最为重要的股票，具有永久性、流通性、风险性、参与性等特点。

（1）永久性是指发行股票所筹集的资金属于权益资金，没有期限，不需归还。

（2）流通性是指股票作为一种有价证券，在资本市场上可以自由转让、买卖和流通，也可以继承、赠送或作为抵押品。

（3）风险性是指由于发行股票所筹资金的永久性，股东成为企业风险的主要承担者。风险的表现形式一般有股票价格的波动性、股利的不确定性等。

（4）参与性是指股东作为股份有限公司的所有者，拥有经营者选择权、重大决策权、财务监控权、获取收益等权利，同时承载着有限责任、遵守公司章程等义务。

2. 优先股筹集

优先股股票是具有某些优先权利的特别股票。它的优先权利主要体现在三个方面：股票支付在先、股息固定、对剩余财产有优先索求权。

（1）优先股的优点：

① 优先股股本没有固定的到期日，无须归还本金，与普通股相类似，财务风险小。

② 优先股的股利具有固定性，与债务资本的利息类似，可发挥一定的财务杠杆作用。

（2）优先股的缺点：

① 筹资成本较高。优先股成本虽然低于普通股成本，但由于优先股股利要从税后利润中支付，不会使公司享有抵减所得税的好处，所以一般情况下其成本高于债务资本成本。

② 财务负担较高。优先股股息固定，并且不能在税前扣除，当企业盈利下降时，优先股的股利可能会成为公司一项较重的财务负担。

（三）留存收益

留存收益筹资也称为"内源筹资"或"内部筹资"，它是企业将实现利润的一部分甚至全部留下作为资本来源的一种筹资方式。

1. 留存收益筹资的具体形式

留存收益筹资的具体形式有按法定要求提取盈余公积金、当期利润不分配等。留存收益的实质是所有者向企业追加投资，对企业而言是一种筹资来源。

2. 留存收益筹资的优点

留存收益筹资的优点主要体现在以下几个方面：

（1）不发生筹资费用。

（2）可使企业的所有者获得税收上的利益。由于资本利得税率一般低于股利收益税率，股东往往愿意将收益留存于企业并通过股票价格的上涨获得资本利得，从而避免缴纳取得现金股利应缴的较高的个人所得税。

（3）留存收益筹资在性质上属于权益资本，可提高企业信用和对外负债能力。

3. 留存收益筹资的缺点

留存收益筹资的缺点主要体现在以下几个方面：

（1）留存收益的数量常常会受到某些股东的限制，尤其受到依靠股利维持生活的股东的限制。

（2）留存收益过多、股利支付过少，可能会影响企业今后的外部筹资，同时不利于股票价格的提高，影响企业在证券市场上的形象。

首次公开募股

首次公开募股（Initial Public Offering，IPO）是指一家企业第一次将它的股份向公众出售。通常，上市公司的股份是根据相应证监会出具的招股书或登记声明中约定的条款通过经纪商或做市商进行销售。一般来说，一旦首次公开上市完成后，这家公司就可以申请到证券交易所或报价系统挂牌交易。

任务三　企业投资管理

一、企业投资的概念和分类

投资一般是指经济主体为了获取经济效益而投入资金或资源用以转化为实物资产或金融资产的行为和过程。企业投资是企业为获取未来长期收益而向一定对象投放资金的经济行为。企业需要通过投资配置资产，才能形成生产能力，取得未来的经济利益。

企业投资有以下三种分类方式。

（一）按照投资行为的介入程度，投资分为直接投资和间接投资

直接投资是指不借助金融工具，由投资人直接将资金转移交付给被投资对象使用的投资，包括企业内部直接投资和对外直接投资。间接投资是指通过购买被投资对象发行的金融工具而将资金间接转移交付给被投资对象使用的投资，如企业购买特定投资对象发行的股票、债券、基金等。

（二）按照投资的方向不同，投资分为对内投资和对外投资

从企业的角度看，对内投资就是项目投资，是指企业将资金投放于取得供本企业生

产经营使用的固定资产、无形资产、其他资产和垫支流动资金而形成的一种投资。对外投资是指企业为购买国家及其他企业发行的有价证券或其他金融产品，或以货币资金、实物资产、无形资产向其他企业注入资金而发生的投资。

（三）按投资对象的存在形态和性质，投资分为项目投资和证券投资

企业可以通过投资购买具有实质内涵的经营资产，包括有形资产和无形资产，形成具体的生产经营能力，开展实质性的生产经营活动，以谋取经营利润，这类投资便成为项目投资。企业可以通过投资购买具体权益性的证券资产，然后通过证券资产赋予的权利，间接控制被投资企业的生产经营活动，获取投资收益，这类投资称为证券投资。

本书介绍第三种分类方式。

二、企业项目投资

项目投资是指将资金直接投放于生产经营实体性资产，以形成生产能力，如购置设备、建造工厂、修建设施等。项目投资一般是企业的对内投资，也包括以实物性资产投资于其他企业的对外投资。企业项目投资管理的程序主要包括以下五个步骤。

（一）提出项目投资的领域和对象

这是项目投资程序的起点，是以企业的长远发展战略、中长期投资计划和投资环境的变化为基础，同时在把握良好投资机会的前提下，由企业管理当局或企业高层管理人员提出，或者由企业的各级管理部门和相关部门领导提出。

（二）评价投资方案的可行性

在评价投资项目的环境、市场、技术和生产可行性的基础上，通过计算项目的有关现金流量指标以及项目的有关评估指标，对项目投资的财务可行性作出总体评价。

（三）投资方案的比较与选择

在财务可行性评价的基础上，对可供选择的多个投资方案进行比较和选择。

（四）投资方案的执行

投资方案的执行即投资行为的具体实施。

（五）投资方案再评价

在投资项目的执行过程中，应注意评价原来作出的投资决策是否合理，是否正确。一旦出现新的情况，就要随时根据变化的情况作出新的评价。

三、企业证券投资

（一）证券投资的含义

证券是指票面载有一定金额，代表财产所有权或债权，可以有偿转让的凭证。它用

以证明持有人有权依其所持凭证记载的内容而取得应有的权益。证券投资是指投资者（法人或自然人）购买股票、债券、基金等有价证券以及这些有价证券的衍生品以获取红利、利息的投资行为和投资过程，是间接投资的重要形式。

（二）证券投资的分类

1. 债券投资

债券投资是指企业将资金投入各种债券，如国债、公司债和短期融资券等。

2. 股票投资

股票投资是指企业购买其他企业发行的股票，如普通股股票、优先股股票作为投资手段。

3. 基金投资

基金就是许多投资者将资金汇集，然后由基金公司的专家负责管理，用来投资于多家公司的股票或者债券。

4. 证券组合投资

证券组合投资是指企业将资金同时投放于债券、股票等多种证券，这样可分散证券投资风险。组合投资是企业证券投资的常用投资方式。

（三）证券投资的程序

1. 选择投资对象

证券投资首先要选择合适的投资对象，选择投资于哪种证券。合理选择投资对象是证券投资成败的关键。企业应根据一定的投资原则，认真分析投资对象的收益水平和风险程度，合理选择投资对象，将风险降到最低限度，以取得较好的投资收益。

2. 开户、委托买卖

证券投资者首先要到证券登记公司开立账户，之后选择合适的券商委托代理买卖证券业务。企业可通过电话委托、计算机终端委托、递单委托等方式委托券商代为买卖有关证券。

3. 清算与交割

企业委托券商买入某种证券成功后，即应交纳款项，收取证券。清算即证券买卖双方结清价款的过程。交割是结算过程中，投资者与券商之间的资金结算。

4. 办理证券过户

证券过户只限于记名证券的买卖业务。投资者从证券市场购买记名证券后，应到证券发行公司办理证券持有人姓名的变更。

小贴士

新中国第一家证券交易所

1990年12月19日，新中国成立后的第一家证券交易所——上海证券交易所正式鸣锣开业。乘着改革东风破浪而生的上交所，从8家上市公司、12.34亿元总市值起步，用30多年时间发展成为市场结构较为完整的证券交易所，拥有可支撑市场高效稳健运行的交易系统及基础通信设施，也拥有可确保市场规范有序运作、效能显著的自律监管体系。

2014年11月17日，沪港通正式"开闸"，内地与香港股票市场迎来"互联互通时代"。2019年7月22日，作为中国资本市场补齐助力科技创新"短板"的重大改革举措，率先试点注册制的上交所科创板鸣锣开市。今天的上交所拥有股票、债券、基金、衍生品四大类证券交易品种，并与深圳证券交易所一道，成长为全球第二大股票现货市场。上交所将努力成为技术领先、运行高效、结构完整、品种齐全、功能完备、市场透明、监管有效、具有国际影响力的世界领先交易所。

（四）证券投资风险

企业进行证券投资必然承担一定的风险，因此证券投资是一种风险投资。证券投资风险是指证券投资收益的不确定性，即证券投资无法达到预期收益或有遭受损失的可能性。证券投资的风险可分为系统风险和非系统风险。系统风险是指由于某些因素给市场上所有的证券都带来影响的风险。非系统风险是指个别事件和因素对某个行业或某个公司的证券产生影响的风险，包括违约风险、经营风险、财务风险等。

 **企业成本与利润管理**

一、企业成本管理

（一）成本的含义

成本是商品经济的价值范畴，是商品价值的组成部分。人们要进行生产经营活动或达成一定的目的，就必须耗费一定的资源（人力、物力和财力），其所耗费资源的货币表现及其对象化即为成本。随着商品经济的不断发展，成本概念的内涵和外延都在不断

地发展变化中。

(二) 企业成本的构成

成本的构成内容要服从管理的需要,并且随着管理的发展而发展。国家规定,企业成本的构成主要包括以下几项内容。

(1) 原料及主要材料、辅助材料、燃料等费用,商品生产中已耗费的劳动对象价值。

(2) 折旧费用,表现为商品生产中已耗费的劳动资料(手段)的价值。

(3) 工资,表现生产者的必要劳动所创造的价值。

在实际工作中,为了促使企业厉行节约,减少损失,加强企业的经济责任,将一些不形成产品价值的损失性支出(如工业企业里的废品损失、停工损失等),也列入产品成本之中。此外,将某些应从为社会创造的价值中进行分配的部分(如财产的保险费用等),也列入产品成本之中。

(三) 企业成本管理的内容

成本管理是企业生产经营过程中各项成本核算、成本分析、成本决策和成本控制等一系列科学管理行为的总称。成本管理一般包括成本预测、成本决策、成本计划、成本核算、成本控制、成本分析、成本考核等。

1. 成本预测

成本预测是指根据企业的历史资料和市场调查,研究企业外部环境和内部影响因素的变化,运用专门的方法,科学地估算一定时间内的成本目标、成本水平以及成本变化的趋势。预测是成本决策的基础,只有在成本预测的基础上,提供多个不同成本控制的思路方案,才可能有决策的优选。

2. 成本决策

成本决策是指按照既定的总目标,在充分收集成本信息的基础上,运用科学的决策理论和方法,从多种可行方案中选定一个最佳方案的过程。它是以提高经济效益为最终目标,强调划清可控与不可控因素,在全面分析方案中的各种约束条件、分析比较费用和效果的基础上,进行的一种优化选择。它是成本管理工作的核心,成本管理的思路、方法都由成本决策确定。

3. 成本计划

成本计划是指在成本预测和成本决策的基础上,根据计划期的生产任务和利润目标,通过"由下而上"和"由上而下"两条线路,在充分发挥和调动全体员工积极性的基础上,汇总编制而形成的具有可操作性的成本控制计划体系。成本计划一经决策机构批准,就具有了权威性,必须坚决贯彻、执行,不得随意改动。它是成本控制和成本考核的依据。

4. 成本核算

成本核算是指通过对成本的确认、计量、记录、分析、核算等一系列活动，确定成本控制效果。其目的是为成本管理的各个环节提供准确的信息。只有通过成本核算，才能全面准确地把握企业生产经营管理的效果。企业劳动生产率的高低、固定资产的利用程度、原材料和能源的消耗情况、生产单位（车间）的管理水平等，都会直接或间接地体现在成本上。

5. 成本控制

成本控制是指企业根据一定时期预先建立的成本管理目标，由成本控制主体在其职权范围内，在生产耗费发生以前和成本控制的过程中，对各种影响成本的因素和条件采取一系列预防和调节措施，以保证成本管理目标实现的管理行为。

6. 成本分析

成本分析主要是运用成本核算所提供的信息，通过同行比较和关联分析，包括对成本指标和目标成本的实际完成情况，成本计划和成本责任的落实情况，上年的实际成本、责任成本，国内外同类产品成本的平均水平、最高水平，进行比较，分析确定导致成本目标、计划执行差距的原因以及可挖掘的空间。同时，通过分析，把握成本变动规律，总结经验教训，寻求降低成本的途径。

7. 成本考核

成本考核是指把成本的实际完成情况与应承担的成本责任进行对比，考核、评价目标成本计划的完成情况。其作用是对每个成本责任单位和责任人在降低成本上所作的努力和贡献给予肯定，并根据贡献的大小给予相应的奖励，以激发员工进一步努力的积极性。同时，对于缺少成本意识，成本控制不到位，造成浪费的单位和个人，给予处罚，以促其改进、完善。

（四）成本管理的目标

成本管理的基本目标是提供信息、参与管理，但在不同层面又可分为总体目标和具体目标两个方面。

1. 成本管理的总体目标

成本管理的总体目标是为企业的整体经营目标服务，具体来说包括为企业内外部的相关利益者提供其所需要的各种成本信息以供决策，以及通过各种经济、技术和组织手段控制成本。在不同的经济环境中，企业成本管理系统总体目标的表现形式不同，而在竞争性经济环境中，成本管理系统的总体目标主要依竞争战略而定。

2. 成本管理的具体目标

成本管理的具体目标分为成本计算的目标和成本控制的目标。成本计算的目标是为所有信息使用者提供成本信息，包括为外部和内部使用者提供成本信息。外部信息使用者需要的信息主要是关于资产价值和盈亏情况的，因此成本计算的目标是确定盈亏及库存价值,即利用成本会计制度的规定,计算财务成本,满足编制资产负债表的需要。而内部信息使用者利用成本信息除了解资产及盈亏情况外,主要是用于经营管理,因此成本计算的目标即通过向信息使用者提供成本信息,促进管理人员采取改善措施;通过盈亏平衡分析等方法,提供管理成本信息,有效地满足现代经营决策对成本信息的需求。

成本控制的目标是降低成本。采取成本领先战略的企业的成本控制目标是在保证一定产品质量和服务的前提下,最大程度地降低企业内部成本,具体表现为对生产成本和经营费用的控制。而采取差异化战略的企业的成本控制目标则是在保证企业实施差异化战略的前提下,降低产品全生命周期成本,实现持续性的成本节省,具体表现为对产品所处生命周期不同阶段发生成本的控制,如对研发成本、供应商部分成本和消费成本的重视和控制。

二、企业利润管理

(一)企业利润的含义

企业利润是指企业在一定期间内的经营成果,是衡量企业经营业绩的重要指标。利润包括收入减去成本和费用后的净额,直接计入当期的利得和损失等。

(二)企业利润的构成

一般企业的利润包括营业利润、利润总额和净利润。营业利润是企业生产经营活动所产生的利润,是企业利润的主要来源。利润总额是指营业利润加上营业外收入减去营业外支出后的金额。净利润是指企业当期的利润总额减去所得税后的余额,即企业的税后利润。其计算公式如下:

营业利润=(主营业务收入+其他业务收入)-(主营业务成本+其他业务成本)-税金及附加-管理费用-财务费用-销售费用-资产减值损失±公允价值变动损益±投资收益

利润总额=营业利润+营业外收入-营业外支出

净利润=利润总额-所得税

(三)企业利润分配

企业利润分配是指将企业实现的净利润,按照国家财务制度规定的分配形式和分配顺序,在企业和投资者之间进行的分配。利润分配的过程与结果是关系到所有者的合法权益能否得到保护,企业能否长期、稳定发展的重要问题,为此,企业必须加强利润分配的管理和核算。企业利润分配的主体是投资者和企业;利润分配的对象是企业实现的净利润;利润分配的时间即确认利润分配的时间,是利润分配义务发生的时间和企业做出决定向内向外分配利润的时间。利润分配必须依据法定程序进行,按照《公司法》《企业财务通则》等法律法规的规定,股份有限公司实现的利润,应首先依法缴纳企业所得税，税后利润应当按照下列基本程序进行分配。

1. 弥补以前年度亏损

根据现行法律法规的规定，公司发生年度亏损，可以用下一年度的税前利润弥补，下一年度税前利润不足弥补时，可以在五年内延续弥补；五年仍未弥补完亏损的，则可以用税后利润弥补。

2. 提取法定公积

公司在分配当年税后利润时，应当按照税后利润的10%提取法定公积，但当法定公积累计额达到公司注册资本的50%时，可以不再提取。

3. 提取任意公积

公司从税后利润中提取法定公积后，经股东大会决议，还可以从税后利润中提取任意公积。法定公积和任意公积都是公司从税后利润中提取的积累资本，是公司用于防范和抵御风险、提高经营能力的重要资本来源。盈余公积和未分配利润都属于公司的留用利润，从性质上看属于股东权益，公积可以用于弥补亏损，扩大生产经营或者转增公司股本，但转增股本后，所留存的法定公积不得低于转增股本前公司注册资本的25%。

小贴士

香港地铁盈利模式

香港地铁被称为是"世界上最赚钱的地铁"。香港地铁模式或称香港"地铁+物业"模式，是以地铁为核心，沿线开发新的社区为配套，形成一种良性循环的开发模式。地铁建设方便了出行，缩短了时距，形成车站附近的大量客流，由此蕴藏的巨大商机对房地产开发构成吸引力。同时，开发后的房地产又积聚了更多的客流，对地铁运营的票务收入起到支撑作用。

在"地铁+地产"的实践过程中，香港特区政府授予地铁公司物业发展权，地铁公司通过全盘规划、项目招标、施工监督、收益分享等措施把握了整个开发价值链上增值较大的拿地、规划设计、经营管理等环节，而将成本较高、风险较大的施工建设环节主要交给开发商操作。在政府、地铁公司、开发商三个主要市场参与者中，地铁公司扮演了"向上承接政府战略，向下启动市场资源"的角色，成为整合政府与市场资源的平台。而香港地铁公司之所以能成为这一平台，其核心就是围绕地铁沿线的土地物业开发权，充分实现规划升值。

［资料来源：汪文忠. 香港地铁盈利模式启示录［J］. 交通运输，2014（4）.］

任务五　企业财务分析

企业财务分析是指以企业的财务报告等会计资料为依据，采用专门的方法对企业的财务状况和经验成果进行剖析与评价的一种方法。财务分析有利于企业经营者进行经验决策和改善经营管理，有利于投资者做出投资决策和债权人制定信用政策，有利于考核各部门和单位的工作业绩，有利于税务机关和政府部门加强税收征管和宏观调控。

尽管不同企业的经营状况、经营规模、经营特点不同，但作为运用价值形式进行的财务分析，归纳起来，其分析的内容不外乎偿债能力分析、运营能力分析、盈利能力分析、发展能力分析和综合能力分析五个方面。

一、企业偿债能力分析

企业偿债能力是企业偿还各种到期债务的能力，是反映企业财务状况和经营能力的重要指标。偿债能力分析是企业财务分析的一个重要方面，这种分析可以提示企业的财务风险。偿债能力包括短期偿债能力和长期偿债能力。

（一）短期偿债能力分析

短期偿债能力是指企业流动资产及时足额偿还流动负债的能力。分析流动负债与流动资产之间的关系，可以了解企业的财务风险，判断企业短期偿债能力。衡量企业短期偿债能力的指标主要有流动比率、速动比率和现金流动负债比率。

流动比率是企业流动资产和流动负债的比率，衡量企业流动资产在短期债务到期前，可以变为现金用于偿还负债的能力。其计算公式：流动比率＝流动资产/流动负债。速动比率是企业速动资产与流动负债的比率，其计算公式：速动比率＝速动资产/流动负债。现金流动负债比率是企业经营活动现金净流量与流动负债的比率。该比率反映本期经营活动所产生的现金净流量足以抵付流动负债的倍数。其计算公式：现金流动负债比率＝经营活动现金流量/流动负债。

（二）长期偿债能力分析

长期偿债能力是指企业偿还长期负债的能力。通过长期偿债能力的分析，债权人和投资人可以全面了解企业的偿债能力以及财务风险。反映长期偿债能力的财务指标主要有资产负债比率、产权比率、利息保障倍数等。

资产负债比率也称负债比率或举债经营比率，是企业负债总额与资产总额的比率，它反映债权人提供的资金总额的比例，以及企业资产对债权人权益的保障程度。其计算公式：资产负债比率＝负债总额/资产总额。该比率越高，企业偿还债务的能力越差；

反之，偿还债务的能力越强。产权比率也称负债股权比率，是负债总额和所有者权益总额的比率，它反映企业所有者权益对债权人权益的保障程度。其计算公式：产权比率＝负债总额/所有者权益总额。

利息保障倍数是指息税前利润与利息费用的比率，其计算公式：息税前利润/利息费用。息税前利润指扣除利息和税务支出之前的利润，可用总利润加利息费用求得。利息保障倍数可以用来说明企业是否有足够的利润支付到期的利息，因此尤其被债权人关注。一般来说，这个比率应大于1，比率越大，说明企业还息能力越强。

二、企业运营能力分析

企业运营能力是指企业资金利用的效率，它表明企业管理人员经营管理、运营资金的能力。企业生产经营周转的速度越快，表明企业资金利用的效果越好、效率越高、企业管理人员的经营能力越强。企业的资金周转状况与供、产、销各个经营环节紧密相关，任何一个环节出现问题，都会影响企业资金的正常周转。

（1）应收账款周转率是企业一定时期内赊销收入净额与应收账款平均余额之比，它是衡量企业应收账款周转速度及管理效率的指标。其计算公式为：

$$应收账款周转率＝赊销收入净额/应收账款平均余额$$

（2）存货周转率也称存货利用率，它是企业一定时期内的销售成本与平均存货的比率。其计算公式为：

$$存货周转率＝销售成本/平均存货$$

（3）流动资产周转率是销售收入与流动资产平均余额的比率，它反映全部流动资产的利用效率。其计算公式为：

$$流动资产周转率＝销售收入/流动资产平均余额$$

（4）固定资产周转率也称固定资产利用率，它是企业销售收入与固定资产平均净值的比率。其计算公式为：

$$固定资产周转率＝销售收入/固定资产平均净值$$

三、企业盈利能力分析

企业盈利能力是指企业获取利润的能力，它是衡量企业经营效果的重要指标。企业盈利能力分析的主要指标有资产报酬率、股东权益报酬率、销售净利率、成本费用净利率等。

（1）资产报酬率也称资产收益率、资产利润率或投资报酬率，它是一定时期内企业的净利润与资产平均总额的比率。其计算公式为：

$$资产报酬率＝净利润/资产平均总额$$

（2）股东权益报酬率也称净资产收益率或所有者权益报酬率，它是一定时期内企业的净利润与股东权益平均总额的比率。其计算公式为：

$$股东权益报酬率 = 净利润/股东权益平均总额$$

（3）销售净利率是企业净利润与销售收入净额的比率。其计算公式为：

$$销售净利率 = 净利润/销售收入净额$$

（4）成本费用净利率是指企业净利润与成本费用总额的比率，它反映的是企业生产经营过程中发生的耗费与获得收益之间的关系。其计算公式为：

$$成本费用净利率 = 净利润/成本费用总额$$

四、企业发展能力分析

企业发展能力是指企业未来一定时期内生产经营的增长趋势和增长水平。发展能力分析是从动态的角度评价和判断企业的成长能力，即根据过去的资料在评价企业发展成果的基础上推测企业未来的发展潜力。衡量企业发展能力的指标主要有销售收入增长率、总资产增长率和营业利润增长率等。

销售收入增长率反映的是相对化的销售收入增长情况，是衡量企业经营状况和市场占有能力、预测企业经营业务拓展趋势的重要指标。在实际分析时，需要考虑企业历年的销售水平、市场占有情况、行业未来发展及其他影响企业发展的潜在因素，或结合企业前三年的销售收入增长率进行趋势性分析判断。其计算公式为：

$$销售收入增长率 = 本年销售收入增长额/上年销售收入$$

其中，本年销售收入增长额 = 本年销售收入 – 上年销售收入。

总资产增长率就是从企业总量扩张方面衡量企业的发展能力，表明企业规模发展水平对企业发展后劲的影响。其计算公式为：

$$总资产增长率 = 本年资产增长额/年初资产总额$$

其中，本年资产增长额 = 年末资产总额 – 年初资产总额。

五、企业财务综合分析

企业财务综合分析评价就是企业的偿债能力、盈利能力、营运能力和发展能力的综合分析，分析它们的相互关系和内在联系，系统、全面、综合地对企业的财务状况和经营成果进行分析和评价，说明企业整体财务状况和经营成果在所处行业内的优势。

财务报表

财务报表是反映企业或预算单位一定时期内资金、利润状况的会计报表。我国财务报表的种类、格式、编报要求，均由统一的会计制度作出规定，要求企业定期编报。国有工业企业在报告期末应分别编报资金平衡表、专用基金及专用拨款表、基建借款及专项借款表等资金报表，以及利润表、产品销售利润明细表等利润报表；国有商业企业要报送资金平衡表、经营情况表及专用资金表等。

财务报表包括资产负债表、损益表、现金流量表或财务状况变动表、附表和附注。财务报表是财务报告的主要部分，不包括董事报告、管理分析及财务情况说明书等列入财务报告或年度报告的资料。

苏州市轨道交通集团有限公司的财务管理

财务管理是公司经营管理的核心，苏州市轨道交通集团有限公司根据公司战略目标和战略计划，预测资金需求，并通过自有资金、银团贷款、财政补贴等方式保障公司经营资金供给。

一、加强资金需求分析，多举措拓宽资金来源渠道

为满足经营性的资金需求，苏州市轨道交通集团有限公司创新融资思路，积极拓展融资渠道，做好轨道建设、运营资金保障，助力轨道交通高质量发展。资金供给方面，金融支持是资金供给的重要来源，公司与多家金融机构建立了良好的合作关系，通过银团信用贷款方式保障轨道交通建设资金充裕。同时，公司充分利用主体信用评级为AAA级的资信优势及千亿资产的规模优势，不断扩大直接融资规模，降低公司综合融资成本，并成功发行中期票款。2021年下半年，公司启动注册30亿元碳中和绿色公司债券，丰富融资渠道。在国家推出基础设施公募REITs（不动产投资信托基金）试点的机遇下，公司积极推进轨道交通公募REITs工作，目前已对相关资产进行了初步梳理，计划开展资产证券化项目试点，从而盘活存量资产。

二、建立预算管理，提高成本管控力度

公司预算编制以苏州轨道交通战略目标为导向，以业务预算为基础，以绩效管理为目标，实行全面预算管理。公司实施预算跟踪制度，通过"分级编制、逐级汇总""两上两下、上下结合"的预算编制方法，明确预算编制流程。财务部门定期向公司和各业务部门反馈预算执行情况，并对执行中的差异做出分析或调整，从而建立完善的预算管理体系，为经营决策提供保障。

三、丰富成本管控手段，多举措助力企业效益提升

公司通过业财一体化体系，动态核算公司成本，配合信息化管控手段，对成本管理实行责任化、动态化、效益化、信息化的管控方式，不断提升公司成本的管控水平。公司还通过集中采购或联合采购方式，以量议价降低物资采购成本，通过业务模式创新，如站务外包业务等，通过将成熟业务市场化，降低人工成本。公司重视科技创新，通过QC（质量控制）项目、技术改造或与厂家联合开发等方式，提高设备节能性或使用寿

命，如 1 号线空调节能改造项目、车站照明改造项目等。公司注重指标管理，分别建立成本指标、设备指标、服务指标等指标体系，通过将各类指标与绩效挂钩，实现成本管理责任化。

公司通过搭建成本管控的指标体系，形成可量化、可评估、可约束的成本管控点，在生产过程中对统计体系的设定进行优化，对人工成本、维修成本等实施精细管控，形成部门（中心）级、车间级、班组级的分级成本统计管控表。

四、建立财务内控体系，识别、规避财务风险

公司在银行账户的开立审批、支票的领用和保管、印章使用、资金管理、支付审批等方面建立资金风险内控管理流程，充分识别财务各类风险，对筹融资金和日常资金运营严格管理，严格执行审批程序，对限额内资金的使用进行授权和监管，实行专款专用。

五、提升资产管理能力

轨道交通是资产密集型产业，拥有数量庞大的固定基础设施，截至 2021 年底，苏州市轨道交通集团有限公司资产总额超过 1 300 亿元。公司持续提升企业精细化管理程度，持续优化内部管理体系，提高企业运作效率，实现资产运营效益的最大化。一是定期对集团及下属分公司进行全面资产盘点，定期处置、盘活低效资产，提升资产利用效率。二是搭建"基本管理制度＋专业管理流程"的资产管理制度体系，形成以项目为单位，以管理团队为考核对象，以营业收入、利润、成本与出租率等为考核指标的资产运营评估体系，提高资产利用率。

（资料来源：苏州市轨道交通集团有限公司）

案例思考题 苏州市轨道交通集团有限公司的财务管理有何创新之处？

项目训练

【训练内容】分析企业财务管理。

【训练目的】通过分析企业案例，学会企业财务分析。

【训练步骤】

1. 学生每 4—6 人划分为一个小组，以小组为单位选择一家科创板上市企业为研究对象。

2. 收集和整理该企业年报和新闻报道等资料，梳理出该企业财务的基本内容。

3. 整理出该企业财务情况，形成财务管理分析报告。

4. 组织小组讨论与交流，小组提交案例分析报告。

自 测 题

1. 什么是财务管理？财务管理的内容包括哪些方面？
2. 如何确定最优资本结构？
3. 简述企业投资的渠道。
4. 简述利润分配的顺序。
5. 简述企业财务分析的主要内容。

【延伸阅读】

张敏，王宇韬. 大数据财务分析：基于 Python［M］. 北京：中国人民大学出版社，2022.

项目七 企业生产运作管理

【学习目标】

1. 了解生产运作的概念和过程
2. 掌握生产计划与控制的基本内容
3. 掌握生产管理过程的主要构成
4. 掌握生产能力的特点及分类

苏州轨道交通基础设施的智能化管理

苏州市轨道交通集团有限公司对基础设备设施建立相应的检修规程，涵盖一级保养、二级保养及小修、中修、大修、专项修等维修工作。公司研究并建立中大修技术标准，明确维修周期，为中大修启动时间提供依据，为中大修维修标准提供支撑，有利于实施的规范性和维修成本的统计分析。

公司建立设备评估机制，从设备运行状态、检修情况、专项检测、委外维修质量、维修成本管控、三年规划落地情况等方面开展定期的设备评估，并根据设备状态评价结果调整维修策略，制订次年中大修、专项修及技术改造计划，修订维修规程，完善维修工艺等。

为应对基础设备设施逐步进入服役的中后期及老化问题，"十四五"期间，公司将通过借鉴、学习城市轨道交通行业更新改造管理经验，对设备更新改造决策流程、评价机制及启动条件、判断方法等进行研究，从而建立适用自身发展的设备更新改造管理体系，进一步完善设备更新改造制度。

一、智能生产管理，提升检修管理效率

上线检修调度管理系统，实现线网检修调度管理可视化，安全便捷。将一系列线下流程转化为线上流程，全面对调度各项主要生产工作进行卡控，规范各项流程处置的目标，实现了可视化、便捷化、智能化、流程化、直观化。

列车状态可视化。通过列车停放状态显示模块，可直观查看库内各电客车停放位置、作业占用、接触网断送电情况等信息，方便检调，方便生产班组对作业情况进行掌握。

安全卡控便捷化。实现了作业请点冲突检测功能，避免了交叉作业情况发生；同时对作业用的红闪、禁动等器具实现 RFID（射频识别）管理，对未归还相关防护用具禁止销点，避免现场遗留防护用品情况的发生。

生产计划智能化。实现自动生成年度、月度生产计划的功能，并可在线开展审核、发布，避免人工排列计划重复、错漏等问题的发生，同时对生产计划进行每日提醒，确保各项计划的按期执行；对于生产计划的完成、调整等情况自动形成报表统计，便于计划的执行卡控。

作业过程流程化。将80%的检修调度作业由线下转移到线上，对申请、批准、确认等环节进行了闭环管理，实现了作业过程流程化控制。

数据统计直观化。实现了统计报表功能，可对各线路的各项生产情况按照指定周期进行统计分析，形成报表，使各项生产数据更加准确明了，便于相关统计工作的开展。

二、打造智能运维平台，提高运维巡检效率

智能运维系统前端传感器汇聚集成和系统平台建成后，巡检人员只需在车辆段后台监控，通过查看运维系统便可了解主站设备的运行情况以及健康程度；智能运维系统前端能够完全覆盖主站设备巡检点，通过物联网技术实现智能检测、识别，确保巡检数据的准确性、客观性，提高变电所的运维巡检效率，完成日常巡检人员所能完成的抄表巡视工作，完全替代人员的日常巡检，并生产巡视报表。

智能运维系统能够自动对采集的所有数据按时间、类型、有无异常等方式分类，专家系统能够将采集到的数据分类汇总，进行风险评估，分析诊断，故障联动，最终形成故障闭环管理。

三、探索智能巡检机器人，实现设备全自动检测

智能巡检机器人系统搭建水平移动轨道、上下升降机构，实现室内巡检空间精确定位、室内场景所有设备的最优巡检位置规划与全自主监测。利用滑触线供电技术，实现全天候不间断供电、高频率巡检。

智能巡检机器人系统搭载高清可见光摄像头，实时获取设备及环境图像，结合图片识别技术，识别设备上表计读数或者开关状态等内容。机器人将识别后的内容上报至智能运行系统，同时设备智能运维平台也可直接调用智能巡检设备摄像头查看现场实时视频。

35kV 进出线开关柜内设置局放传感器，开关柜附近设置 SF6（六氟化硫）泄漏监测装置，获取开关柜局部放电数据、SF6 泄漏情况，实现对设备局放、SF6 泄漏情况的

实时在线监测。通过部署环境采集子系统,采集本所环境状态数据,数据接入智能巡检机器人系统。通过部署分布式可见光、红外识别子系统,实现整流变压器室、动力变压器箱、蓄电池柜等分散监控区域视觉、红外监控,监控数据接入智能巡检机器人系统。

(资料来源:苏州市轨道交通集团有限公司)

[案例思考题] 结合案例材料,谈谈苏州轨道交通基础设施智能化管理的特点及其启示。

任务一 生产运作管理

一、生产运作管理概述

(一) 生产运作的概念及其过程

1. 生产运作的概念

生产运作是指"输入—转换—输出"的过程,即投入一定的资源,经过一系列多种形式的变换,使其价值增值,最后以某种形式产出供给社会的过程,也可以说,是一个社会组织通过获取和利用各种资源向社会提供有用产品的过程。

2. 生产运作的过程

生产运作是一个创造财富的过程,这个过程包括输入、输出和转换过程三个要素。

把输入的各种资源按照社会需要转化为有用输出,实现价值增值的过程就是生产运作活动的过程。我们可以列出不同行业、不同社会组织的输入、转换、输出的主要内容。其中,输出是公司对社会做出的贡献,也是它赖以生存的基础;输入则由输出决定,生产什么样的产品决定了需要什么样的资源和其他输入要素。一个公司的产品或服务的特色与竞争力,是在转换过程中形成的。因此,转换过程的有效性是影响公司竞争力的关键因素之一。

(二) 生产运作管理的概念

生产运作管理有狭义和广义之分。狭义的生产运作管理仅局限于生产运作系统的运行管理,实际上是以生产运作系统中的生产运作过程为中心对象。广义的生产运作管理不仅包括生产运作系统的运行管理,还包括生产运作系统的定位与设计管理,可以认为是选择、设计、运行、控制和更新生产运作系统的管理活动的总和。广义的生产运作管理以生产运作系统整体为对象,实际上是对生产运作系统的所有要素和投入、生产运作过程、产出、反馈等所有环节的全方位综合管理。从广义上理解生产运作管理,符合现代生产运作管理的发展趋势。

小知识

精益生产管理

精益生产（Lean Production，简称LP），也称为精益制造（Lean Manufacturing），是由美国麻省理工学院的专家提出的，他们在一项名为"国际汽车计划"的研究项目中，通过大量调查、对比日本企业发现，日本丰田汽车公司的生产组织、管理方式是最适用于现代制造的一种生产方式，这种生产方式的目标是降低生产成本，提高生产过程的协调度，杜绝企业中的一切浪费现象，从而提高生产效率。人们将之称为精益生产。

精益生产是通过系统结构、人员组织、运行方式和市场供求等方面的变革，使生产系统能很快适应用户不断变化的需求，并能使生产过程中一切无用、多余的东西被精简，最终达到包括市场供销在内的生产的各方面最好结果的一种生产管理方式。与传统的大生产方式不同，其特色是"多品种""小批量"。精益生产的核心，即关于生产计划和控制以及库存管理的基本思想，对丰富和发展现代生产管理理论也具有重要的作用。

[资料来源：李洁. 现代企业精益生产管理模式研究［J］. 中国市场，2022（30）.]

二、生产类型的划分

按照不同的原则，可以把生产划分为很多类型。

（一）连续性生产和离散性生产

根据生产对象在生产过程中的工业特点，可以把生产过程分为连续性生产和离散性生产。在连续性生产过程中，物料均匀、连续地按一定工业顺序运动，如化工（塑料、药品、肥皂、肥料等）、炼油、冶金等，都是连续性生产的典型例子。由于物料按一定流程连续不断地通过各道工序，因此称为连续性生产。

另一类产品，如汽车、柴油机、电视机、洗衣机等，是由离散型的零部件装配而成的，零部件以各自的工艺流程通过各个生产环节，物料运动呈离散状态，因此将其称作离散性生产。因为这类制成品都是先加工出零件，再将零件装配成产品，所以又将其称为加工-装配式生产。

（二）备货型生产和订货型生产

根据用户对产品的需求特性，按照产品定位策略，可把生产类型分为备货型生产和订货型生产。

1. 备货型生产

备货型生产指企业在市场需求（现实需求和潜在需求）研究的基础上，有计划地进行产品开发和生产，生产出的产品不断补充成品库存，通过库存随时满足用户的需求。载重汽车、轴承、标准件、电冰箱、电视机等产品是典型的备货型生产。

2. 订货型生产

订货型生产指根据用户提出的具体订货要求开始组织生产，进行设计、供应、制造、出厂等工作。生产出来的成品在品种规格、数量、质量和交货期等方面是各不相同的，并按合同规定按时向用户交货，成品库存很少。因此，生产管理的重点是抓"交货期"，按"期"组织生产过程各环节，使之合理衔接，保证如期实现预定目标。

备货型生产和订货型生产的不同主要表现在以下方面：

备货型生产产品标准化程度高，生产效率高，用户订货提前期短，库存水平高，难以满足顾客个性化要求。

订货型生产产品标准化程度低，生产效率低，用户订货提前期长，库存水平低，满足顾客个性化程度高。

（三）大量生产、单件生产和成批生产

产品的专业化程度可以通过产品的品种数多少，同一品种的产量大小和生产的重复程度来衡量。显然，产品的品种数越多，每一种的产量越少，生产的重复性越低，则产品的专业化程度就越低；反之，产品的专业化程度就越高。按产品专业化程度的高低，可以将生产划分为大量生产、单件生产和成批生产三种类型。

1. 大量生产

大量生产亦称量产，是指产品数量很大，大多数工作地点长期按照一定的生产节拍（在流水线生产中，相继完成两件制品之间的时间间隔）进行某一个零件的某一道工序的加工。大量生产品种单一，产量大，生产重复程度高。

2. 单件生产

单件生产中，产品对象基本上是一次性需求的专用产品，一般不重复生产，因此生产中品种繁多，生产对象不断在变化，而通常生产设备和工艺装备采用通用性的，且工作地的专业化程度很低。

3. 成批生产

成批生产是指一年中分批轮流地制造几种不同的产品，每种产品均有一定的数量，工作地点的加工对象周期性地重复。例如，机床、机车、电动机和纺织机的制造就属于成批生产。成批生产又可分为大批生产、中批生产、小批生产。

由于大批生产与大量生产的特点相近，所以习惯上合称"大量大批生产"。同样，小批生产的特点与单件生产相近，习惯上合称"单件小批生产"。有的公司生产的产品品种繁多，批量大小的差别也很大，习惯上称之为"多品种中小批量生产"。"大量大批生产""单件小批生产"和"多品种中小批量生产"的说法比较符合公司的实际情况。

任务二　企业生产过程组织

一、生产过程的含义

生产过程是指企业从原材料的投入开始到产品产出为止的全部过程。生产过程是完成商品生产所必需的，按一定客观要求组织起来的劳动过程和自然过程的总和。在生产过程中，主要是劳动者运用劳动工具，直接或间接地作用于劳动对象，使之按人们预定的目的变成产品或服务。其中，劳动过程指劳动者直接或间接借助于劳动手段作用于劳动对象，使其发生变化的过程，即劳动者凭体力和智力改变劳动对象的过程。自然过程是指借助于自然力作用于劳动对象，使其发生变化的过程。

为了合理地组织生产过程，需要将生产过程从空间上和时间上很好地结合起来，使产品以最短的路线、最快的速度通过生产过程的各个阶段，并且使公司的人力、物力和财力得到充分的利用，达到高产、优质、低耗。

合理组织生产过程的基本要求包括：① 生产过程的连续性，即产品在生产过程中处于时间上的连续状态，没有时间间断；② 生产过程的比例性，即生产过程各阶段、各环节在生产能力上保持按比例发展，以实现资源的优化配置；③ 生产过程的均衡性，指生产各环节中生产速度的稳定程度以及各工作负荷的相对稳定程度；④ 生产过程的适应性，指生产适应市场变化而调整生产的能力；⑤ 生产过程的平行性，即加工对象在生产过程中实现平行交叉作业。

生产过程可以划分为：① 工艺过程，即直接改变劳动对象的性质、形状、大小等的过程，它是生产过程最基本的部分；② 检验过程，它是产品形成的必要环节，检验不创造价值，却要花费成本，所以检验过程越少越好；③ 运输过程，即劳动对象从一道工序向下一道工序转移的过程；④ 自然过程，指处于自然力作用下完成自身性质的过程，如酿酒的发酵过程；⑤ 加工等待过程，指下一活动不能连续进行所发生的停留与等待。

二、生产过程组织的基本内容

生产过程组织包括空间组织和时间组织两项基本内容。

（一）生产过程的空间组织

生产过程的空间组织是指在一定的空间内，合理地设置企业内部各基本生产单位，如车间、工段、班组等，使生产活动能高效顺利地进行。生产过程的空间组织有两种形式。

1. 工艺专业化形式

工艺专业化又称为工艺原则，即按照生产过程中各个工艺阶段的工艺特点来设置生产单位。在这种生产单位内，集中了同种类型的生产设备和同工种的工人，可完成各种产品的同一工艺阶段的生产，加工对象是多样的，如机械制造业中的铸造车间、机加工车间、热处理车间、车间中的车工段和铣工段等，都是工艺专业化生产单位。这种组织在服务业很常见，如医院设有外科、产科、儿科、急诊科等。

2. 对象专业化形式

对象专业化又称为对象原则，就是按照产品的不同来设置生产单位。在对象专业化生产单位里，集中了不同类型的机器设备和不同工种的工人，对同类产品进行不同的工艺加工，能独立完成一种或几种产品的全部或部分的工艺过程，而不用跨越其他的生产单位，如汽车制造厂中的发动机车间、底盘车间和机床厂中的齿轮车间等。

（二）生产过程的时间组织

生产过程的时间组织是研究产品生产过程各环节在时间上的衔接和结合的方式。企业生产运作过程在时间组织上的好坏，表现为产品生产周期的长短。生产过程各环节之间时间衔接越紧密，就越能缩短生产周期，从而提高生产效率，降低生产成本。产品生产过程各环节在时间上的衔接程度，主要表现为劳动对象在生产过程中的移动方式。一批工件在工序间存在着三种移动方式，那就是顺序移动、平行移动和平行顺序移动。

一批制品在上道工序全部加工完毕后才整批地转移到下道工序继续加工，这就是顺序移动方式。

每件制品在上道工序加工完毕后，立即转移到下道工序去继续加工，形成前后工序交叉作业，这就是平行移动方式。

顺序移动方式的特点是制品运输次数少，设备利用充分，管理简单，但加工周期长；平行移动方式的特点是加工周期短，但运输频繁，设备空闲时间多而零碎，不便利用。为了综合两者的优点，可采用平行顺序移动方式。平行顺序移动方式要求每道工序连续进行加工，但又要求各道工序尽可能平行地加工。

一般而言，批量小，宜采用顺序移动方式，批量大，宜采用平行顺序移动方式或平行移动方式；制品大宜平行移动，制品小则顺序移动或平行顺序移动；零件加工时间短，可采用顺序移动方式；车间按工艺原则组成，宜采用顺序移动方式，而按对象原则组成车间，可采用平行顺序移动方式或平行移动方式。具体见表7-1。

表7-1　选择制品移动方式需考虑的因素

移动方式	制品尺寸	加工时间	批量大小	专业化形式
平行移动	大	长	大	对象专业化
顺序移动	小	短	小	工艺专业化
平行顺序移动	小	长	大	对象专业化

（资料来源：钱坤，俞荟，朱蕾. 企业管理［M］. 北京：北京理工大学出版社，2020.）

三、生产过程的组织形式

在企业中,任何生产过程的组织形式都是生产过程的空间组织与时间组织的结合。企业必须根据其生产目的和条件,采用适合自己生产特点的生产过程组织形式。下面介绍几种效率较高的生产过程组织形式。

(一) 流水线

流水线是指劳动对象按照一定的工艺过程,有顺序地、一件接一件地通过各个工作地,并按照统一的生产速度和路线,完成工序作业的生产过程组织形式。它将对象专业化的空间组织方式和平行移动的时间组织方式有机结合,是一种先进的生产过程组织形式。流水线具有如下特点。

1. 专业性

流水线上各个工作的专业化程度都很高,即流水线上固定地生产一种或几种制品,固定地完成一道或几道工序。

2. 连续性

流水线上的制品在各工序之间须用平行或平行顺序移动,尽量减少制品的延误时间。

3. 节奏性

流水线生产都必须按统一节拍或节奏进行。

4. 封闭性

生产工艺过程是封闭的,各工作按照制品的加工顺序排列,制品在流水线上做单向顺序移动,完成工艺过程的全部或大部分加工。

5. 比例性

流水线上各工序之间的生产能力相对平衡,尽量保证生产过程的比例性和平行性。

(二) 成组技术与成组加工单元

成组技术,即用大批量的生产技术和专业化方法组织多品种生产,提高多品种下批量的生产效率。成组技术以零件的相似性(主要指零件的材质结构、工艺等方面)和零件类型分布的稳定性、规律性为基础,对其进行分类、归并成组并组织生产。成组加工单元,就是使用成组技术,以"组"为对象,按照对象专业化布局方式,在一个生产单元内配备不同类型的加工设备,完成一组或几组零件全部工艺的组织。采用成组加工单元,加工顺序可在组内灵活安排,多品种小批量生产可获得接近于大量流水生产的效率和效益。目前,成组技术主要应用于机械制造、电子等领域。

(三) 柔性生产单元

柔性生产单元,即以数控机床或数控加工中心为主体,依靠有效的成组作业计划,利用机器人和自动运输小车实现工件和刀具的传递、装卸及加工过程的全部自动化和一体化的生产组织。它是成组加工系统实现加工合理化的高级形式。它具有机床利用率高、加工制造与研制周期短、在制品及零件库存量低的优点。

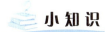

小知识

智能制造与智能工厂

智能制造，源于对人工智能的研究，一般认为智能是知识和智力的总和，前者是智能的基础，后者是指获取和运用知识求解的能力。智能制造包含智能制造技术和智能制造系统，智能制造系统不仅能够在实践中不断地充实知识库，而且还具有自学习功能，还有收集与理解环境信息和自身的信息，并进行分析判断和规划自身行为的能力。

智能制造系统是一种由智能机器和人类专家共同组成的人机一体化智能系统，它在制造过程中能以一种高度柔性与集成不高的方式，借助计算机模拟人类专家的智能活动进行分析、推理、判断、构思和决策等，从而取代或者延伸制造环境中人的部分脑力劳动，同时收集、存贮、完善、共享、集成和发展人类专家的智能。

智能工厂是利用各种现代化的技术，实现工厂的办公、管理及生产自动化，达到加强及规范企业管理、减少工作失误、堵塞各种漏洞、提高工作效率、进行安全生产、提供决策参考、加强与外界的联系、拓宽国际市场的目的。智能工厂实现了人与机器的相互协调合作，其本质是人机交互。

[资料来源：张应刚，等. 对新一代智能制造的几点思索［J］. 制造业自动化，2022（10）.]

任务三 企业生产计划与控制

一、生产计划体系

生产计划是企业根据销售计划，在充分利用生产能力和综合平衡的基础上，对企业所生产的产品品种、数量、质量和生产进度等方面所做的统筹安排，是企业生产管理的依据。编制生产计划是生产管理的一项基本任务，它根据市场的需求和企业的技术、设备、人力、物资、动力等资源能力条件，合理地安排计划期内应当生产的产品品种、产量和出产进度，充分地满足社会和用户的需要。

（一）生产计划的体系

生产计划可以按其在工业企业生产经营中所处的地位和影响的时间长度，划分为长期、中期、短期三个层次。这三个层次的生产计划相互联系、相互配合，构成了一个完整的生产计划体系。

1. 长期生产计划

长期生产计划是整个企业的生产指导计划，其计划长度一般为3—5年，或更长的时间。它是企业在生产、技术、财务等方面重大问题的规划，提出了企业的长远发展目标以及为实现目标所制订的战略计划。长期生产计划的主要任务是进行产品决策、生产能力决策以及竞争优势决策。

2. 中期生产计划

中期生产计划又称为综合生产计划和生产计划大纲，其计划期一般为1年，很多企业又称之为年度生产计划。中期生产计划的任务是在正确预测市场需求的基础上，充分利用现有资源和生产能力，尽可能均衡地组织生产活动和合理地控制库存水平，以及尽可能满足市场需求和获得利润。中期生产计划是企业为了生产出符合市场需要或顾客要求的产品，所确定的在什么时候生产、在哪个车间生产以及如何生产的总体计划。该计划是对企业总体生产任务的确定与进度安排。企业的中期生产计划是根据销售计划制订的，它又是企业制订物资供应计划、生产任务平衡计划、设备管理计划和生产作业计划的主要依据。

3. 短期生产计划

短期生产计划又称为生产作业计划，它的计划期在半年以下，一般为月或跨月计划。它包括物料需求计划、生产能力需要计划等。短期生产计划的任务是直接根据顾客订单，合理地安排生产活动的每个细节，使它们紧密衔接，以确保按顾客要求的质量、数量和交货期交货。

（二）生产计划的主要指标

生产计划是企业经营管理计划的组成部分，是企业在经营计划期内完成生产目标的行动纲领，是企业生产管理的依据，也是企业编制物资供应、财务、劳动等其他计划的主要依据。

生产计划的主要指标包括产品品种、质量、产量与产值等。它们各有不同的经济内容，从不同的侧面反映企业计划期内生产活动的要求。

1. 品种指标

产品品种指标是企业在计划期内应该生产的产品名称和品种数量。例如，钢铁企业有各种不同牌号的钢材，机械制造厂有各种不同型号的机器，纺织企业有不同支数的棉纱和不同花色规格的布匹等。产品品种指标表明企业在产品品种方面满足社会需求的程度，反映企业的专业化协作水平、技术水平及管理水平。品种指标应根据市场需求来确定。

2. 质量指标

产品质量指标是企业在计划期内各种产品应达到的质量标准。产品质量指标一般有产品的使用寿命、效能、产品平均技术性能或有效成分的含量、产品的等级率等。产品质量是衡量产品使用价值的重要指标，也综合地反映了企业的技术水平和管理水平。

3. 产量指标

产品产量指标是企业在计划期内应该生产可供销售的工业产品的实物数量和工业性劳务的数量。它反映企业在一定时期内可向社会提供的产品数量，规定了企业在计划期内产品的构成和主要产品方向。产量指标是表示企业生产成果的重要指标，是企业进行供产销平衡和编制生产作业计划、组织日常生产的重要依据。

4. 产值指标

产值指标是用货币表示的产量指标，能综合反映企业生产经营活动成果，以便不同行业之间进行比较。根据具体内容与作用的不同，产值指标分为商品产值、总产值和净产值三种。

（1）商品产值。商品产值是企业在计划期内应当出产的可供销售的产品和工业性劳务的价值，它表明了企业在计划期内向社会提供的商品总量，一般按现行价格计算。

（2）总产值。总产值是用货币表现的企业生产在计划期内应该完成的工作总量，它一般按不变格计算。总产值指标反映了一定时期内企业生产总的规模和水平，是计算企业生产发展速度及劳动生产率指标的重要依据。但是，总产值由于受转移价值的影响，往往不能正确反映企业的生产成果。

（3）净产值。净产值是企业在计划期内新创造的价值，它一般按现行价格计算。净产值从工业总产值中扣除转移价值，因此，它不受原材料等转移价值的影响，能正确反映企业的生产劳动成果。

上述各项生产计划指标的关系十分密切。既定的产品品种、质量和产量指标，是计算各项产值指标的基础，而各项产值指标又是企业生产成果的综合反映。企业在编制生产计划时，应首先落实产品的品种、质量与产量指标，然后据此计算产值指标。

二、生产作业计划

（一）生产作业计划的含义

生产作业计划是生产计划的核心和具体执行计划，即企业根据计划期内规定的出产产品的品种、数量、期限以及客观实际，具体安排产品及其零部件在各工艺阶段的生产进度。它将企业全年的生产任务具体地分配到各车间、工段、班组，以至每个工作地和工人，规定其在月、旬、周、日以至台班和小时内的具体生产任务，从而保证按品种、质量、数量、期限和成本完成企业的生产任务。

（二）生产作业计划标准与编制

1. 生产作业计划的标准

作业计划标准又称期量标准，是指为制造对象（产品、部件、零件等）在生产期限和生产数量方面所规定的标准数据。期量标准是编制生产作业计划的重要依据和组织均衡生产的有力工具。企业的生产类型不同，生产过程组织也就不同，因而形成了不同的期量标准，主要有：批量和生产间隔期；生产周期；生产提前期；在制品定额。

2. 生产作业计划的编制

编制生产作业计划包括编制车间的作业计划及分工段或分小组的作业计划。这两步工作的方法和原理是相同的，区别是计划编制的详细程度和责任单位有所不同。车间的作业计划由厂部编制，它解决车间与车间之间在生产数量及时间衔接等方面的问题。对于对象专业化车间，因各个车间平行地完成各种不同产品的生产任务，应按照产品分工、生产能力和各种具体条件直接分配任务给各车间。对于工艺专业化车间，因各个车间依次提供半成品，则应根据生产类型和其他情况采用不同的方法：在制品定额法、提前期法、生产周期法等。

（三）生产作业计划的任务

1. 保证实现生产计划

生产作业计划是通过把生产总体计划具体化和对其进行适时调整来保证实现生产计划的。生产作业计划把产品、时间、单位等因素都具体化了：产品由整台产品安排到毛坯、零件、部件；时间由年、季、月落实到旬、周、日、轮班、小时；单位由厂落实到车间、班组、工作地点、机器设备。调整指根据短期的重大变化来发现问题，及时解决，修正计划。做好具体落实和调整工作是实现生产作业计划的重要保证。

2. 合理组织生产过程

企业生产计划是通过合理地组织产品的生产过程来实现的，任何产品的生产过程都是由物流、信息流、资金（价值）流所组成的。生产作业计划的任务之一，就是把生产过程的"三流"合理地组织协调起来，争取用最少的投入获得最大的产出，实现均衡生产。均衡生产是指企业各个生产环节，在每段相等的时间内，完成相等的或递增的数量任务，按计划均匀地进行生产，保证完成计划任务，满足订货单位和社会市场的需要。实现均衡生产，建立正常的生产秩序和管理秩序，有利于充分地利用企业的生产能力，提高产品质量，改善企业管理，全面提高企业的经济效益。要实现均衡生产，就必须依靠生产作业计划合理地安排、组织企业各生产环节的生产活动，协调好各环节之间的关系，保证各环节在短期内都能完成任务。

3. 提高经济效益

生产作业计划的任务之一，就是要在产品的生产过程中，严格保证产品质量达到规定的标准，努力减少产品生产过程中的无效劳动，最大限度地降低产品生产成本，缩短生产周期，按期交货，争取获得最高的经济效益。

（四）生产作业计划的特点

1. 计划期短

生产计划的计划期常常为季、月，而生产作业计划详细规定月、旬、日、小时的工作任务。

2. 计划内容具体

生产计划是全厂的计划，而生产作业计划则把生产任务落实到车间、工段、班组、工人。

3. 计划单位小

生产计划一般只规定完整产品的生产进度，而生产作业计划则详细规定各零部件甚至工序的进度。

三、生产作业控制

生产作业控制是指生产管理部门在作业生产过程中检查和纠正偏差，以保证生产顺利进行的管理制度。为了保证产品能够按时、按质、按量生产，企业的生产管理部门在生产作业的启动和进行过程中不断检查，以获取各生产环节实际投入产出进度的信息，与生产作业计划进行对比分析，判断是否有偏差。如有偏差，及时采取对策和措施，使生产恢复正常。生产作业控制主要包括布置作业、测定偏差、偏差的处理、提供执行计划的信息等。

（一）布置作业

检查生产计划中规定的所有项目，如工艺文件、材料、夹具、机床和设备、外购件和人员等。按指令准备就绪，核实现有负荷和剩余加工能力，按排班计划分配作业给各操作员，下达指令启动作业。

（二）测定偏差

为了保证交货日期和计划产量，需要在作业的过程中不断检查计划和实际是否有差距。检查时通常控制三个关键方面：进度管理、在制品管理和剩余加工能力管理。

（三）偏差的处理

当计划与实际情况有差距时，应根据差距的原因、内容和大小，采取相应的措施进行处理。可以采取以下措施来调整和消除差距：

（1）预测差距的发生，提前采取措施，如利用剩余加工能力、更改作业的开始时间和顺序、加班加点、外协、利用库存、返修废次品等措施；

（2）将差距反馈给作业计划，将差距纳入计划，然后重新安排计划；

（3）将差距反馈给生产部，并将差距的修正量编入下期计划之中。

（四）提供执行计划的信息

作业结束后，通过计划与执行结果的对比，综合研究评估交货期、生产数量、质量和成本等，以及剩余加工能力和库存的变化，作为编制下期计划的依据。

 小贴士

工业 4.0

工业 4.0（Industry 4.0），是基于工业发展的不同阶段作出的划分。工业 1.0 是蒸汽机时代，工业 2.0 是电气化时代，工业 3.0 是信息化时代，工业 4.0 则是利用信息化技术促进产业变革的时代，也就是智能化时代。

工业 4.0 的概念最早出现在 2013 年的德国汉诺威工业博览会上，其核心目的是提高德国工业的竞争力，在新一轮工业革命中占领先机。随后由德国政府列入《德国 2020 高技术战略》中所提出的十大未来项目之一。该项目由德国联邦教育局及研究部和联邦经济技术部联合资助，投资预计达 2 亿欧元，旨在提升制造业的智能化水平，建立具有适应性、资源效率及基因工程学的智慧工厂，在商业流程及价值流程中整合客户及商业伙伴。其技术基础是网络实体系统及物联网。德国所谓的工业 4.0 是指利用物联信息系统（Cyber-Physical System，简称 CPS）将生产中的供应、制造、销售信息数据化、智慧化，最后达到快速、有效、个人化的产品供应。"中国制造 2025" 与德国 "工业 4.0" 的合作对接由来已久。2015 年 5 月，国务院正式印发《中国制造 2025》，部署全面推进实施制造强国战略。

[资料来源：孙笛. 德国工业 4.0 战略与中国制造业转型升级 [J]. 河南社会科学，2017（7）.]

 任务四　企业生产能力的核定

一、生产能力的概念和特点

（一）生产能力的概念

生产能力是指在计划期内，企业参与生产的全部固定资产在既定的组织技术条件下所能生产的最大产品数量，或者能够处理的原材料数量。

生产能力是反映企业加工能力的一个技术参数，它也可以反映企业的生产规模。每位企业主管之所以十分关心生产能力，是因为他随时需要知道企业的生产能力能否与市场需求相适应。当需求旺盛时，他需要考虑如何增加生产能力，以满足需求的增长；当需求不足时，他需要考虑如何缩小规模，避免能力过剩，尽可能减少损失。

（二）生产能力的特点

生产能力具有以下三方面的特点。

第一，生产技术的发展改变了生产能力。生产技术的发展变化导致了生产能力的改变，企业需要根据生产技术的发展与需求的变化，适时调整生产能力。

第二，同一种设备对不同产品的生产率的差异。加工装配型企业，相同的设备加工不同的产品时，由于加工工艺要求不同，生产能力随产品不同而有差别。

第三，学习效应改变生产能力。在服务性企业或以手工劳动为主的工业企业，其生产率与劳动者的经验及学习有关，随着劳动者熟练程度的增加，单位产品的时间消耗下降，生产能力将提高。

二、生产能力的分类

实际运用中的生产能力有多种不同的表达方式，包括设计生产能力、查定生产能力和计划生产能力等。

设计生产能力是企业建厂时在基建任务书和技术文件中所规定的生产能力，它是按照工厂设计文件规定的产品方案、技术工艺和设备，通过计算得到的最大年产量。企业投产后往往要经过一段熟悉和掌握生产技术的过程，甚至改进某些设计不合理的地方，才能达到设计生产能力。设计生产能力也不是不可突破的，当操作人员熟悉了生产工艺，掌握了内在规律以后，通过适当的改造是可以使实际生产能力大大超过设计生产能力的。

查定生产能力是指企业在没有设计生产能力资料或设计生产能力资料可靠性低的情况下，根据企业现有的生产组织条件和技术水平等因素，重新审查核定的生产能力。它为研究企业当前的生产运作问题和今后的发展战略提供了依据。

计划生产能力也称为现实能力，是企业计划期内根据现有的生产组织条件和技术水平等因素所能够实现的生产能力。计划能力包括两大部分：首先是企业已有的生产能力，是查定能力；其次是企业在本年度内新形成的能力。后者可以是以前的基建或技改项目在本年度形成的能力，也可以是企业通过管理手段而增加的能力。计划生产能力的大小基本上决定了企业的当期生产规模，生产计划量应该与计划生产能力相匹配。企业在编制计划时要考虑市场需求量，能力与需求不大可能完全一致，可以在一定范围内对生产能力作短期调整，以满足市场需求。

多自由度3D打印技术研究进展

3D打印技术使用增材制造方式能够作为传统减材制造方式的一个强有力补充，推动了设计和制造行业的快速发展。近年来，机器人学的迅速发展打破了传统3D打印机的局限性，使3D打印技术能够更灵活地应用在各行各业，因此该问题成为机器人学和先进制造学科交叉的一个研究热点。

多自由度机器人3D打印研究进展主要有以下四个方面：（1）无支撑打印；（2）快速打印和线框打印；（3）在已有物体上进行修复或者再制造的包裹打印；（4）为弥补传统3D打印方式无法打印大模型的缺陷，提出了使用机器人手臂打印大体积模型或大尺寸建筑模型研究的想法。

［资料来源：吴陈铭，等. 多自由度3D打印技术研究进展综述［J］. 计算机学报，2019（9）.］

三、生产能力的核定

（一）生产能力计算

计算生产能力需要首先确定生产能力的计量单位。不同类型的企业，生产能力计算方式不同。相比之下，机械制造企业的生产能力计算稍微复杂一些，主要原因是这类企业产品的加工环节多，参与加工的设备数量大，设备能力又不是连续变动的，而是呈阶梯式发展的，所以各环节的加工能力是不一致的。计算工作通常从底层开始，自下而上进行，先计算单台设备的能力，然后逐步计算班组（生产线）、车间、工厂的生产能力。生产能力的计算主要有以下三种类型：流水线生产类型企业的生产能力计算，成批加工生产类型企业的生产能力计算，服务行业的生产能力计算。

（二）生产能力计算步骤

在计算生产能力时，必须了解每条独立生产线的情况、每家独立工厂的生产水平以及整个生产系统的生产分配状况，一般可通过以下步骤来进行：① 运用预测技术预测每条独立生产线的产品的销售情况；② 计算为满足需求所需投入的设备和劳动力数量；③ 合理配置可获得的设备与劳动力数量。

企业常常还要考虑一个生产能力余量作为平衡设计生产能力与实际生产能力的缓冲。生产能力余量是指超过预期需求的生产富余能力。

（三）生产能力计量单位

由于企业种类的广泛性，不同企业的产品和生产过程差别很大，在做生产能力计划之前，必须确定本企业的生产能力计量单位。常见的生产能力计量单位如下：

1. 以产出量为计量单位

调制型和合成型生产类型的制造企业生产能力以产出量表示十分确切明了，如钢铁厂、水泥厂都以产品吨位作为生产能力，家电生产厂是以产品台数作为生产能力。这类企业的产出数量越大，生产能力也就越大。若厂家生产多种产品，则选择代表企业专业方向，产量与工时定额乘积最大的产品作为代表产品，其他的产品可换算到代表产品。换算系数 K_i 由下式求得：

$$K_i = T_i / T_o$$

式中，K_i 代表 i 产品的换算系数；T_i 代表产品时间定额；T_o 代表产品时间定额。

2. 以原料处理量为计量单位

有的企业使用单一的原料生产多种产品，这时以工厂年处理原料的数量作为生产能力的计量单位是比较合理的，如炼油厂以一年加工处理原油的吨位作为它的生产能力。这类企业的生产往往是分解型的，使用一种主要原料，分解制造出多种产品。

3. 以投入量为计量单位

有些企业如果以产出量计量它的生产能力，则会使人感到不确切，不易把握。如发电厂年发电量几十亿度电，巨大的天文数字不易比较判断，还不如用装机容量来计量更方便。这种情况在服务业中更为普遍，如航空公司以飞机座位数量为计量单位，而不以运送的客流量为计量单位；医院以病床数而不是以诊疗的病人数为计量单位；零售商店以营业面积或者标准柜台数来计量，而不用接受服务的顾客数；电话局以交换机容量来计量，而不用接通电话的次数。这类企业的生产能力有一个显著特点，就是能力不能存储，服务业往往属于这种类型。

四、生产能力的影响因素

（一）生产能力经济规划

在完成一个新厂的设计或对现有的生产系统进行重新设计或扩展时，需要对生产能力做出正确的决策。仅仅着眼于各类产品的年销售量是不够的，因为销售情况可能会有季节性的波动。究竟是按销售量的高峰值还是其平均水平来确定生产能力呢？如果按照销售曲线来确定，则会使库存积压的风险减至最小，在这种情况下，工厂的劳动力数量应是可变的，除高峰期以外，工厂的生产能力部分被闲置起来。如果把生产能力确定为中等水平，则劳动力数量趋于稳定，工厂设备的利用趋于合理，但为了应对销售高峰就应注意积累库存。到底哪种方式能使库存成本、工厂投资和劳动力周转的综合成本达到最低呢？在这里，关键的问题是进行经济分析。这可以归结为一个规划问题，即将生产能力按各个经营时期进行规划，以使上述综合成本最低，综合成本中的投资费用可用一个关于生产能力的非线性函数近似地表示出来。

（二）生产能力销售预测

关于销售预测的问题，究竟是制订一个适应销售情况的生产能力计划，还是制订一个适应于预测的 1 年、5 年或 10 年后销售水平的计划呢？为了获得超过需要的生产能力，在经济上是否能负担得起呢？值得一提的是，一定量后续生产能力的耗费与当前耗费并不是相等的。而且一般情况是，在任何规模的生产能力水平上，实际上都有些设备处于闲置状态。因此，在改变生产能力时，其实无须购置那些已具有闲置能力的设备。生产能力规划用来确定未来生产所需生产能力，在制定生产能力规划时，即使考虑到未来的预期市场需求，也只需购进需要的设备，同时在建筑物和平面布置规划中为将来需购进的设备预留出适当的空间。这样，在对原有的生产能力进行扩充时，就不必再重新进行工厂布置了，只需把新添机器放置到原有系统中去就行了。

（三）生产能力空间成本

生产能力的问题实际上可以归结为预留额外空间以满足未来的预期需求。考虑到后续的扩建空间单位成本要大一些，所以这种预先留空间的方式是合理的。更为重要的是，事后扩建方式除所增空间本身的费用需要考虑之外，还需考虑由其产生的平面重新布置费用。如果所增空间并不是与已有系统有机地结合在一起，则将还需支付物资的运输成本这一额外费用。综上所述，在核定生产能力规模时，必须把扩增新空间所耗的额外成本，与预留空间的成本及其维持到需用时的费用加以权衡比较。

（四）生产能力外协生产

生产能力问题的另一个方面是如何满足所需的生产能力。投资与生产能力的比值随外协生产规模及设备利用率（如是实行单班制、两班制还是三班制）的不同而异。在需投入用于购置新设备的资金时，进行经济分析，从而决定零部件是自制还是外购就显得十分重要，所以在核定未来的生产能力时，有必要首先对自制与外购作出决策。一般而言，对于厂房和设备的人均投资额较大的工业部门，如钢铁、化学、石油加工等，采用多班制较为经济；而人均投资额为中等或较低水平的部门，由于多班制所导致的工资增加额超过了它所节省的投资，从经济角度来看并不合算，因而不宜采用多班制。

苏州轨道交通全自动运营生产管理模式
——以5号线为例

苏州轨道交通5号线作为苏州市第一条全自动运行线路，是按照自动控制等级为GoA4目标设计和建设的，其运营开通时全系统所有设备功能目标全部投入使用。考虑到既要充分发挥全自动运行的优势，又要尽可能规避运营风险，鉴于开通初期设备、人员、乘客和规章等方面的适应和磨合问题，苏州轨道交通5号线计划分阶段逐步从有人值守过渡到无人值守全自动运行管理模式；其目标是线路开通2年后实现UTO（无人值守的全自动运行）模式运营，并为后续全自动运行线路计划直接按UTO模式开通运营打下基础。

一、DTO阶段的运营生产管理模式

DTO即有人值守的全自动运行。苏州轨道交通5号线初期维持既有客运部门的管理模式，仅调整设备生产中心组织架构，并在既有运营生产管理模式的基础上进行岗位复合，优化调度岗位工作，整合维护保障部门业务。

1. 生产中心组织架构调整

（1）合并调度所。全自动运行系统的目标是实现列车在段场与正线区域全过程自动化运行，依靠中央调度进行高度集中控制，使正线与车场之间的信息交互更加密切，以进一步提高各项行车指标，实现灵活的运输组织方式。为此，将正线调度所与车场调度所合并为中央调度所，使调度管理更加扁平化，由控制中心进行统一调度。

（2）成立综合维修中心。汇集专业经验丰富的技术骨干，减少专业接口协调内容，将原传统有人驾驶线路工务通号中心与供电机电中心合并成立综合维修中心，以负责轨道、房建、供电、机电、通信、信号和自动化等专业的运营生产与技术管理；同时，为融合各车站设备专业巡视工作组建了综合巡视车间，为后期车站多职能队伍的组建打下良好基础。

2. 调度中心岗位融合

在传统有人驾驶线路上，列车发生故障或线路出现异常时，司机往往是整个行车任务序列的发起者。全自动运行系统中，司机在DTO阶段的任务是应急处置，而在UTO阶段其任务将被车站多职能岗位取代，中央调度成了任务序列的发起者与执行者。没有了司机这双现场的眼睛，调度岗位必须摒弃专业区分，强化对各部门的统一管理，提升协同联动能力，提高应急协作效率。

苏州轨道交通5号线全自动运行线路调度岗位新增了面向列车系统的车辆调度员与面向乘客的乘客调度员，将正线行车指挥、乘客服务、车辆监护、车场运营指挥及施工管理职能加以整合。行车调度员、乘客调度员、车辆调度员和车场调度员以团队的形式各司其职，各岗位之间定期轮岗、高效沟通以处理行车问题，把外部接口转变为内部接口，将正线与车场进行统一管理。同时，取消各专业车间调度岗位，各车间仅设1名生产管理员，OCC（运行控制中心）的调度命令直接进入班组，减少传递层级，进一步体现扁平化高效的管理优势。

3. 设备中心岗位融合

苏州轨道交通5号线设备中心主要包括车辆中心、综合维修中心。为体现全自动运行线路专业统筹及运作高效的特点，各专业自主维修员工应向专业技能深度化方向培养，委外专业监管员工应向专业技能广度化方向培养；并通过专业融合、空间融合等多种方式开展岗位融合，培养一岗多能员工队伍，以优化业务流程、提高作业效率与应急处理能力。

二、UTO阶段的运营生产管理模式

苏州轨道交通5号线UTO阶段最重要的变化是实现司机室无人值守的GoA4等级运行，司机退出列车驾驶室且职能发生变化。组织架构方面，将站务车间与乘务车间合并成立车务车间，将正线司机与值班站长岗位融合（负责应急情况下列车驾驶、正线列车巡视和客运服务等工作），并取消客运值班员岗位。

根据运营生产管理模式定位，正式将综合巡视车间整体划归新成立的车务车间管理；综合巡视班组成员分配到每个车站的站务班组；在原工作内容不变的基础上，整合部分客运服务工作（负责车站各专业设施设备的日常巡视、设备故障情况下的初期应急操作和客运服务等工作），正式组建正线多职能队伍。

（资料来源：苏州市轨道交通集团有限公司）

案例思考题 结合案例材料，探讨苏州轨道交通全自动运营生产管理模式的特点及优化建议。

项目训练

【训练内容】认知企业生产过程和生产能力。

【训练目的】通过对企业生产或服务过程的参观学习，进一步加深理解企业生产过程和生产能力等内容。

【训练步骤】

1. 学生每5人划分为一个小组，以小组为单位，选择一家本地制造类企业作为参观学习对象。

2. 事先收集和整理该企业业务内容、新闻报道等资料，根据实训内容梳理出该企业生产构成和生产能力的内容。

3. 结合参观学习内容，进行小组讨论，整理出该企业提高生产能力的优化建议，并制作PPT及电子文档进行汇报，完成实训报告。

实训报告格式如下：

_____实训报告		
实训班级：	项目小组：	项目组成员：
实训时间：	实训地点：	实训成绩：
实训目的：		
实训步骤：		
实训成果：		
实训感言：		
不足及今后改进：		
项目组长签字：	项目指导教师评定并签字：	

4. 班级小组讨论与交流，教师总结点评并进行成绩评定。小组提交案例分析报告。

自测题

1. 什么是生产运作管理？
2. 简述生产过程及生产过程组织的内容。
3. 简述生产作业计划及其任务。
4. 简述生产作业控制的步骤。
5. 生产能力如何核定？生产能力的调节因素有哪些？

【延伸阅读】

张志学，马力. 中国智造：领先制造业企业模式创新［M］. 北京：北京大学出版社，2022.

项目八 企业质量管理

【学习目标】

1. 掌握质量的概念和质量管理的概念、原则、发展阶段
2. 掌握企业质量管理体系的标准与质量认证
3. 知晓全面质量管理的概念、特点、方法
4. 了解企业质量文化的概念和意义

昆明地铁标准化管理体系建设

昆明轨道交通集团有限公司（以下简称"昆明地铁"）原为昆明轨道交通有限公司，于2008年12月由昆明市人民政府批准成立，2009年3月正式组建，2013年10月成立集团公司并正式挂牌运营。昆明地铁为市属国有独资公司，负责城市轨道交通项目的投资、融资、建设、运营、管理和资源开发。按照市委、市政府确定的"配资源、赋政策、公司化、市场化"运作模式，昆明地铁以轨道交通建设及运营管理为核心，以带动城市发展、完善城市功能为目标，以"成为现代城市生活引领者"为愿景，以"筑百年品质地铁，畅平安轨道交通"为使命，践行"敢于担当、敬业执着、拼搏创新"的企业精神，砥砺奋进，做好涉及城市轨道交通的各方面工作。

2012年2月8日，昆明地铁6号线开始试运行。2012年6月28日，昆明地铁6号线首期工程（机场线）正式通车。2013年5月20日，昆明地铁1号线首期工程南段开通试运营。2014年4月30日，昆明地铁1号线和昆明地铁2号线首期工程全线贯通，2017年8月29日，昆明地铁3号线、6号线一期工程开通载客试运营。2022年6月29日，昆明地铁5号线开通载客试运营，运营线路达到6条。截至2022年6月，昆明地铁在建项目有1号线西北延、2号线二期。昆明地铁通车里程达172.6千米。昆明城市

轨道交通远景规划线网全长 562 千米，由 14 条线路组成放射普线网 + 穿越快线的线网形态。

一、昆明地铁标准化管理现状

昆明地铁早在 2013 年就引入质量、环境和职业健康安全管理体系，形成一套三标合一的覆盖运营管理活动的管理体系，支撑着企业运营服务管理各项活动，但仅依靠三标的实施力度、精细程度、力量保障难以实现企业全面标准化管理，从目前制度实施现状来看，企业通过三标体系搭建的制度出现重叠、矛盾、内容庞杂、不精准等问题。同时，三标体系中未建立制度评审机制，导致现场工作安排部署多、解决实际问题少、制度制定多、精准执行少，致使制度的实用性、可操作性及必要性落实不够，这些都限制着企业经营及生产管理能效的突破。

二、昆明地铁标准化建设的必要性

1. 管理效率提升的需要

企业虽然通过三标体系推行在一定程度上实现了对运营的规范化管理，但体系长期独立运行，管理流程增多，有的流程重叠并行或互相矛盾，造成工作重复或会议频率增加等问题，质量和效果不太理想。企业的高层、中层和基层管理人员与员工花费大量精力学习各种制度、文件，填写多种报表，参加各类管理会议，致使整体工作效率下降。通过企业标准体系建立对管理现状进行梳理，搭建出符合企业实际的标准体系，可以在管理机制、流程、制度上有效整合，实现管理体系的升级。

2. 体系持续优化的需要

优质的标准体系具有全面性和前瞻性，企业管理体系如果要迈上新台阶，则需标准体系逐级下沉，这要求企业在现有基础上，搭建标准体系规划图，具有满足企业发展需求的标准体系顶层规划，实现从战略到实施、从宏观到微观、由繁到简、由简到精的标准体系转型升级，切实获得标准推行带来的巨大收益，同时也能让各级人员便捷、准确地获取精准的执行标准，并形成有效的标准化检查机制，凝聚企业力量，共同推进标准落地。

3. 服务品质升级

昆明地铁通过标准化手段提升服务品质，促成企业管理高效、生产有序、职责明确和行为规范，并树立了具有典型地铁运营服务特色的公共服务品牌形象。企业在服务质量、运营组织、设备维护、安全保障、应急管理等方面不断改进、完善，积极探索跨区域轨道交通服务的新方式、新途径、新规范，开辟可复制推广的标准化跨区域轨道交通经验。

三、昆明地铁标准化体系设计及建立

昆明地铁通过对现状的调查和分析研判，在企业构架评估和优化、部门和岗位定责定岗的基础上，根据企业的战略和目标设计标准综合体，利用标准化方法，融合现有管理体系，做到管理资源配置优化，形成一个包括三标、安全及运营服务等管理体系在内的完整的管理框架，建立科学合理、层次分明、满足企业发展需要的标准体系实施框架。根据企业标准体系实施要求，昆明地铁在分析相关方需求和期望的基础上，结合企业标准化管理现状，以企业标准化规划、方针、目标为指引，建立企业标准体系，包括服务通用基础标准体系、运营服务提供标准体系、服务保障标准体系、岗位工作标准体系。

［案例改编自：① 昆明轨道交通集团公司官网 http：//www.kmgdgs.com/；② 钱艳春.轨道交通运营企业标准化管理体系建设思考：以昆明地铁为例［J］.中国标准化，2021（10）.］

［**案例思考题**］结合案例材料，想一想：昆明地铁标准化建设运用了哪些质量标准？

任务一 质量与质量管理

一、质量与质量管理的概念

（一）质量的含义

一般意义上的质量是指企业最终产品或服务的质量，即产品或服务满足规定或潜在需要的特征和特性的总和。广义的质量除了产品或服务的质量，还包括产品或服务形成过程中的工序质量和工作质量。

1. 产品质量

产品质量包括性能、耐久性、可靠性、安全性、经济性和外观六个方面。

（1）性能是指产品满足使用目的所具备的技术特性，如产品的物理性能和化学成分，电视机的清晰度等。

（2）耐久性是指产品的使用寿命，如彩色电视机显像管的使用时间。

（3）可靠性是指产品在规定的时间和条件下完成规定任务的能力，即产品实现满足用户要求的能力。常用的衡量指标有工作时间、工作次数、平均故障率等。

（4）安全性是指产品在操作或使用过程中对使用者和周围环境安全、卫生等的保证程度。

（5）经济性是指产品寿命周期总费用的大小。一般用使用成本、寿命周期成本等表示。

（6）外观是指产品的造型、色泽、包装等外在质量特性，如汽车车身的大小、颜色、车座设计是否舒适等。

产品不同，对质量要求的表现也不同，所以产品质量的重点在于"产品的适用性"，这是美国著名质量管理专家朱兰博士从用户观点出发所做的定义。例如，电视的质量表现为清晰度、稳定性、安全性等，洗衣机的质量表现为洗净度、磨损率、噪声等，服装的质量表现为款式、实用性、舒适性等。

2. 工序质量

工序质量是指由操作者、原材料、机器设备、加工方法、工作环境等综合作用下形成的产品质量。工序质量对产品质量起着直接的影响作用。

3. 工作质量

工作质量是指企业的管理工作、技术工作和组织工作达到产品质量标准的保证程度，指企业各方面工作的质量水平。企业生产经营过程是一个有机整体，只有当领导工作、组织管理工作、生产技术工作等管理工作的质量得到全面提高，才能保证生产过程各道工序的质量，从而提高产品质量。工作质量的高低取决于人的素质。

从上述可以看出，产品质量是由工序质量决定的，工序质量受工作质量的影响，工作质量是由人的素质决定的。提高产品质量，关键是提高人的素质。

（二）质量管理的含义

质量管理是企业为了达到产品或服务质量标准而采取的一系列管理活动，包括质量调查、计划、组织、协调、控制检查、处理、信息反馈等活动。质量管理分为质量保证和质量控制两个方面。质量保证是企业对用户的质量承诺，质量控制是指企业为了保证产品或服务质量采取的技术方法和有关活动，质量控制是质量保证的基础。

（三）全面质量管理的含义

全面质量管理是指企业以质量为中心，以全员参与的形式，运用各种管理思想、方法和手段建立质量控制系统的一种现代质量管理模式，通过建立产品的研究、设计、生产和服务全过程的质量体系，有效利用人力、物力、财力、信息等资源，提供出符合规定要求和用户满意的产品或服务质量。

二、质量管理原则

（一）底线原则

底线原则是指企业应构建质量管理的底线，在质量管理中不逾越底线。2022年"3.15"晚会所展现的"土坑酸菜"等制假贩假和欺骗消费者的事件，都是企业不遵守质量管理原则所表现出的毫无底线的行为，这样的企业终将被消费者和市场所痛恨、抛弃。企业在质量管理方面丧失底线的行为一旦曝光，不仅企业会陷入"万劫不复"的境地，企业管理者还会因触犯法律而承担刑事责任。

遵守底线原则，应做好三件事。第一，配置资源，也就是配置检测设备、相应人员等资源,以便开展必要的质量管理工作。开展质量管理工作需配置必要的资源,否则即便有心不逾越底线,实际也很难保证。第二,满足要求,将满足客户的合理要求当作底线,给客户许下的承诺就应该做到,若做不到应事先与客户沟通,绝不能欺骗客户。第三,防止事故,一起质量事故会给企业带来难以估量的损失。从已经曝光的质量丑闻来看,弄虚作假是质量事故的第一源头。

小贴士

"3.15" 晚会

"3.15" 晚会是由中央广播电视总台联合有关部门为维护消费者权益在每年3月15日晚共同主办并现场直播的一台公益晚会。它唤醒了消费者的权益意识,成为规范市场秩序、传播国家法规政策的强大平台。专题调查、权威发布等都成为广大观众最期待的节目亮点。"3.15" 晚会已成为一个符号,成为亿万消费者信赖的舆论阵地,成为国家有关部委规范市场秩序的重要力量,"3.15" 也从一个简单的数字变成了维护消费者权益的代名词。

(二)早鸟原则

早鸟原则是指出现质量问题时,发现得越早,损失就越小。纠错要趁早,就像穿衣服时如果第一颗纽扣就扣错了,扣到最后一颗才发现,就等于做了无用功,浪费了很多时间。

遵循早鸟原则一般需做到两点:一是暴露问题;二是源头控制。暴露问题是指有问题不要隐藏,否则问题会"越捂越大"。源头控制主要有两个方面:一方面是指原材料,即确保原材料的质量稳定可靠;另一方面是指样品制作阶段,这是暴露问题的好时机,绝大部分的设计问题、工艺问题可以在样品制作阶段被识别出来,此时加以改善,就能够确保量产阶段的质量稳定性。

(三)稳定原则

稳定原则是指推进工艺及作业的标准化,构造稳定状态。企业稳定生产的能力是一种确保产品品质的能力。这常常是企业品质管控的核心能力,企业间品质管控能力的差距常常体现在对"一致性"的管控上。

要遵循稳定原则,需要管控好"4M1E"。"4M1E"即 Man、Machine、Material、Method、Environment 的首字母缩写,也就是员工、机器、材料、方法、环境。要确保生产品质,就需要有训练有素的作业员工、状态良好的设备、质量稳定的材料、恰当的作业方法以及适宜的作业环境,在此基础上,推进工艺及作业的标准化,从而达成稳定原则。质量管理的过程,就是以4M1E为基础的工艺及作业的标准化和不断优化的过程。

三、质量管理的发展阶段

（一）质量检验阶段

质量检验阶段是从 20 世纪初到 20 世纪 40 年代。20 世纪初，"科学管理之父"泰勒明确提出将质量检验作为一道工序，从产品生产过程中独立出来。质量管理的职能由操作者转移给工长，是"工长的质量管理"。随着企业生产规模的扩大和产品复杂程度的提高，产品有了技术标准和技术条件，工长制度也日趋完善，各种检验工具和检验技术也随之发展，大多数企业开始设置检验部门，有的直属于厂长领导，这时是"检验员的质量管理"。质量检验的目的是避免次品和废品进入流通领域和消费领域，这对提高产品的质量有一定的推动作用，但它属于事后检验的质量管理方式。

（二）统计质量管理阶段

统计质量管理阶段是从 20 世纪 40 年代到 60 年代。这一阶段的主要特点是运用统计方法，找出产品质量的规律，对产品生产过程各工序进行严格控制，从而保证产品质量。与质量检验阶段相比，把事后检查结果改变为在生产过程中寻找影响质量的因素，进行过程控制。但统计质量管理过分强调统计工具，忽视了人的因素和管理工作对质量的影响。

（三）全面质量管理阶段

这一阶段从 20 世纪 60 年代开始。全面质量管理是在统计质量控制的基础上进一步发展起来的。它重视人的因素，强调企业全员参加，全过程和各项工作都要进行质量管理。随着科学技术的进步、企业生产的迅猛发展、社会生活条件的改善，用户对质量的要求越来越高，而产品质量的形成过程也更加复杂，原来的质量检验和统计管理方法，不能适应发展的要求，必须运用系统的观点建立质量管理体系对与产品质量有关的所有因素进行全面控制，才能进一步提高产品质量，于是诞生了全面质量管理。1961 年美国通用电气公司的费根堡姆等人提出了这一新概念。全面质量管理在日本得到很大的发展，日本虽然资源贫乏，却依靠它在 20 世纪 60 年代和 70 年代实现了经济腾飞，创造了超常规发展的奇迹。中国自 1978 年开始推行全面质量管理，并取得了一定成效。

任务二　质量管理体系标准与质量认证

一、ISO 9000 系列标准

（一）ISO 9000 系列标准发展历程

ISO 是国家标准化组织的简称。为适应经济全球化发展的需要，预防在国际贸易中利用质量认证制造技术壁垒，由国家或政府认可的组织 TC176（ISO 中的第 176 个技术委员会）全称"品质保证技术委员会"，以 ISO 9000 系列质量标准为依据，进行第三方认证活动。该系列标准发布后，立即得到世界各国的积极响应和普遍重视，得到了国际社会和许多生产组织的认可和采用，以绝对的权力和威信保证公开、公正、公平及相互间的充分信任。其系列标准发展历程如下：

1980 年，"质量"一词被定义为企业运作及绩效中所展现的组织能力，导致一些行业标准与国家标准的产生，而由于跨国贸易的逐渐形成，跨行业、跨国度新标准也呼之欲出。

1986 年 6 月，在总结世界各国质量管理经验的基础上，TC176 正式发布了 ISO 8402《质量管理和质量保证——术语》国际标准，并在 1987 年 3 月正式发布 ISO 9000 系列标准。

1987 年 6 月，ISO 在挪威奥斯陆举行第六次大会，代表一致同意将 TC176 改名为"质量管理和质量保证技术委员会"。

1992 年，中国等同采用 ISO 9000 系列标准，形成 GB/T1 9000 系列标准。欧共体提出欧共体内部各国企业按照 ISO 9000 系列标准完善质量体系，美国把它作为"进入全球质量运动会的规则"。

1994 年国际标准化组织 ISO 修改发布 ISO 9000 – 1994 系列标准，世界各大企业如德国西门子公司、日本松下公司、美国杜邦公司等纷纷通过了认证，并要求它们的供方通过 ISO 9000 认证。

1996 年，中国政府部门如电子部、石油部、建设部等逐步将通过 ISO 9000 认证作为政府采购的条件之一，从而推动了中国 ISO 9000 认证事业的迅速发展。

2000 年，国际标准化组织 ISO 修改发布 ISO 9000 系列 – 2000 系列标准，更适应新时期各行业质量管理的需求，且该标准于 2008 年、2015 年进行了修订。

（二）ISO 9000 系列标准的内容

ISO 9000 系列标准是通用的标准，是得到世界各国普遍承认的一种规范。ISO 9000

系列标准分为五个组成部分：ISO 9000、ISO 9001、ISO 9002、ISO 9003、ISO 9004。分别介绍如下：

ISO 9000，《质量管理和质量保证——选择的使用指南》，它主要阐述在选择和使用系列标准中的一些问题。

ISO 9001，《质量体系——设计/开发、生产、安装和服务的质量保证模式》，包括企业全部活动的总标准，该模式要素最多，所需费用也最多。

ISO 9002，《质量体系——生产和安装的质量保证模式》，该模式要求供方提供具有保证产品制造和安装服务过程质量能力的足够证明，所包括的要素要少一些，所需投入的费用中等。

ISO 9003，《质量体系——最终检验和试验的质量保证模式》，该模式要求供方提供保证出厂的每个产品都经过严格的检验或试验的足够证据，该模式包括的要素最少，所需费用也最少。

ISO 9004，《质量管理和质量体系要素指南》，它主要阐述质量管理和质量体系目标。

国际标准化组织

国际标准化组织（International Organization for Standardization）简称ISO，是一个全球性的非政府组织，是国际标准化领域中一个十分重要的组织。ISO成立于1946年，当时来自25个国家的代表在伦敦召开会议，决定成立一个新的国际组织，以促进国际合作和工业标准的统一。于是，ISO这一新组织于1947年2月23日正式成立，总部设在瑞士的日内瓦。ISO于1951年发布了第一个标准——工业长度测量用标准参考温度。ISO的任务是促进全球范围内的标准化及其有关活动，以利于国与国之间产品和服务的交流，以及在知识、科学、技术和经济活动中发展国际合作。它显示了强大的生命力，吸引了越来越多的国家和地区参与其活动。

（三）实施ISO 9000系列标准的意义

1. 有利于强化企业质量管理，提高企业效益

质量是产品进入市场非常关键的一个因素。优良的产品质量来源于优质的工作质量和服务质量，优质的工作质量要靠质量保障体系。通过ISO 9000系列标准，建立企业质量管理体系，全面提高企业质量管理水平，提高经营效果，保证企业目标的实现。

2. 节省第二方审核的精力和费用

在现代贸易实践中，第二方审核早就成为惯例，并逐渐暴露出其弊端：一方面，供

方通常要为许多需方供货，第二方审核无疑会给供方带来沉重的负担；另一方面，需方也需支付相当的费用，同时还要考虑派出或雇佣人员的经验和水平问题，否则，花了费用也达不到预期的目的。而 ISO 9000 认证可以避免这样的弊端。因为作为第一方的生产企业申请了第三方的 ISO 9000 认证并获得了认证证书以后，众多第二方就不必要再对第一方进行审核了，这样，不管是第一方还是对第二方，都可以节省很多精力和费用。

3. 有利于维护用户的利益

企业质量管理的直接目的，就是生产出用户满意的产品。通过实施 ISO 9000 系列标准，建立企业质量管理体系，全面提高企业质量管理水平，对保证和提高产品质量，维护用户的利益，具有决定性的意义。

4. 有利于企业的质量管理和国际惯例接轨

在经济全球化的过程中，企业的涉外商品会越来越多，在激烈的市场竞争中，企业的质量管理和其他很多方面都必须按国际惯例来做。因此企业只有贯彻执行 ISO 9000 系列标准，建立适合国际市场的质量管理体系，才能拥有在国际市场的通行证。

5. 有利于国际经济合作和技术交流

ISO 9000 是一个国际标准，世界上绝大多数国家都发布了等同采用该标准的国家标准，这为各国经济上的交往和技术上的合作提供了重要的标准，避免在国际贸易中利用质量认证制造技术壁垒，推动世界经济的交流与发展。我国积极贯彻 GB/T 19000 系列标准，是支持我国企业积极占领国际市场的一项重大举措。

二、质量管理体系的建立和试运行

（一）质量管理体系的建立

我国企业质量管理体系工作开展相对较晚，最早是在机械加工和纺织企业中开展，后来逐步推行到包括建筑业在内的其他各行业的企业中。按照 ISO 9000 系列标准建立质量管理体系，对企业具有非常重要的意义，在世界经济一体化进程中越来越重要。按照 GB/T 19000 – ISO 9000 系列标准建立质量管理体系，一般要经历以下六个步骤。

1. 企业领导决策

建立质量管理体系是涉及企业内部很多部门的一项工作，只有管理者充分认识到建立质量管理体系的重要性，决定建立质量管理体系之后，这项工作才可能开展。

2. 编制工作计划

包括培训教育、体系分析、职能分配、配备设备等内容。

3. 分层次教育培训

组织学习 GB/T19000 – ISO 9000 系列标准，详细研究与本职工作有直接联系的要素，提出控制要素的办法。

4. 分析企业的特点

结合本企业的特点和具体情况，确定采用哪些要素和采用程度。

5. 落实各项要素

在选好合适的质量管理体系要素后，要制订实施二级要素所必需的质量活动计划，并把各项质量活动落实到具体的部门和个人。

6. 编制质量管理体系文件

质量管理体系文件按作用分为法规性文件和见证性文件两类。法规性文件是用于决定质量管理的原则，阐述质量管理体系的构成，明确有关部门和个人的质量职能，规定各项活动的目的、要求、内容和程序的文件。见证性文件是用于表明质量管理体系的运行情况和证实其有效性的文件，是质量管理体系的见证。

（二）质量管理体系的试运行

质量管理体系文件编制完成后，按规定权限进行发布，质量管理体系即进入试运行阶段。试运行的目的是检查质量管理体系文件的有效性和协调性，检查质量管理体系文件是否符合企业实际情况，是否可操作，并对暴露出来的问题采取措施进行纠正和改正，以达到进一步完善质量管理体系文件的目的。

在企业质量管理体系试运行阶段应做的重点工作是人员培训、组织协调和信息管理工作。

三、产品质量认证

（一）产品质量认证概述和分类

认证是指由授权机构出具的证明。产品质量认证是指由第三方即认证机构依据程序对产品或服务是否符合特定标准或其他技术规范进行审核和评定。第一，认证的对象是产品或服务的质量；第二，认证方法是颁发认证证书或认证标志；第三，认证单位是第三方认证机构；第四，认证基础是认证机构制定的各种标准。

按认证性质分，可分为安全认证和合格认证。安全认证是一种强制性认证，是对关系到国计民生的重要产品、有关人身安全和健康的产品或服务的质量进行认定。合格认证是指必须符合《中华人民共和国标准化法》规定的国家标准或行业标准的要求。

按认证范围分，可分为国家认证、区域认证和国际认证。国家认证是指各国对国内产品实行的认证。区域认证是指由若干个国家和地区，按照自愿的原则自行组织起来，按照共同认定标准或规范进行审核和评定。国际认证是指参与国际标准化组织（ISO），按照 ISO 标准进行的认证。

（二）我国的产品质量认证制度

我国产品质量认证制度的发展大致可以分为四个阶段：

第一阶段，认证工作起步阶段（1978—1991年）；

第二阶段，认证工作全面推行阶段（1991—2001年）；

第三阶段，统一的认证制度建立和实施阶段（2001—2018年）；

第四阶段，新时代高质量发展阶段（2018年至今）。

我国常见的认证制度主要有强制性产品认证（CCC）、有机产品认证、质量管理体系认证、环境管理体系认证、职业健康安全管理体系认证、食品安全管理体系认证、能源管理体系认证、节能节水产品认证、绿色市场认证、养老服务认证、家庭服务认证、教育服务认证等，其中除强制性产品认证（图8-1）外，其他均为自愿性认证。

《中华人民共和国产品质量认证管理条例》是我国产品质量认证的法制文件，要点如下：

（1）国务院标准化行政管理部门统一管理全国的质量认证工作。

（2）产品质量认证委员会负责认证工作的具体实施。产品质量认证委员会由国务院标准化行政管理主管部门直接设立，或授权国务院其他行政部门设立，由各有关部门专家组成。

图8-1　强制性产品认证

（3）企业若有国家标准或行业标准的产品，可向有关产品质量认证委员会申请认证。

（4）产品质量认证分为安全认证和合格认证。

（5）对已获认证的产品和企业实行定期法定的检查监督。

（6）我国质量认证机构主要有中国方圆标志认定委员会、中国电子元器件质量认证委员、中国电工产品认证委员会。

中国方圆标志认证委员会（CQM）成立于1991年9月17日，是由国家技术监督局直接设立的第三方国家认证机构。认证范围包括有形产品和无形产品，认证标志为方圆标志，分为安全认证和合格认证。

中国电子元器件质量认证委员会（QCCECC）成立于1981年4月，其认证范围主要是电子元器件。

中国电工产品认证委员会（CCEE）成立于1984年10月，其认证范围为家用电器、电动工具、电缆等。

四、企业质量管理体系的认证

按ISO制定的有关标准规定，企业质量认证包括以下五个步骤：

第一步，申请。企业按ISO 9000系列标准建立质量管理体系，待运行正常、稳定后就可以向认证机构申请认证。这个阶段是企业质量认证的关键阶段。申请提交的文件包括质量手册和质量管理体系认证的产品范围。质量手册是用来描述供方申请注册的质量管理体系满足了相应质量管理体系标准的要求，以及有关补充文件的要求（必要时）。企业只有切实按 ISO 9000 系列标准建立质量管理体系并有效运行，才能使建立的质量管理体系符合 ISO 9000 系列标准。

注册认证机构收到企业的申请书和必要文件之后，经初审决定是否受理，并通知供方。

第二步，质量管理体系审核。由审核组负责质量管理体系的审核，包括审查供方质量手册等文件和实施审核。实施审核是证实供方相应产品的有关质量管理体系与相应质量管理体系标准的符合性，通过审核提交审核报告。

第三步，注册的审批。注册认证机构根据审核组提供的审核报告及其他有关信息，决定是否批准注册。

第四步，注册发证。注册认证机构向核准注册的供方颁发注册证书，将供方有关信息列入注册名录予以公布。

第五步，监督。注册认证机构定期监督审核供方质量管理体系的实施，确认供方质量管理体系持续符合规定的要求，各项质量活动仍能得到有效控制。

企业必须按通过质量管理体系运行，才能提高和保证产品的质量，才能适应认证机构对企业质量管理体系和产品质量的监督管理。由此可见，质量认证不是一项阶段性的工作，而是一项长期工作。

小贴士

中国质量奖

中国质量奖是由我国政府部门组织评选的最高质量类奖项，具有权威性和公正性，由国家市场监督管理总局提出、国务院批准设立，经自愿申报、形式审查、材料评审、专家审议、陈述答辩、现场评审、评选表彰委员会全体会议投票、总局局长办公会审核等环节产生。

中国质量奖是中国质量领域的最高荣誉，于 2012 年经中央批准设立，每两年评选一次。中国质量奖旨在推广科学的质量管理制度、模式和方法，促进质量管理创新，传播先进质量理念，激励引导全社会不断提升质量，推动建设质量强国。中国质量奖评选表彰工作由国家市场监督管理总局负责组织实施。

［资料来源：周健奇. 中国质量奖的评价特点及要素［J］. 中国质量监管，2021（9）.］

任务三　全面质量管理

一、全面质量管理的含义和特点

（一）全面质量管理的含义

全面质量管理就是企业全体员工及有关部门同心协力，把专业技术、经营管理、数理统计和思想教育结合起来，建立起产品的研究、设计、生产、服务等全过程的质量体系，从而有效地利用人力、物力、财力、信息等资源，提供出符合规定要求和用户期望的产品或服务。

推行全面质量管理对保证和提高产品质量，改善经营管理，提高企业员工的素质和企业的经济效益，促进企业管理现代化具有十分重要的意义。全面质量管理的基本核心是提高人的素质，调动人的积极性，通过抓好工作质量来保证和提高产品质量。

（二）全面质量管理的特点

全面质量管理的特点可归纳为"三全"。

1. 全面质量管理是要求全员参加的质量管理

产品质量是企业各个生产环节、各个部门全部工作的综合反映。企业中任何一个环节、任何一个人的工作质量都会在不同程度上直接或者间接地影响着产品质量。因此，必须把企业所有人员的积极性和创造性充分调动起来，不断提高人的素质，上自厂长，下至工人，人人关心产品质量，人人做好本职工作，全体参加质量管理，只有经过全体人员的共同努力，才能生产出用户满意的产品。

2. 全面质量管理的范围是产品质量产生、形成和实现的全过程

全过程的质量管理是从产品的研发、设计到生产、服务的全部有关过程的质量管理。任何一个产品的质量，都有一个产生、形成和实现的过程。要保证产品质量，不仅要做好生产或作业过程的质量管理，还要做好设计过程和使用过程的质量管理。把与产品质量有关的全过程各个环节都加以管理，形成一个综合性的质量体系。做到预防为主，防检结合，重在提高。为此，全面质量管理必须体现以下两种思想：

（1）以预防为主，不断改进的思想。优良的产品质量是设计和生产制造出来的，而不是靠事后检验出来的，因为事后的检验已经面对着产品质量的既成事实。根据这一基本道理，全面质量管理要求把管理工作的重点从"事后把关"转移到"事先预防"上来。从管结果变成管因素，实行"预防为主"的方针，把不合格产品消灭在它的形成过程之中，做到"防患于未然"。因此，在生产过程中要采取各种措施，把影响产品

质量以及可能造成废、次品的有关因素都控制起来，形成一个能够稳定生产优质产品的质量体系。同时还要树立不断发现的意识，不断改进产品质量，这样才能满足人们物质和文化生活不断提高的需要。

（2）为用户服务的思想。用户有内部与外部之分：外部的用户可以是市场中的顾客及产品的经销者、消费者或再加工者；内部的用户即是企业工序之间的下道工序。实行全过程管理，要求企业所有工作环节都必须树立为用户服务的思想。在企业内部，要树立"下道工序就是用户""努力为下道工序服务"的思想。现代工业生产一环扣一环，前道工序的质量会影响后道工序的质量。因此，要求每道工序的质量都要经得起下道工序"用户"的检验，满足下道工序的要求。有些企业开展"三工序"活动：复查上道工序的质量，保证本道工序的质量，坚持优质、准时为下道工序服务。这就是为用户服务思想的具体体现。只有每道工序在质量上坚持高标准，为下道工序着想，为下道工序提供最大的便利，企业才能目标一致，生产出符合要求和用户期望的产品。

3. 全面质量管理要求的是全企业的质量管理

"全企业"就是要求企业各管理层次都有明确的质量管理活动内容。每一个企业中的质量管理，都可以分为上层、中层和基层的质量管理，其中每一个层次都有自己质量管理活动的重要内容。上层管理侧重于质量决策，制定出企业的质量方针、质量目标、质量政策和质量计划，并统一组织、协调企业各部门、各环节、各类人员的质量管理活动，保证实现企业经营管理的最终目的；中层管理则要实施领导层的质量决策，运用一定的方法找出各部门的关键、薄弱环节或必须解决的重要事项，再确定出本部门的目标和对策，更好地执行各自的质量职能，对基层工作进行具体的业务管理；基层管理则要求每个员工都严格地按照标准、规章制度进行生产，完成上级分配或下达的工作任务，相互间进行合作，互相支持协助，并结合岗位工作不断进行作业改善。这样，一个企业就组成了一个完整的管理系统：企业的方针目标自上而下一级一级地层层展开，纵向到底，横向到边，展开到全企业的所有部门、环节；然后，每个环节、部门再根据自己的实际情况，努力完成各自的工作以实现方针目标，来一个自下而上一级一级的层层保证，每个基层部门都达到或者超过了各自的目标值，最后就保证了上层质量目标的实现。

▶ 三、全面质量管理方法的原则

随着现代科学技术的发展，对产品质量和服务质量提出越来越高的要求，影响产品质量和服务质量的因素也越来越复杂：既有物质的因素，又有人的因素；既有技术的因素，又有管理的因素；既有企业内部的因素，又有企业外部的因素。要把这一系列的因素系统地控制起来，全面管好，就必须根据不同情况，区别不同的影响因素，广泛、灵活地运用各种现代化管理方法。

采用全面质量管理方法的原则有以下几点。

(一) 尊重客观事实，尽量用数据说话

在质量管理过程中，要坚持实事求是，科学分析，尊重客观事实，尽量用数据说话。因为真实的数据既可以定性反映客观事实，又可以定量描述客观事实，给人以清晰明确的数量概念，就可以更好地分析问题、解决问题，纠正过去那种"大概""好像""也许""差不多"的凭感觉、靠经验、"拍脑袋"的工作方法。用数据说话，就要灵活运用各种数理统计方法，如后面介绍的排列图法、直方图法、控制图法、相关图法等。运用这些数理统计方法时，一定要注意因地制宜，尽量简化，可用简单的方法解决的问题，就不必应用复杂的方法，切忌追求所谓的"高级""深奥"和神秘化。这样，用事实和数据说话，灵活运用各种数理统计方法，就可以养成科学的工作作风，把质量管理建立在科学的基础上。

(二) 广泛地运用科学技术的新成果

全面质量管理是现代科学技术和现代大生产发展的产物，所以应该广泛地运用科学技术的最新成果，如先进的专业技术、检测手段、电子计算机以及系统工程、价值工程、网络计划、运筹学等先进的科学管理方法等。

(三) 遵循 PDCA 循环的工作程序

这是科学管理的基本方法，进行任何活动都必须遵循计划（P）、执行（D）、检查（C）、总结（A）这一套科学的工作程序，使其不断循环、不断提高。这是行之有效的科学方法，不仅适用于质量管理，也适用于其他方面的管理。

PDCA 循环

1. PDCA 循环的概念

质量管理通常按照 PDCA 循环方式运行。PDCA 循环是一种科学的质量管理方法和工作程序，它分为四个阶段、八个步骤，周而复始地运转。见图 8-2。

（1）P（Plan）阶段，即策划阶段，分为四个步骤。

第一步：分析现状，找出存在的质量问题。

第二步：分析产生质量问题的各种原因或各种影响因素。

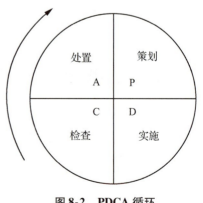

图 8-2　PDCA 循环

第三步：找出影响质量的主要原因或影响因素。

第四步：针对主要原因或影响因素，制定质量改善措施，并预计效果。

这个阶段在全面质量管理工作流程中是最重要的一个阶段，其主要任务是分析问题，找出原因，制定改进措施。原因准确，措施得当，才能保证后续工作的效果。为保证做到这一点，必须反复明确以下几个问题：

① 为什么制订这样的计划（Why）？

② 计划的目的是什么（What）？

③ 由谁组织实施计划（Who）？

④ 在什么地方实施计划（Where）？

⑤ 在什么时候实施计划（When）？

⑥ 怎样实施计划（How）？

通常把以上六个方面简称为"5W1H"。

（2）D（Do）阶段，即实施阶段。这个阶段就是贯彻执行质量计划。实施阶段只有一个步骤，即第五步：按制定的措施去实施或执行。

（3）C（Check）阶段，即检查阶段。这个阶段要求将实施情况与计划对比，及时发现问题，分析原因，采取措施纠正偏差，保证计划目标的实现。检查阶段也只有一个步骤，即第六步：检查计划实施或执行的效果。

（4）A（Action）阶段，即处置阶段。这个阶段的目的是总结经验，找出差距，把遗留问题转入下一循环。处置阶段有两个步骤：第七步，总结经验；第八步，处理遗留问题。

2. PDCA 循环的特点

质量管理按 PDCA 循环运行，有三个特点。

（1）按序转。PDCA 循环四个阶段是有序的、完整的，同时每个循环过程的处理阶段就是下一循环过程计划阶段的前提条件，这样周而复始地运行，永不停止。

（2）步步高。PDCA 循环每经过一个循环就解决一两个问题，通过循环不断提高工作质量，保证产品质量稳步上升。

（3）环套环。PDCA 循环是大环套小环的循环模式，如，整个企业的质量管理循环可以看成一个大环，分公司的质量管理循环可以看成一个中环，受控于大环，而车间的质量管理循环可以看成一个小环，受控于中环，班组和个人的质量管理循环则是更小的环。也可以按生产过程或其他管理对象组成大环套小环的循环模式，这种环套环的关系是大环套小环的依据，小环套大环的具体内容和保证；大环控制小环转动，小环推动大环转动。

 **小故事**

质量管理大师——戴明

1947年，威廉·爱德华兹·戴明（William Edwards Deming）接受盟军最高指挥部的征召，赴日本帮助当地的战后重建。戴明到日本的本来意图，是指导日本人进行人口普查，讲授统计与质量管理方面的知识。1950年，戴明受日本科技联盟邀请在日本四大城市授课，可能是吸取了在美国的经验教训，戴明在日本的讲座不再突出他擅长的统计学，而是突出质量管理。

在东京授课时，面对控制着日本80%资本的最有实力的21位企业家，戴明强调："大多数的质量问题是管理者的责任，不是工人的责任，因为整个愚蠢的生产程序是由管理者制定的，工人被排除在外。"同时，他指出："如果能争取一次把事情做好，不造成浪费，就可以降低成本，而毋须加大投入。"

日本人最关心的是战后恢复和崛起，他们问戴明：要把日本由一个制造劣质低档产品的国家转变为能生产高质量产品、在国际市场上具有竞争优势的国家，需要多长时间？戴明预言："只要运用统计分析，建立质量管理机制，5年后日本的产品质量就可以超过美国。"果然，日本的产品质量总体水平在4年后（约1955年）就超过了美国，到20世纪七八十年代，不仅在产品质量上，而且在经济总量上，日本工业都对美国工业造成了巨大的挑战。

由此开始，戴明成了日本的"质量管理教父"。在随后的30年间，戴明在日本各地举办质量管理培训讲座，传授他的管理思想。

［资料来源：昀熙. 戴明：质量管理的一代宗师［J］. 现代企业文化，2014（1）.］

任务四　企业质量文化

一、企业质量文化概述

（一）企业质量文化的概念

企业质量文化是指企业和社会在长期的生产经营中自然形成的一系列有关质量问题的意识、规范的价值取向、行为准则、思维方式以及风俗习惯。其核心内容即质量理念、质量价值观、质量道德观、质量行为准则。

企业质量文化由以下四部分构成：

(1) 质量物质文化。它指的是产品和服务的外在表现，包括质量工作环境，产品加工技术，设备能力，资产的数量、质量与结构，科学与技术水平，人力资源状况等等。

(2) 质量行为文化。包括质量管理活动、宣传教育活动、员工人际关系活动中产生的文化现象。从企业人员的结构看，包括领导干部的领导行为文化、企业员工的群体行为文化、质量队伍的专业行为文化。

(3) 质量制度文化。它是约束员工质量行为的规范文化，包括质量领导体制、质量组织机构、质量保证体系、质量奖励与管理制度等。

(4) 质量精神文化。它是质量文化的核心文化。包括质量文化理念、质量价值观、质量道德观、质量行为准则。

(二) 构建企业质量文化的意义

构建企业质量文化的意义在于：第一，文化引导着员工们的行为，大家乐于朝一个共同的目标努力；第二，因为自律以及具有良好的意识，所以可以大幅度地削减管理成本与不良成本；第三，质量文化有助于企业长期、稳定地发展。

企业质量文化建设是现代质量管理理论和实践的发展，是高层次的质量经营策略和战略，更是企业开展内部整合，创造双赢的有效途径，所以必须把培育和建设独具特色的企业质量文化，作为深入贯彻国务院《质量发展纲要（2011—2020 年）》的有力措施，以促进企业整体素质和质量管理水平的不断提高。可以看出，虽然质量文化建设是个新概念，但其实质并不深奥，它是企业政工部门与质量部门战略性的结合，是思想政治工作进入质量领域的一种创新。它在企业内是可行的，并且一旦形成风气，将为企业带来巨大的经济效益和社会效益。

二、企业质量文化的六要素

企业质量文化的六个要素是：质量规划、质量文件体系、质量教育、质量活动、标语口诀、质量可视化。

(一) 质量规划

质量规划的目的是明确质量工作的方向及聚焦点。所谓聚焦点，是指今后一段时间内质量工作应聚焦在何处，如优化新产品的质量管理、提升员工的质量意识等，聚焦点将会形成今后工作的重点。

质量规划不仅要明确质量方针、质量目标，还应明确未来 1—3 年的工作路线。质量规划是全体人员的契约，后续质量工作将依照规划展开。

质量规划可由质量部门制定，由企业高层批准。质量目标制定的参考因素有：第一，自身的设备工艺水平；第二，自身人员状况及管理水平；第三，同行业企业的质量水平；第四，客户的期望；第五，自身的发展规划。

除了质量方针、质量目标,质量规划的另一项事务就是明确未来1—3年的工作路线,这种工作路线可以是图示的形式,也可以是表格的形式,主要用于明确应具体做些什么事情来达成目标。

为了增强工作路线的落地性,需要注意以下四点:第一,明确当前的问题,使工作路线着力于问题的解决;第二,明确客户的需求、期望以及可能扩张市场的要求;第三,明确相关资源以及具体的推进步骤;第四,必要时,可设定里程碑以及考核标准。

里程碑指某个重大的标志性事件,或具有某种特定意义的典型事件,如通过某项产品认证、举办质量月活动等都可以算作里程碑事件。

(二) 质量文件体系

企业中大多存在一个文件体系,一方面是为了满足企业内部标准化工作的需求,另一方面是为了满足ISO质量体系的硬性要求。对不少企业而言,文件价值体现在前一方面的需求较少,体现在后一方面的需求较多。也有为数不少的企业,其文件体系的建立就是为了应付审核,为此还得有人维护这些文件,特别是这些文件所规定的记录表等,这使得企业内部人员会认为,这些文件体系就是累赘、负担。因此,有必要将文件体系作为构建质量文化的内容。

文件是标准化的载体,是管理优化的体现。文件一定要增值,同时切合企业的具体状况。小企业借鉴其他企业的做法时,也要注意到自身企业的具体状况。

为了更好地发挥文件的价值,对颁布的文件还需要进行一定的宣传,否则很多人还是会按旧方式做事,因为他根本不知道有这份文件的存在。好的文件体系简洁明了、层次清晰、要求精准,既使管理更具章法,也使质量处于有效管控之中,塑造了务实文化,如定海神针一样稳定企业的运作。

(三) 质量教育

教育能使员工掌握技能,提升员工的意识,使员工更好地开展工作。员工在工作中的领悟、获得的经验,也能转变为对他人进行教育的素材。

"种下思想,收获行动;种下行动,收获习惯。"质量教育给人们种下思想的种子,是构建质量文化和提升员工意识的最直接的方法之一。

质量教育有以下三种方式。

第一,领导者以身作则。领导者自己不能做规则的破坏者。领导者强化规则的严肃性,对其他人员会起到很好的示范教育作用。

第二,利用可视化系统。可视化也称为"走动管理",即员工在走动过程中,只要睁开眼看,管理信息就会以文字、图片或者视频的形式呈现出来,以对员工进行警示、提示、教育,并给员工带来温馨的感觉。可视化看板又被称为"信息辐射墙"。

第三,对员工进行直接培训。在培训方面,值得参考的做法有:编制自身的培训教材,接地气,员工有亲切感,实用性强;对员工的培训有规划,如不同层级不用岗位的人员应具有怎样的技能，据此指定培训规划；借助新媒体的力量进行培训。

（四）质量活动

开展多姿多彩的质量活动，能引起员工的兴趣，提升员工的参与度，进一步促进质量氛围的形成。最典型的营造氛围的质量活动是质量周或质量月活动，包括质量控制小组活动、质量沙龙、质量演讲、质量竞赛、质量考试、到其他企业进行学习交流等。

企业举办质量周或质量月活动，既要调动氛围，也要避免"大搞形式主义"，只有持续地改进才能取得良好的效果。因此，质量周或者质量月中的某些工作需要持续跟进。

（五）标语口诀

标语常具有哲理性，将标语张贴出来能起到可视化与激励员工的效果。当员工高声朗读并认可这些标语时，标语的内容就演变为"一种承诺"。口诀是精髓的提炼，或带点韵律，或有序表达，朗朗上口，直达人心。比如我们经常看到的质量标语口诀："质量意识在我心中，产品质量在我手中"，历经数年，依然记忆犹新。

（六）质量可视化

质量可视化是指将质量信息以图片、表格、文字等形式展示出来，从而达成"传递信息、培育文化、体现美感"的目的。

可视化常潜移默化地对员工产生影响，能提升员工的意识与技能，因此是一种成本极低的管理方式。

人们常说，百闻不如一见，耳听为虚、眼见为实，眼睛看到的内容相较于耳朵听到的更具有说服力。

城市轨道交通服务质量评价管理办法

为规范城市轨道交通服务质量评价工作，推动城市轨道交通服务质量提升，交通运输部于2019年4月制定印发了《城市轨道交通服务质量评价管理办法》（交运规〔2019〕3号）。该文件于2022年6月30日到期。为此，交通运输部在组织评估实施情况的基础上，体现安全底线要求，对文件进行了修订。2022年7月，交通运输部发布了《关于修订〈城市轨道交通服务质量评价管理办法〉的通知》（交运规〔2022〕5号），自印发之日起施行。

苏州市轨道交通集团有限公司运营一分公司质量管理标准化建设概要

一、体系运行情况

自2011年以来，苏州市轨道交通集团有限公司运营一分公司（以下简称"运营一分公司"）以规章制度规范各项工作流程，标准化文件数量不断增加，修订各岗位、各专业、各流程的标准化规章，做到各项管理、生产作业流程制度化、规范化。自2012年起委托认证单位对四标体系进行认证，分别于2012年4月、12月取得三标体系认证证书，2019年12月取得资产管理体系认证证书。

运营一分公司各体系均制定了明确的管理方针和管理目标，各项管理工作均建立在体系相关准则要求的基础上，运营服务及相关管理活动符合体系要求，体系运行的总体水平逐步提升，通过内、外审手段充分评价体系运行的适宜性、充分性和有效性，并对发现的问题进行整改，确保分公司管理的科学性、有效性及持续性。自2016年起，共完成7份内审报告、7份分公司级管理评审报告，内审工作完成1 323项问题的整改，外部审核工作完成235项问题的整改。

同时，运营一分公司着力培养高质量内审员队伍，从内选拔一批优秀员工参加审核员基础理论知识的培训及体系审核工作，并帮助其获得相应审核资格，使其将标准理论基础与运营管理和业务实践有机结合，提高对体系运行情况进行全面检查、评估的能力，更好地成为分公司企业标准化建设、运行、改进和维护的中坚力量。截至2022年底，运营一分公司共有内审员436人，占总员工数的5.98%。

二、内部审核和管理评审

运营一分公司每年开展一次内部审核，逐步覆盖各车间、各专业。同时，为不断提升内审员队伍能力，自2019年开始以内审结合技术比武的形式，由分公司内审员队伍独立进行内部审核。通过技术比武的方式，可以更深入地发现体系建设和运行方面的问题，并且充分锻炼了内审员的业务能力、实践能力和组织协调能力。

每年外审前1—2个月，企划部组织各部门（中心）开展管理评审工作，企划部形成运营一分公司四标体系运行报告。见表8-1。

表8-1 四标体系运行报告内容

序号	部门（中心）	内容
1	各部门（中心）	2021年度四标管理目标完成情况说明
2		2021年度四标管理体系实施情况
3		2020年外审及2021年内审不合格项及改进建议项整改情况说明
4		纠正和预防措施的实施效果
5		对分公司管理体系运行的建议

续表

序号	部门（中心）	内容
6	企划部	2021年分公司管理体系内审情况
7		2020年分公司管理体系外审情况
8		2020年管理评审改进意见及要求的落实情况
9		组织机构的情况
10		分公司文件管控情况（含综合管理制度编制、运行情况）
11	物资部	2021年外部供应商绩效
12		环境因素、风险识别、评价及日常管控情况
13	安保部	分公司法律法规及相关方要求的合规性评价结果
14		分公司环境因素、风险管控情况
15	技术部	分公司技术规章编制、运行情况
16	综合部、各中心	环境因素、风险识别、评价及日常管控情况
备注：需包括但不局限以上内容		

管理评审中，对上一年提出的改进意见进行闭环管理，并根据实际情况提出新的优化建议。

运营一分公司四标体系建设持续推进，体系运行情况良好。截至目前，未发生一般及以上生产安全事故，且第三方满意度测评评估得分逐年提升。

（资料来源：苏州市轨道交通集团有限公司）

案例思考题

1. 概括分析苏州市轨道交通集团有限公司运营一分公司质量管理标准化建设的特点。

2. 你认为苏州市轨道交通集团有限公司运营一分公司在质量管理标准化建设方面还可以做出哪些优化？

项目训练

【训练内容】制订提升企业质量管理方案。

【训练目的】对企业进行实地调研，进一步加深理解企业质量管理的内容。

【训练步骤】

1. 学生每5人划分为一个小组，以小组为单位，选择一家本地著名企业为调研对象。

2. 事先收集和整理该企业业务内容、新闻报道等资料，根据实训内容制订出该企业质量管理提升方案。

3. 结合调研资料，进行小组讨论并制订该企业质量管理提升方案，制作 PPT 及电子文档进行汇报，完成实训报告。

实训报告格式如下：

_____实训报告		
实训班级：	项目小组：	项目组成员：
实训时间：	实训地点：	实训成绩：
实训目的：		
实训步骤：		
实训成果：		
实训感言：		
不足及今后改进：		
项目组长签字：	项目指导教师评定并签字：	

4. 班级小组讨论与交流，教师总结点评并进行成绩评定。小组提交案例分析报告。

自 测 题

1. 如何理解质量管理中质量的概念？
2. 简述全面质量管理的含义和基本核心。
3. 分析全面质量管理的特点。
4. 简述 PDCA 循环的内容和特点。
5. 简述质量文化的构成。

【延伸阅读】

詹姆斯·R. 埃文斯. 质量管理［M］. 7 版. 焦叔斌，译. 北京：机械工业出版社，2020.

项目九 企业供应链管理

【学习目标】

1. 理解供应链管理及其基本内容
2. 掌握供应链管理的原则与步骤
3. 掌握供应链设计的内容
4. 掌握供应链合作关系管理的主要内容

引导案例

苏州中车的供应链管理

国家"十二五"规划纲要提出：统筹各种运输方式发展，有序推进地铁、轻轨（含现代有轨电车）等城市轨道交通网络建设，积极发展地面快速公交系统。苏州作为人口一千余万，年 GDP 约为 1.3 万亿元的全国特大城市，正大力推进城市轨道交通的发展。

苏州中车轨道交通车辆有限公司（以下简称"苏州中车"）成立于 2013 年 12 月，由中车南京浦镇车辆有限公司、苏州市轨道交通集团有限公司、苏州高新区经济发展集团总公司共同出资建立，公司主营中低运量轨道交通车辆生产、轨道交通车辆维保服务以及轨道交通装备全寿命周期的维护等业务。苏州中车的供应链管理具有以下特点。

一、质量可靠

入厂检查质量：建立产品入厂质量检查的工作机制，防止产品质量问题对后续工作的影响，记录产品可能出现的质量下滑的趋势，防止质量风险发生。

生产过程质量：建立产品生产过程质量检查、技术指标核准的工作机制，发现显性或潜在的质量风险，记录问题发生的事实，制止质量问题的重复发生。

产品交付后质量：建立产品交付后质量的跟踪机制，及时处置出现的问题，发现产品技术性能指标、产品质量水平等提升的可能性。

二、物流快速

精准到货：用 ERP（企业资源计划）系统作为物料信息的数据（需求和库存）基础，以项目计划作为到货计划的总纲，按照月度计划调整到货进度，严格四日计划到货要求的执行，对于特殊产品（消耗品、标准件）建立安全库存警戒线，最大限度地减少库存量。

精益配送：用生产 MES（生产执行系统）作为生产信息（计划和需求）的支撑，以 ERP 系统数据为基础，严格按照次日生产计划和定额要求，合理配置各项目、各工位、各工序使用的物料，保证准确、及时、高效。

三、售后及时

问题陈述清晰：准确描述发生问题的时间、地点、工况、表象和关联的现象，以及产生的后果等信息。

问题原因准确：结合问题描述，借助结构图纸、零件图纸、电路图纸，实地勘察，找出逻辑关系和关联因素，不仅分析直接原因，还需分析周边关联因素可能导致的结果。

问题解决彻底：从技术原点出发思考解决问题的方案，包括设计、工艺的问题，以及由此可能导致的工人操作失误。建立防错、纠错模型，杜绝问题再次发生。

问题总结全面：充分运用好问题分析、解决的成果，将其辐射到所有与该问题关联的事项，举一反三，同时在管理上分析非关联事项可能出现的问题，做到全系统的提升。

四、档案清晰

建立互联互通的信息网络：建立基于 ERP、MES、QMS（质量管理体系）的大数据网络信息平台，做到实时更新，实时获得，便捷、准确、高效，让被授权需要获得信息的人随时获得信息。

建立专业化的信息通道：为简化工作流程，建立点对点的专业信息通道（项目、技术、质量、采购等），减少不必要的沟通环节。

建立基于项目的组织：以项目为载体，通过项目管理机制，推动各种有可能影响工作进程的事项顺利达成目标，在专业推进的同时实现集中统一领导。

苏州中车的建立，是苏州市轨道交通集团有限公司探索就近提供服务的重要实践。

（资料来源：苏州市轨道交通集团有限公司）

[案例思考题] 结合案例材料想一想：苏州中车的供应链管理有何特点？

任务一　供应链与供应链管理

一、供应链的概念

供应链（Supply Chain）思想于20世纪80年代末提出并得到广泛应用。企业的价值要持续稳定地实现，取决于其最终产品的竞争力。从消费者来看，零售商、分销商、储运商、制造商、供应商等都依次对其下家供应最终消费品或中间产品，因此这一前后相继的链条就可称为供应链。

所谓供应链，是指产品生产和流通中所涉及的原材料供应商、生产商、批发商、零售商及最终消费者组成的供需网络。这种供应链是由物料获取并加工成中间件或成品，再将成品送到消费者手中所涉及的一些企业和部门构成的网络。在这个网络中，每个贸易伙伴都具有双重角色：既是供应商，又是客户。他们既向上游伙伴订购产品，又向下游伙伴提供产品，只有建立一条业务关系紧密、经济利益相连的供应链，才能实现优势互补，增强市场竞争实力。供应链的中心是其核心企业，它的服务对象是产品或服务的最终用户，一般有五个主要评价指标：速度、柔性、质量、成本和服务。

我国国家标准《供应链管理：第2部分》（GB/T. 26337.2－2011）对供应链的定义是：生产及流通过程中，围绕核心企业，将所涉及的原材料供应商、制造商、分销商、零售商直到最终用户等成员通过上游和下游成员链接所形成的网链结构。2017年10月，国务院办公厅印发《关于积极推进供应链创新与应用的指导意见》，首次对供应链创新发展做出了全面部署，指出供应链是以客户需求为导向，以提高质量和效率为目标，以整合资源为手段，实现产品设计、采购、生产、销售、服务等全过程高效协同的组织形态。

供应链是面向最终用户的市场需求，由产品生产和流通过程中的供应商、制造商、储运商、分销商、零售商及消费者所组成的供需网络。供应链上不同的企业就是供应链上的节点，节点之间存在着物流、所有权流（也称商流）和信息流，以及相应的服务流、资金流和知识流。

总之，供应链是围绕核心企业通过对信息流、物流、资金流等的管理与控制，从原材料的供应开始，经过产品的制造、分配、递送、消费等过程，将供应商、制造商、分销商、零售商直到最终客户连成一个整体的功能网链结构模式。它不仅是一条连接从供应商到客户的物料链、信息链、资金链，而且是一条增值链，物料在供应链上因加工、包装、运输等过程而增加其价值，给相关企业都带来收益。

二、供应链的分类

根据不同的划分标准,可以将供应链分为以下几种类型。

(一)根据范围不同划分

根据供应链范围的不同,可将供应链分为内部供应链和外部供应链。内部供应链是指企业内部产品生产和流通过程中所涉及的采购部门、生产部门、仓储部门、销售部门等组成的供需网络。外部供应链则是指企业外部的,与企业相关的产品生产和流通过程中涉及的原材料供应商、生产厂商、储运商、零售商及最终消费者组成的供需网络。内部供应链和外部供应链的关系:二者共同组成了企业产品从原材料到成品到消费者的供应链。可以说,内部供应链是外部供应链的缩小化。如对于制造厂商,其采购部门就可看作外部供应链中的供应商。它们的区别在于外部供应链范围大,涉及企业众多,企业间的协调更困难。

(二)根据稳定性不同划分

根据供应链存在的稳定性划分,可将供应链分为稳定的供应链和动态的供应链。基于相对稳定、单一的市场需求而组成的供应链稳定性较强,而基于相对频繁变化、复杂的需求而组成的供应链动态性较高。在实际管理运作中,需要根据不断变化的需求,相应地改变供应链的组成。

(三)根据功能不同划分

根据供应链的功能模式(物理功能、市场中介功能和客户需求功能)可把供应链划分为两种:有效性供应链和反应性供应链。有效性供应链主要体现供应链的物理功能,即以最低的成本将原材料转化成零部件、半成品、产品,以及在供应链中的运输等;反应性供应链主要体现供应链的市场中介功能,即把产品分配到满足用户需求的市场,对未预知的需求做出快速反应等。

(四)根据企业地位不同划分

根据供应链中企业地位的不同,可将供应链划分为盟主型供应链和非盟主型供应链。对于盟主型供应链,其供应链中某一成员的节点企业在整个供应链中占据主导地位,对其他成员具有很强的辐射能力和吸引能力,通常称该企业为核心企业或主导企业。如以生产商为核心的供应链——奇瑞汽车股份有限公司,以中间商为核心的供应链——中国烟草系统,以零售商为核心的供应链——沃尔玛、家乐福。对于非盟主型供应链,其供应链中企业的地位彼此差距不大,对供应链的重要程度相同。

(五)根据供应链的驱动模式划分

根据供应链的驱动模式分类,可将供应链划分为推动型供应链和拉动型供应链。生产推动型供应链是受市场需求导向间接作用所进行的活动。一般是以制造企业的生产为中心，以制造商为驱动源点；传统的供应链几乎都属于推动型供应链，侧重于供应链的效率；强调供应链各成员企业按基于预测的预先制订的计划运行。需求拉动型供应链是在市场需求导向直接作用下进行的经济活动。它以消费端的客户需求为中心，以销售商为驱动源点；整个供应链的集成度较高，信息交换迅速；缩短提前期，降低供应链系统库存；响应市场的速度快，根据客户的需求实现定制化服务；对供应链上的企业要求较高，对供应链运作的技术基础需求也较高。

三、供应链管理的定义和内容

（一）供应链管理的定义

供应链形成了一个涵盖供应商、生产商、分销商、零售商和消费者的网络，实现了物流、信息流和资金流等的有效集成。供应链管理就是指对整个供应链进行计划、协调、运营、控制和优化的各种活动与过程。当价值链中的所有战略组织集成为一个统一的知识实体，并贯穿于整个供应链时，企业运营的效率将会进一步提高。

我国国家标准《供应链管理：第 2 部分》（GB/T 26337.2—2011）对供应链管理的定义是：利用信息技术全面规划供应链中的商流、物流、资金流及信息流等，并进行计划、组织、协调与控制的各种活动和过程。它是一种从供应商开始，经由制造商、分销商、零售商，直到最终客户的全要素、全过程的集成化管理模式。其目标是从整体的观点出发，寻求建立供、产、销企业以及客户间的战略合作伙伴关系，最大限度地减少内耗与浪费，实现供应链整体效率的最优化。

供应链管理作为一种先进的管理理念，已经发展成为保障供应链成员协调运营、实现"利益共享，风险共担"的工具，供应链管理的目标是全方位的。例如，以更完整的产品组合，满足不断增长的市场需求；以不断缩短的交货期，应对市场需求多样化的趋势，通过缩短供给与消费之间的距离，快速、有效地反映市场需求的不确定性；借助供应链成员之间协调、协同的运营机制，不断降低整个供应链的运营成本，在创新的管理体系中创造管理价值。

（二）供应链管理的基本内容

供应链管理包括计划、采购、制造、配送、退货五大基本内容。

计划：这是供应链管理的策略性部分。你需要有一个策略来管理所有的资源，以满足客户对你的产品的需求。好的计划是建立一系列的方法监控供应链，使它能够有效、低成本地为顾客递送高质量和高价值的产品或服务。

采购：选择能为你的产品和服务提供货品和服务的供应商，和供应商建立一套定价、配送和付款流程并创造方法监控和改善管理，并把对供应商提供的货品和服务的管理流程结合起来，包括提货、核实货单、转送货物到你的制造部门并批准对供应商的付款等。

制造：安排生产、测试、打包和准备送货所需的活动，是供应链中测量内容最多的部分，包括对产品产量和工人的生产效率等的测量。

配送：很多"圈内人"称之为"物流"，包括调整用户的订单收据、建立仓库网络、派递送人员提货并送货到顾客手中、建立货品计价系统、接收付款。

退货：这是供应链中的问题处理部分。建立网络接收客户退回的次品和多余产品，并在客户应用产品出问题时提供支持。

供应链管理是以同步化、集成化生产计划为指导，以各种技术为支撑，尤其以互联网或内部网为依托，围绕供应、生产作业、物流（主要指制造过程）、需求来实施的。供应链管理的目标在于提高客户服务水平和降低总的交易成本，并且寻求两个目标之间的平衡。

四、供应链管理涉及的流程

一般来说，一条完整的供应链必须包括物流、商流、信息流、资金流四个流程。四个流程有各自不同的功能以及不同的流通方向。

物流，物品和服务流向客户，即物料或产品从供方开始，沿着各个环节向需方流动。供应链中的物流从原材料至产成品到最终客户的运动仅仅是一个方向。这个流程主要是物资（商品）的流通过程，这是一个发送货物的程序。该流程的方向是由供货商经由厂家、经销商、零售商与物流等过程后达到消费者手里。有关供应链中物流的典型观点认为，供应链中物料的流动由最初的资源通过一系列的转换过程流向配送系统，直至最终客户。一般认为，供应链是物流、商流、信息流、资金流的统一体，而物流贯穿于整个供应链的始终，它连接着供应链上的各个企业，是企业之间相互合作的纽带。

商流，这个流程主要是买卖的流通过程，是接受订货、签订合同等的商业流程。该流程的方向是在供货商与消费者之间双向流动的。目前商业流通形式趋于多元化：既有传统的店铺销售、上门销售、邮购的方式，又有通过互联网等新兴媒体进行购物的电子商务形式。

信息流，即订单、设计、需求、供应等信息在供应链中的双向流动。供应链中的信息流需要在供应商和客户之间双向流动，一个是从客户到供应商的需求信息流，另一个是与需求信息流相反的从供应商到客户的供应信息流。这个流程是商品及交易信息的传递流程，它是一种虚拟形态，及时在供应链中为不同对象实时传递需求和供给信息，以形成统一的计划与执行，从而为最终顾客更好地服务。

资金流，就是货币的流通。为了保障企业的正常运作，必须确保资金的及时回收，否则企业就无法建立完善的经营体系。资金流是供应链中货币形态的单向流动。物料是有价值的，物料的流动会引发资金的流动。资金流是从下游向上游流动的。财务是业务运作的生命，没有资金流，企业将无法运营。购买原材料、支付员工薪金、产品广告宣传、各种设备设施的维护等都不能没有资金流。高效的资金流管理是构成供应链核心竞争力的有效途径之一。必须保证资金的顺畅流通，否则无法建立完善的供应链运作体系。要实现高效的资金流管理必须做到：建立完善的支付信用体系，供应链各合作伙伴必须讲信用，保证及时支付货款，杜绝"三角债"的出现；加强库存管理，在供应链的客户端，由于客户需求信息的变动，往往造成库存量的波动，无论在供应链中的哪个环节，如果库存量过高，都将会造成过多的资金沉淀；大力推行使用电子支票、网上银行等最先进的网上支付工具，减少在途资金的占压。

五、供应链管理的原则与步骤

（一）供应链管理的原则

根据美世管理顾问公司的研究报告，有近一半接受调查的公司经理将供应链管理作为公司的10项大事之首。调查还发现，供应链管理能够提高投资回报率，缩短订单履行时间，降低成本。安德森咨询公司提出了实施供应链管理的七项原则。

（1）根据客户所需的服务特性来划分客户群。传统意义上的市场划分基于企业自己的状况，如行业、产品、分销渠道等，然后对同一地区的客户提供同一水平的服务。供应链管理则强调根据客户的状况和需求，采取具有不同服务水平的服务模式。

（2）根据客户需求和企业可获利情况，设计企业的物流网络。企业物流网络的设计是以客户需求为基础的，并能够反映企业的获利情况。一家造纸公司发现两个客户群存在截然不同的服务需求，大型印刷企业允许较长的提前期，而小型的地方印刷企业则要求在24小时内供货，于是它要建立3个大型配送中心和46个紧缺物品快速反应中心。

（3）倾听市场的需求信息。在企业销售计划和运营计划制订过程中，必须监测整个供应链的状况，及时发出需求变化的早期警报，并据此安排和调整计划。可见，来自市场的客户需求信息成为拉动供应链的原动力。

（4）运用时间延迟策略。由于市场需求的剧烈波动，客户接受最终产品和服务的时间越早，需求量预测就越不准确，企业不得不维持较大的中间库存。为此，企业可以将最终产品和服务定型的时间向后延迟，以提高产品和服务系统的柔性。例如，一家洗涤用品企业实施大批量客户化生产，在企业生产线上只完成产品加工，而产品的最终包装是在零售店根据客户需求才完成的。

（5）与供应商建立双赢的合作策略。迫使供应商相互压价，固然能使企业在价格上受益，但与供应商合作则可以降低整个供应链的成本，企业将会获得更大的收益，而且这种收益是长期的。

（6）建立供应链管理信息系统。信息系统首先应该处理日常事务和电子商务，然后支持多层次信息决策，如需求计划和资源规划，最后根据大部分来自企业之外的信息进行前瞻性的战略分析。

（7）建立整个供应链绩效评价体系。供应链绩效评价体系应该建立在整个供应链上，而不仅仅是局部的个别企业的孤立标准，供应链绩效评价体系的建立和完善应围绕如何提高客户满意度这个中心展开，这是因为供应链是否具有竞争优势、能否生存和发展的最终验收标准就是客户满意度。

（二）供应链管理的步骤

企业实施供应链管理包含以下步骤：

第一，分析市场竞争环境，识别市场机会。竞争环境分析是为了识别企业所面对的市场特征和市场机会。要完成这一过程，我们可以根据波特模型提供的原理和方法，通过调查、访问、分析等手段，对供应商、用户、现有竞争者及潜在竞争者进行深入研究，掌握第一手准确的数据、资料。这项工作一方面取决于企业经营管理人员的素质和对市场的敏感性；另一方面，企业应该建立一种市场信息采集监控系统，并开发对复杂信息的分析和决策技术。例如，一些企业建立的顾客服务管理系统，就是掌握顾客需要、进一步开拓市场的有力武器。

第二，分析顾客价值。供应链管理的目标在于提高顾客价值和降低总的交易成本，经理人员要从顾客价值的角度来定义产品或服务，并在不断提高顾客价值的情况下，寻求最低的交易成本。按照营销大师科特勒的定义，顾客价值是指顾客从给定产品或服务中所期望得到的所有利益，包括产品价值、服务价值、人员价值和形象价值。一般来说，发现了市场机会并不意味着真正了解某种产品或服务在顾客心目中的价值，因此，必须真正从顾客价值的角度出发来定义产品或服务的具体特征。只有不断为顾客提供超值的产品，才能满足顾客的需求，而顾客的需求是驱动整个供应链运作的源头。

第三，确定竞争战略。从顾客价值出发找到企业产品或服务的定位之后，经理人员要确定相应的竞争战略。竞争战略形式的确定可使企业清楚地认识到要选择什么样的合作伙伴以及合作伙伴的联盟方式。根据波特的竞争理论，企业获得竞争优势有三种基本战略形式：成本领先战略、差别化战略以及目标集中战略。譬如，当企业确定应用成本领先战略时，往往会与具有相似资源的企业联盟，以形成规模经济；当企业确定应用差别化战略时，它选择的合作伙伴往往具有很强的创新能力和应变能力。商业企业中的连锁经营是成本领先的典型事例，它通过采用大规模集中化管理模式，在整个商品流通过程中把生产商、批发商与零售商紧密结合成一个整体。通过商品传送中心——发货中心把货物从生产商手中及时、完好地运送到各分店手中，进而提供给消费者。这样的途径减少了流通环节，使企业更直接地面对消费者，其结果不仅加快了流通速度，也加快了信息反馈速度，从而达到了成本领先的目的。

第四，分析企业核心竞争力。核心竞争力是指企业在研发、设计、制造、营销、服务等某些环节上明显优于并且不易被竞争对手模仿的、能够满足客户价值需要的独特能力。供应链管理注重的就是企业核心竞争力，企业把内部的能力和资源集中在有核心竞争优势的活动上,将剩余的其他业务活动移交给在该业务上有优势的专业公司来弥补自身的不足,从而使整个供应链具有竞争优势。在这一过程中,企业要回答这样几个问题:企业的资源或能力是否有价值;资源或能力是否稀有,拥有较多稀有资源或能力的企业才可以获得暂时竞争优势;这些稀有资源或能力是否易于模仿,竞争对手难以模仿的资源或能力才是企业获得持续竞争优势的关键所在;这些资源或能力是否被企业有效地加以利用。在此基础上,重建企业的业务流程和组织结构。企业应对自己的业务认真清点,并挑选出与企业的生存和发展有重大关系、能够发挥企业优势的核心业务,而将那些非核心业务剥离出来交由供应链中的其他企业去完成。在挑选出核心业务之后,企业还应重建业务流程。

第五,评估、选择合作伙伴。供应链的建立过程实际上是一个供货商的评估、选择过程,选择合适的对象(企业)作为供应链中的合作伙伴,是加强供应链管理最重要的基础之一,企业需要从产品的交货时间、供货质量、售后服务、产品价格等方面全面考核合作伙伴。如果企业选择合作伙伴不当,不仅会侵蚀企业的利润,还会使企业失去与其他企业合作的机会,无形中抑制企业竞争力的提高。

小知识

绿色供应链

绿色供应链的概念最早由美国密歇根州立大学的制造研究协会在1996年进行的一项"环境负责制造(ERM)"的研究中首次提出,又称环境意识供应链(Environmentally Conscious Supply Chain,ECSC)或环境供应链(Environmentally Supply Chain,ESC),是一种在整个供应链中综合考虑环境影响和资源效率的现代管理模式,它以绿色制造理论和供应链管理技术为基础,涉及供应商、生产厂、销售商和用户,其目的是使得产品在从物料获取、加工、包装、仓储、运输、使用到报废处理的整个过程中,对环境的影响(副作用)最小,资源效率最高。

近年来,世界经济持续、快速增长。尤其是中国,随着经济财富的增加,消耗的资源也越来越多,资源浪费与环境破坏事件频繁发生。围绕生态环境问题,人类社会提出了可持续发展战略——既满足当代人的需求,又不对满足子孙后代需要之能力构成危害。可持续发展战略将生态环境与经济发展视为人类社会存在的两大基石,两者缺一不可。而实施绿色供应链管理正是"绿色"或"环境意识"与"经济发展"两者并重的可持续发展的一种有效途径。

[资料来源:顾志斌,钱燕云.绿色供应链国内外研究综述[J].中国人口·资源与环境,2012(S2).]

任务二 供应链设计

一、供应链设计的概念和内容

（一）供应链设计的概念

供应链设计是指以用户需求为中心，运用新的观念、新的思维、新的手段从企业整体角度去勾画企业蓝图和服务体系。供应链设计通过降低库存、减少成本、缩短提前期、实施准时制生产与供销、提高供应链的整体运作效率，使企业的组织模式和管理模式发生重大变化，最终达到提高用户服务水平、达到成本和服务之间的有效平衡、提高企业竞争力的目的。

（二）供应链设计的主要内容

战略层面的供应链设计的主要内容包括：供应链成员及合作伙伴选择、网络结构设计以及供应链运行基本规则设计。

（1）供应链成员及合作伙伴选择。一个供应链是由多个供应链成员组成的。供应链成员包括了为满足客户需求，从原产地到消费地，供应商或客户直接或间接作用的所有公司和组织。这样的供应链是非常复杂的。

（2）网络结构设计。供应链网络结构主要由供应链成员、网络结构变量和供应链间工序连接方式三方面组成。为了使非常复杂的网络更易于设计和合理分配资源，有必要从整体出发进行网络结构的设计。

（3）供应链运行基本规则设计。供应链上节点企业之间的合作是以信任为基础的。信任关系的建立和维系除了各个节点企业的真诚和行为之外，还必须有一个共同平台，即供应链运行的基本规则，其主要内容包括：协调机制、信息开放与交互方式、生产物流的计划与控制体系、库存的总体布局、资金结算方式、争议解决机制等。

（三）供应链设计需要处理的关系

1. 供应链设计与物流系统设计的关系

物流系统是供应链的物流通道，是供应链管理的重要内容。物流系统设计是指原材料和外购件所经历的采购入厂—存储—投料—加工制造—装配—包装—运输—分销—零售等一系列物流过程的设计。物流系统设计也称通道设计，是供应链系统设计中最主要的工作之一。设计一个结构合理的物流通道对于降低库存、减少成本、缩短提前期、实施及时生产与供销、提高供应链的整体运作效率都是很重要的。但供应链设计却不等同于物流系统设计，供应链设计是企业模型的设计，它从更广泛的思维空间以及企业整体角度去勾画企业蓝图，它既包括物流系统，还包括信息、组织以及价值流和相应的服务体系建设。

2. 供应链设计与环境因素的关系

一个设计精良的供应链在实际运行中并不一定能达到预期效果，原因并不一定是设计或构想得不完美，而是环境因素在起作用。因此，我们要用发展的、变化的眼光来设计供应链，要考虑供应链的运行环境及未来可能的环境变化，无论是信息系统的构建还是物流通道的设计，都应具有较高的柔性，以提高供应链对环境的适应能力。

3. 供应链设计与企业再造工程的关系

从企业的角度来看，供应链的设计是一个企业的改造问题，供应链的设计或重构不是要推翻现有的企业模型，而是要从管理思想革新的角度，以创新的观念重塑企业（如动态联盟与虚拟企业、智能化管理、精细生产等），这种基于系统进化的企业再造思想是符合人类演进式的思维逻辑的，尽管 BPR（Business Process Reengineering，业务流程重组）教父哈默和钱贝一再强调其彻底的、剧变式的企业重构思想，但实践证明，实施 BPR 的企业最终还是走向改良道路，因为无源之水、无本之木的企业再造是不存在的。因此，在实施供应链的设计与重建时，并不是为了重建而改革，而是需要用新的观念、新的思维和新的手段，根据企业实际情况实施设计与改良。

4. 供应链设计与先进制造模式的关系

供应链设计是先进制造模式的客观要求，也是先进制造模式推动的结果。如果没有全球制造、虚拟制造这些先进的制造模式的出现，集成化供应链的管理思想也难以实现。正是先进制造模式的资源配置沿着劳动密集—设备密集—信息密集—知识密集的方向发展，才使得企业的组织模式和管理模式发生相应的变化，从制造技术的技术集成演变为组织和信息等相关资源的集成。供应链管理适应了这种趋势，因此，供应链的设计应把握这种内在的联系，使供应链管理成为适应先进制造模式发展的先进管理思想。

二、供应链设计的原则

在供应链的设计过程中，应遵循一些基本的原则，以保证供应链的设计能满足供应链管理思想的实施和贯彻。

（一）自上而下的设计和自下而上的设计相结合原则

在系统建模设计方法中，存在两种设计方法，即自上而下的方法和自下而上的方法。前者是从全局走向局部的方法，后者是从局部走向全局的方法；自上而下是系统分解的过程，而自下而上则是一种集成的过程。在设计一个供应链系统时，往往是先由主管高层做出战略规划与决策，规划与决策的依据来自市场需求和企业发展规划，然后由下层部门实施决策过程，因此供应链的设计是自上而下和自下而上的结合。

(二) 简洁性原则

简洁性原则是供应链设计的一个重要原则。为了使供应链具有灵活快速响应市场的能力，供应链的每个节点都应是简洁而有活力的，能实现业务流程的快速组合。比如供应商的选择就应以少而精的原则，通过和少数供应商建立战略伙伴关系来减少采购成本，实施 JIT（Just In Time，准时制）采购法和准时生产。生产系统的设计更应以精益思想为指导。从精益的制造模式到精益的供应链是企业努力追求的目标。

(三) 互补性原则

供应链的各个节点的选择应遵循强强联合的原则，从而达到实现资源外用的目的。每个企业集中精力致力于各自的核心业务过程，就像一个独立的制造单元（独立制造岛），这些所谓的单元化企业具有自我组织、自我优化、面向目标、动态运行和充满活力的特点，能够实现供应链业务的快速重建。

(四) 协调性原则

供应链绩效好坏取决于供应链合作伙伴关系是否和谐，取决于供应链动态连接合作伙伴的柔性程度。因此，利用协调性原则建立战略伙伴关系的合作企业关系模型是实现供应链最佳绩效的保证。和谐是描述系统形成了充分发挥系统成员和子系统的能动性、创造性及系统与环境的总体协调性的。只有和谐而且协调的系统才能避免各个节点企业产生利益本位主义而动摇组成系统的各个节点企业之间的关系，从而发挥最佳的效能。

(五) 动态性原则

不确定性在供应链中随处可见，这也是在研究供应链运作效率时都提到的问题。不确定性的存在导致需求信息的扭曲，因此需要预见各种不确定因素对供应链运作的影响，减少信息传递过程中的信息延迟和失真。降低安全库存总是和服务水平的提高相矛盾的。增加透明性，减少不必要的中间环节，提高预测的精度和时效性对降低不确定性的影响都是极为重要的。

(六) 创新性原则

创新性原则是系统设计的重要原则，没有创新性思维，就不可能有创新的管理模式，因此在供应链的设计过程中，创新性是一个很重要的原则。要产生一个创新的系统，就要敢于打破各种陈旧的思维框框，从新的角度、新的视野审视原有的管理模式和体系，进行大胆的创新设计。

进行创新设计，要遵循几条原则：一是创新必须在企业总体目标和战略的指导下进行，并与战略目标保持一致；二是要从市场需求的角度出发，综合运用企业的能力和优势；三是发挥企业各类人员的创造性，集思广益，并与其他企业共同协作，发挥供应链整体优势；四是建立科学的供应链、项目评价体系和组织管理系统，进行技术经济分析和可行性论证。

(七) 战略性原则

从核心企业战略发展的角度设计供应链，有助于建立稳定的供应链体系模型，因此，供应链的设计应有战略性观点，通过战略性观点考虑如何减少不确定性因素的影响。从供应链战略管理的角度考虑，供应链设计的战略性原则还体现在供应链发展的长远规划和预见性上。供应链的系统结构发展应和企业的战略规划保持一致，在企业战略规划指导下进行。

三、供应链设计的步骤

基于产品和服务的供应链设计步骤可以概括性地归纳为以下十步，如图 9-1 所示。

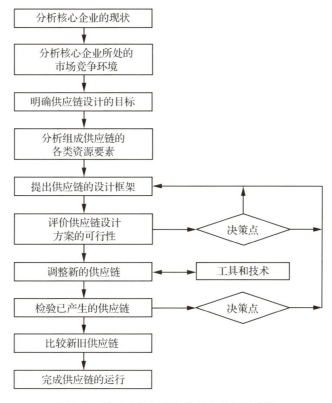

图 9-1 基于产品和服务的供应链设计步骤

(一) 分析核心企业的现状

这个阶段的工作主要侧重于对核心企业的供应需求管理现状进行分析和总结。如果核心企业已经有了自己的供应链管理体系，则对现有的供应链管理现状进行分析，以便及时发现供应链运作过程中存在的问题，或者说哪些方式已出现或可能出现不适应时代发展的端倪，同时挖掘现有供应链的优势。本阶段的目的不在于评价供应链设计策略中哪些更重要和更合适，而是着重于研究供应链设计的方向或者说设计定位，同时将可能影响供应链设计的各种要素分类罗列出来。

（二）分析核心企业所处的市场竞争环境

通过对核心企业现状的分析，了解企业内部的情况；通过对市场竞争环境的分析，知道哪些产品的供应链需要开发，现在市场需求的产品是什么，有什么特别的属性，对已有产品和需求产品的服务要求是什么；通过对市场各类主体，如用户、零售商、生产商和竞争对手的专项调查，了解到产品和服务的细分市场情况、竞争对手的实力和市场份额、供应原料的市场行情和供应商的各类状况、零售商的市场拓展能力和服务水准、行业发展的前景，以及诸如宏观政策、市场大环境可能产生的作用和影响等。这一步的工作成果是有关产品的重要性排列、供应商的优先级排列、生产商的竞争实力排列、用户市场的发展趋势分析以及市场不确定性的分析和评价。

（三）明确供应链设计的目标

基于产品和服务的供应链设计的主要目标在于获得高品质的产品、快速有效的用户服务、低成本的库存投资、低单位成本的费用投入等几个目标之间的平衡，最大限度地避免这几个目标之间的冲突。同时，还需要实现以下基本目标：进入新市场；拓展老市场；开发新产品；调整老产品；开发分销渠道；改善售后服务水平；提高用户满意程度；建立战略合作伙伴联盟；降低成本；降低库存；提高工作效率。在这些设计目标中，有些目标很大程度上存在冲突，有些目标是主要目标，有些目标是首要目标，这些目标的实现级次和重要程度随不同企业的具体情况而有所区别。

（四）分析组成供应链的各类资源要素

本阶段要对供应链上的各类资源，如供应商、用户、原材料、产品、市场、合作伙伴与竞争对手的作用、使用情况、发展趋势等进行分析。在这个过程中，要把握可能对供应链设计产生影响的主要因素，同时对每一类因素产生的风险进行分析研究，给出风险规避的各种方案，并将这些方案按照所产生作用的大小进行排序。

（五）提出供应链的设计框架

分析供应链的组成，确定供应链上主要的业务流程和管理流程，描绘出供应链物流、信息流、资金流、作业流和价值流的基本流向，提出组成供应链的基本框架。在这个框架中，供应链中各组成成员如生产制造商、供应商、运输商、分销商、零售商及用户的选择和定位是这个步骤必须解决的问题，另外，组成成员的选择标准和评价指标应该基本上得到完善。

（六）评价供应链设计方案的可行性

供应链设计框架建立之后，需要对供应链设计的技术可行性、功能可行性、运营可行性、管理可行性进行分析和评价。这不仅是供应链设计策略的罗列，而且还是进一步开发供应链结构、实现供应链管理的关键的且首要的一步。在供应链设计的各种可行性分析的基础上,结合核心企业的实际情况以及对产品和服务发展战略的要求,为供应链中技术、方法、工具的选择提供支持。同时,这一步还是一个方案决策的过程,如果分析认为方案可行,就可继续进行下面的设计工作;如果认为方案不可行,就需要重新设计。

(七) 调整新的供应链

供应链的设计方案确定以后,这一步可以设计产生与以往有所不同的新供应链。因此,这里需要解决以下关键问题:供应链的详细组成成员,如供应商、设备、作业流程、分销中心的选择与定位、生产运输计划与控制等;原材料的供应情况,如供应商、运输流量、价格、质量、提前期等;生产设计的能力,如需求预测、生产运输配送、生产计划、生产作业计划和跟踪控制、库存管理等;销售和分销能力设计,如销售分销网络、运输、价格、销售规则、销售/分销管理、服务等;信息化管理系统软、硬平台的设计;物流通道和管理系统的设计等。在供应链设计中,需要广泛地应用多种工具和技术,如归纳法、流程图、仿真模拟、管理信息系统等。

(八) 检验已产生的供应链

供应链设计完成以后,需要对设计好的供应链进行检测。通过模拟一定的供应链运行环境,借助一些方法、技术对供应链进行测试、检验或试运行。如果模拟测试结果不理想,就返回第五步重新设计;如果没有什么问题,就可以实施了。

(九) 比较新旧供应链

如果核心企业存在旧的供应链,通过比较新旧供应链的优势和劣势,结合它们运行的现实环境的要求,可能需要暂时保留旧的供应链上某些不科学或不完善的作业流程和管理流程,待整个市场环境逐步完善时再用新供应链上的规范流程来取代。同样地,尽管新的供应链流程采用科学规范的管理,但在有些情况下,它们取代过时的陈旧的流程仍需要一定的过程。所以,比较核心企业的新旧供应链,有利于新供应链的有效运行。

(十) 完成供应链的运行

供应链实施过程中需要核心企业的协调、控制和信息系统的支持,使整个供应链成为一个整体。

中铁物流的供应链

中铁物流集团供应链管理有限公司成立于2019年,下设两大业务体系,分别为项目物流业务体系和仓储管理业务体系。两大体系的业务范围涵盖物流领域的仓、运、配各业务节点。主体业务包含整车运输、零担运输、冷链运输、仓储租赁、仓储代管等。

依托于强大的网络支持和资源共享,中铁物流集团现已实现运输网络全国覆盖,其中一、二线城市覆盖率达到100%,县级城市覆盖率可达96%以上。

在仓储方面,中铁物流集团提供全国线上线下的仓储资源,为客户提供全方位的仓储租赁服务、一级仓储整体代运营服务,目前全国仓储总面积6 000万平方米,在线资源2亿平方米,一站式解决客户舱内管理和运营难题。中铁物流集团凭借完善的社会资源整合及管理能力,服务于十大领域近千家大中型企业,以项目制的形式推出综合性的物流解决方案,打造国内处于领先地位的全国性整合营销网络和项目服务网络。

(资料来源:中铁物流供应链官网. http://www.crsc56.com/)

任务三　供应链合作关系管理

一、供应链合作关系及其建立意义

(一) 供应链合作关系的概念

供应链合作关系是指在供应链内部两个或两个以上独立的成员之间形成的一种协调关系,以保证实现某个特定的目标或效益。建立供应链合作关系的目的,在于通过提高信息共享水平,减少整个供应链产品的库存总量,降低成本,提高整个供应链的运作绩效。

实施供应链合作关系通常意味着新产品新技术的共同开发、数据和信息的交换、市场机会共享和风险共担。换言之,制造商选择供应商不再是只考虑价格,而是更注重选择能在优质服务、技术革新、产品设计等方面进行良好合作的供应商。因此,在供应链合作关系环境下,制造商会更加着眼于以下方面:① 让供应商了解企业的生产过程和生产能力,知道企业需要产品或原材料的期限、质量和数量。② 企业向供应商提供自己的经营计划、经营策略及其相应的措施,使供应商明确企业的要求和目标。③ 企业和供应商要明确双方的责任,并各自向对方负责,使双方明确共同的利益所在,并为此而团结一致,以达到双赢的目的。

(二) 建立供应链合作关系的意义

建立供应链合作关系,有助于为企业带来以下优势。

第一,减少不确定因素,降低库存。排除市场不确定性的关键在于获取正确的信息和有效的信息反馈,其中终端客户信息传递的及时性和准确性至关重要。供应链节点企业间利用先进的信息技术进行信息的快速传递,增加相互之间的信任度,减少信息的失真与延迟,从而可以减少不确定性产生的风险;同时也有助于提高对市场需求信息预测的准确度，从而减少不必要的库存。

第二，快速响应市场。通过建立供应链合作关系，每一个节点企业都可以集中力量于自身的核心竞争优势，能充分发挥各方的优势，并能迅速开展新产品的设计和制造，从而使新产品响应市场的时间明显缩短。

第三，加强企业的核心竞争力。以战略合作关系为基础的供应链管理，能发挥企业的核心竞争优势，获得竞争地位。

第四，提升用户满意度。通过合作，制造商帮助供应商更新生产和配送设备，加大对技术改造的投入，从源头上提高产品和服务的质量，最终带来用户满意度的提升。

二、建立供应链合作关系的步骤

建立供应链合作伙伴关系，首先应从需求分析开始，这种需求来源于市场的压力、核心竞争力的建立等方面。在意识到建立供应链合作伙伴关系的重要性和明确了共同目标后，建立供应链合作关系就成为在一定标准下寻找合作对象，建立、实施和维护合作伙伴关系的过程（图9-2）。

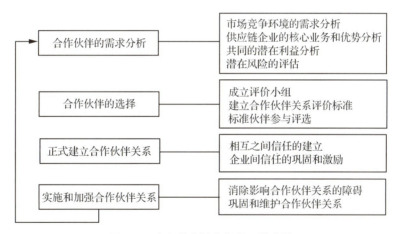

图9-2　建立供应链合作关系的步骤

（一）合作伙伴的需求分析

1. 市场竞争环境的需求分析

有需求才有建立合作关系之必要。通过收集有关顾客的需求、产品的类型和特征以及竞争对手情况等各种市场信息，以确认是否有建立供应链合作关系的必要。如果已建立供应链合作关系，则根据需求的变化确认供应链合作关系变化的必要性。

2. 供应链企业的核心业务和优势分析

当企业专注于自身的核心业务，而把非核心业务外包时，企业与企业之间的依赖性加强了。只有了解自身的核心优势，才能把非核心业务活动正确而不是盲目地委托给其他企业，明确和什么样的企业进行合作，才能与其他企业建立真正的合作伙伴关系。

3. 共同的潜在利益分析

建立合作伙伴关系的动力源于合作双方共同的潜在利益。潜在利益可包含以下几方面：实现共同的期望和目标；改善相互之间的交流，实现信息共享；减少外在因素带来的不确定性及其造成的风险；增强矛盾冲突解决能力；通过减少中间环节，可以在订单、生产、运输上实现规模效益以降低成本；减少库存和积压资金流，降低管理成本；借助来自客户和供应商良好的信息进行创新，并可从双方获得技术资源。

4. 潜在风险的评估

只有评估风险、认识风险才能共担风险，把风险的影响降到最低程度，以谋求最大的收益。如不同企业文化会导致对相同问题的不同看法，从而存在分歧，影响供应链的稳定；过分依赖一个合作伙伴可能在合作伙伴不能满足期望要求时造成惨重损失等。

（二）合作伙伴的选择

1. 成立评价小组

企业应分别建立供应商和分销商评价小组，以控制和实施合作伙伴的评价，组员以来自与供应链合作密切的部门为主，如供应商评价小组应主要以采购、质检、研发、生产及信息技术等部门为主，而分销商评价组则主要以销售部门为主。组员必须有团队合作精神，具有一定的专业技能。评价小组必须同时得到制造商和合作伙伴企业最高领导层的支持。

2. 制定合作伙伴评价标准

合作伙伴评价指标体系是企业对合作伙伴进行综合评价的依据和标准，是反映企业本身和环境所构成的复杂系统不同属性的指标，按隶属关系、层次结构有序组成的集合。根据系统全面性、简明科学性、稳定可比性、灵活可操作性的原则，应制定集成化供应链管理环境下合作伙伴的综合评价指标体系。不同行业、企业、产品需求及不同环境下的合作伙伴评价应是不一样的，但都涉及合作伙伴的业绩、设备管理、人力资源开发、质量控制、成本控制、技术开发、用户满意度、交货协议等可能影响供应链合作关系的方面。

3. 合作伙伴参与评选

一旦企业决定进行合作伙伴评选，评价小组应与初选伙伴取得联系，以确认他们是否愿意与本企业建立供应链合作关系，是否有获得更高业绩水平的愿望。由于企业的资源和力量有限，企业只能与少数的、关键的伙伴保持紧密的合作，所以参与的伙伴应尽可能的少。

（三）正式建立合作伙伴关系

正式建立合作伙伴关系，体现为相互之间信任的建立，包括契约式信任、能力信任、信誉信任的建立。契约式信任是相信对方将遵守诺言，并按照协议执行。能力信任是相信对方所承诺的事情会兑现，可减少不必要的中间环节，降低费用。信誉信任是双方都相信另一方会完全对双方关系负责,他们会愿意做超过契约所期望的事,并且并不期望因此而得到优先或直接回报,他们支持契约式信任和能力信任,同时自己得到加强。信誉信任的建立可以弥补契约的不足,即在出现问题之后,双方出于对长远利益的考虑,以彼此之间的紧密合作和相互协商来解决问题,最终降低供应链管理中的费用。

正式建立合作伙伴关系还应巩固和激励企业之间的信任。塑造自身可信任形象,通过信号传递获取对方的了解与信任。企业可通过以下策略性行为建立自我可信任形象:加强与想合作一方的接触;加入被社会认同的商业协会、专业联合会等组织;能赢得能力强、可靠性高、公平交易的声誉;愿意合作与快速响应,争取长期的合作关系;对合作项目进行必要的前期投资;建立良好的企业文化,培训一支既有较高的专业技术又有良好的交流能力的营销队伍等。

(四) 实施和加强合作伙伴关系

实施和加强合作伙伴关系,主要要做两方面的工作:

第一,消除影响合作伙伴关系的障碍。消除障碍,首先是人们思想观念和做事方式要改变,不仅是高层管理人员、采购人员、供应工作人员的思想要改变,整个企业的理念也要改变。

第二,巩固和维护合作伙伴关系。在实施供应链合作关系的过程中,市场需求将不断变化,可以根据实际情况及时修改合作伙伴评价标准,或重新开始合作伙伴的评选。在重新选择合作伙伴的时候,应给予旧合作伙伴以足够的时间适应变化。

三、供应链合作伙伴的选择

(一) 选择的原则

在合作伙伴的选择过程中,应根据不同的供应链组成形式和具体任务制定不同的选择原则和标准,一般的通用性原则如下。

1. 核心能力原则

核心能力原则要求参加供应链的合作伙伴,必须能为供应链贡献自己的核心能力,而这一核心能力也正是供应链确实需要的,从而避免重复投资。

2. 总成本核算原则

总成本核算原则即实现供应链总成本最小化,实现多赢的战略目标,要求伙伴之间具有良好的信任关系,连接成本较小。

3. 敏捷性原则

供应链管理的一个主要目标就是把握快速变化的市场机会,因此要求各个伙伴企业具有较高的敏捷性,要求对来自供应链核心企业或其他伙伴企业的服务请求具有快速反应能力。

4. 风险最小化原则

供应链运行具有一定的风险性，如市场风险依旧存在，只不过在个体伙伴之间得到了重新分配。因为伙伴企业面临不同的组织结构、技术标准、企业文化和管理观念，所以必须认真考虑风险问题，尽量回避或减少供应链整体运行风险。

违反上述原则将会极大地影响供应链的效率。违反核心能力原则和总成本核算原则，难以满足供应链"外部经济性"的要求；违反敏捷性原则，则不能保证快速抓住市场机遇的目的；而忽视风险最小化原则，会为供应链的运行埋下巨大的隐患。因此，在选择供应链合作伙伴时，必须全面认真地考虑以上四个基本原则。

（二）选择的方法

选择供应链合作伙伴是对企业输入物资的适当品质、适当期限、适当数量与适当价格的总体进行选择的起点与归宿。选择合作伙伴的方法较多，一般要根据供应单位的多少、对供应单位的了解程度以及对物资需要的时间是否紧迫等要求来确定。下面介绍几种常用的供应链合作伙伴选择方法。

1. 直观判断法

直观判断法是根据征询和调查所得的资料并结合人的分析判断，对合作伙伴进行分析、评价的一种方法。这种方法的优点是直观、简单易行，缺点是主观性太强、选择的结果不太具有科学性，只适用于一般合作伙伴的选择，如辅助材料供应商的选择。

2. 招标法

当订购数量大、合作伙伴竞争激烈时，可采用招标法来选择适当的合作伙伴。它由企业提出招标条件，各招标合作伙伴进行竞标，然后由企业决标，与提出最有利条件的合作伙伴签订合同或协议。招标可以是公开招标，也可以是指定竞标。公开招标对投标者的资格不予限制；指定竞标则由企业预先选择若干个可能的合作伙伴，再进行竞标和决标。招标方法竞争性强，企业能在更广泛的范围内选择适当的合作伙伴，以获得供应条件有利的、便宜而适用的物资。但招标法手续较繁杂，时间长，不能适应紧急订购的需要；订购机动性差，有时订购者对投标者了解不够，双方未能充分协商，造成货不对路或不能按时到货。招标法适用于供应或需求量大且竞争十分激烈的合作伙伴的选择。

3. 协商选择法

在供货方较多、企业难以抉择时，也可以采用协商选择的方法，即由企业先选出供应条件较为有利的几个合作伙伴，同它们分别进行协商，再确定适当的合作伙伴。与招标法相比，协商选择法由于进行了协商，在物资质量、交货日期和售后服务等方面较有保证；但由于选择范围有限，不一定能得到价格最合理、供应条件最有利的供应来源。当采购时间紧迫，投标单位少，竞争程度小，订购物资规格和技术条件复杂时，协商选择法比招标法更为合适。

4. 采购成本比较法

对质量和交货期都能满足要求的合作伙伴，则需要通过计算采购成本来进行比较分析。采购成本一般包括售价、采购费用、运输费用等各项支出的总和。采购成本比较法是通过对各个不同合作伙伴的采购成本进行计算分析,选择采购成本较低的合作伙伴的一种方法。这种方法的优点是定量计算、简单易行,缺点是仅考虑成本,局限性大,适用于其他条件,如质量和交货期都满足条件的供应商的选择。

5. 层次分析法

层次分析法(Analytic Hierarchy Process,AHP)是将半定性、半定量的问题转化为定量计算的一种方法。这种方法首先把复杂的决策系统层次化,然后通过逐层比较各种关联因素的重要性程度建立模型判断矩阵,并通过一套定量计算方法为决策提供依据。层次分析法特别适用于那些难以完全定量化的复杂决策问题,它在资源分配、政策分析及选优排序等领域有着广泛的运用。

运用 AHP 进行供应链合作伙伴的选择,需要遵循以下步骤:第一,根据企业对合作伙伴的要求,确定评价选择的目标,根据目标分析出主要的影响因素作为中间层,再根据每个主要因素找出它的下级影响因素,最后确立评价层级体系;第二,构造两两判断矩阵获得指标的权重,通常用 1—9 标度法来构造两两判断矩阵;第三,利用平均值法、特征根法、方根法等计算单指标权重;第四,由下向上计算出综合权重值,进而对备选合作伙伴进行优先排序。

AHP 的优点是思路清晰,将人们的思维数字化、系统化,方法简单,所需要的定量数据信息较少,但对问题的本质、包含的因素及内在的关系能够进行清楚的分析,对于解决多层次、多目标的大系统优化问题很有效。缺点是存在一定的主观性,并且当指标太多时判断矩阵很难满足一致性要求。

 小知识

牛鞭效应

"牛鞭效应"(Bullwhip Effect)又称为"需求变异加速放大原理",是美国著名的供应链管理专家李效良(Hau L. Lee)教授对需求信息扭曲在供应链中传递的一种形象描述。其基本思想就像"善意的谎言",随着真实需求市场提出订购量,上一级的供应商总是想"多一点,留一手",一级一级传递到源头供应商,"多一点,留一手"就变成了"非常巨大和储存过剩"。这种逐级的需求过量,产生扭曲的需求放大影响,使得下级供应商往往比源头供应商的库存水平低很多。此信息扭曲的放大作用在图形上很像一根甩起的牛鞭,因此被形象地称为"牛鞭效应"。

"牛鞭效应"是市场中普遍存在的高风险现象,是销售商与供应商在需求预测修正、订货批量决策、价格波动、短缺博弈、库存责任失衡和应对环境变异等方面博弈的结果,增大了供应商的生产、供应、库存管理和市场营销的不稳定性。企业可以从六个方面规避或化解需求放大变异的影响：订货分级管理；加强入库管理，合理分担库存责任；缩短提前期，实行外包服务；规避短缺情况下的博弈行为；参考历史资料，适当减量修正，分批发送；提前回款期限。

（资料来源：王海军，杜丽敬. 供应链管理［M］. 北京：清华大学出版社，2021.）

苏州市轨道交通集团有限公司的供应链管理

苏州市轨道交通集团有限公司的供应商既有世界知名企业，又有区域性授权代理商，其中不乏世界500强企业，如SIEMENS、中国中车集团等。公司按照"严把流程、审慎引入"的供应商管理原则，不断开发优质供应商并建立考核机制进行定期或不定期评价。公司与优质供应商建立良好的长期合作伙伴关系，形成稳固、互惠、互信、共同发展的合作态势。供应商提供质价合理的产品和服务，为公司服务质量的提升奠定坚实的基础。

一、加强双向沟通和知识分享，提高协同效应

公司通过各类沟通方式，加强与供方的沟通，主要沟通方式参见表9-1。

表9-1　苏州市轨道交通集团有限公司与供方的沟通

供方类型	沟通方式	沟通描述
战略合作	a. 高层走访 b. 信息沟通 c. 技术交流 d. 会议沟通	a. 高层不定期走访、慰问、会晤、洽谈，确立战略合作伙伴关系 b. 传真、电话、邮件等信息沟通形式 c. 技术交流、技术沟通、学术交流会 d. 每年定期举行供应商交流会
一般	a. 信息沟通 b. 技术交流 c. 会议沟通	a. 传真、电话、邮件等信息沟通形式 b. 技术交流、技术沟通、学术交流会 c. 每年定期举行供应商交流会

二、整合资源，建立战略联盟

公司积极开展共赢价值链的建设，通过整合社会资源，采取"供方—苏轨—顾客"深度合作模式，建立共赢价值链战略联盟，以降低经营成本，提高风险防范能力。在公司成长的同时，带动供方发展，提升供应链整体经营水平。见表9-2。

表9-2　苏州市轨道交通集团有限公司与供方的合作

合作领域	合作方式	合作贡献
技术方面	a. 对于性能相当的新产品，积极配合试用，提高产品的竞争力 b. 对于已停产物资，与供应商一起寻找升级替代型号 c. 与供应商一起开发新产品 d. 为供应商提供培训服务，并配合调试安装，实现相关技术共享	1. 供货保障，保证订单交付 2. 加快库存周转 3. 合约定价公式，实现双赢

续表

合作领域	合作方式	合作贡献
商务方面	a. 与供应商签订框架合同，缩短采购周期，节约采购成本，同时提升供应商业绩 b. 采用战略协议、合同履约等方式建立合作关系，共谋长远发展	
资金方面	按照合同约定的付款方式尽快完成资金支付，对有预付款要求的供应商提前支付部分货款，为供应商提供资金需求	

三、创新采购模式，努力控制生产成本

1. 提高采购效率，缩短采购周期

公司总结各类需求物资的消耗规律，对有稳定消耗的物资与供应商签订一定期限的框架采购合同，建立长期合作与联盟关系。在合同有效期内保持价格稳定，供方根据需求订单，在规定的时间内按要求将需求数量的产品送至指定地点，保质保量地完成供货。协议采购是企业与供应商双赢的具体表现，降低了库存资金占用，提高了库存周转率。

2. 推动联合采购，降低采购成本

为加强江苏省城市轨道交通企业采购业务交流，实现采购资源共享，共同致力于提高采购效益，公司与省内其他城市轨道交通企业共同签订《江苏省城市轨道交通企业联合采购战略合作协议》。2021年至今，已与南京地铁、无锡地铁开展8个项目的联合采购工作，后续将持续根据其他地铁的采购计划拟订联合采购计划，稳步推进联合采购，构建联合采购机制，用数量优势获得价格优势，不断节约采购成本，降低企业的运营成本。

3. 线网和跨公司库存共享，减少库存积压

公司实行各线网和跨公司库存共享，中心、车间审核物资需求计划时统筹线网数据综合考虑确定需求，优先使用现有库存物资及共享物资，确保库存物资应用尽用，合理降低库存增长率。

4. 建立评价机制，确保采购质量

为确保获得长期、稳定、成本低、高质量的产品，公司组织物资采购相关部门及物资使用单位对供应商进行定期和不定期评价，主要包括供方提供的询价及报价配合情况、供货能力、合同履行情况、产品质量和售后服务等方面的表现，根据确定的评价要素进行评价。对有不良行为的供方进行约谈，并督促整改，情节严重的将暂停采购。

（资料来源：苏州市轨道交通集团有限公司）

案例思考题 分析苏州市轨道交通集团有限公司在供应链管理方面的特点，并提出优化建议。

项目训练

【训练内容】绘制苏州市轨道交通集团有限公司供应链采购模型图,说明其运作过程,并制订该公司采购管理计划。

【训练目的】通过训练,学生能够加深对供应链管理知识的理解,从整体上了解企业供应链管理过程。

【训练步骤】

1. 学生每4—6人划分为一个小组,进行适当的任务分工。
2. 以小组为单位收集整理相关资料,分析苏州市轨道交通集团有限公司供应链管理流程,制订该公司采购管理计划,并制作PPT及电子文档进行汇报。
3. 组织小组讨论,教师根据小组讨论情况给予点评。
4. 小组提交案例分析报告。

自测题

1. 简述供应链管理及其基本内容。
2. 供应链管理的原则与步骤有哪些?
3. 供应链设计的内容包括哪些方面?
4. 供应链合作伙伴选择的原则有哪些?
5. 简述供应链合作关系建立的步骤。

【延伸阅读】

舒辉. 供应链管理思想史[M]. 北京:企业管理出版社,2022.

项目十 企业营销管理

【学习目标】

1. 掌握市场营销的概念及实施步骤
2. 知晓市场分析的概念及作用
3. 了解市场营销组合策略的类型和影响因素
4. 熟练掌握市场分析的方法

引导案例

苏州轨道交通智慧运营体系分析

苏州作为国内第一个开通城市轨道交通的地级市，经过 10 年的运营发展，已经取得较为突出的成绩。目前，苏州轨道交通已迈入网络化运营的新阶段。进入新时期和新阶段，苏州轨道交通在承载交通运输发展与城市现代化建设、辅助城市功能实现和服务居民日常生活以及实现高质量发展的过程中面对着更高的服务需求。

新型信息技术的蓬勃发展以及在城市轨道交通行业中的广泛应用，为城市轨道交通运营的网络化、数字化、信息化和智能化发展转型提供了有力的技术保障，也促使智慧运营成为业界的热门话题和发展趋势。在此背景下，需构建苏州轨道交通运营新模式，以实现提质、降本、增效、节能和高质量的创新发展。

一、智慧运营的业务需求分析

苏州轨道交通以实际运营需求为引导，立足企业目前发展现状，找短板、补缺陷，推动云计算、大数据、物联网、新一代人工智能、5G、卫星通信、区块链等新型信息技术与城市轨道交通运营的深度融合，与苏州市公共交通"两网融合"工作、长三角一体化"四网融合"工作深度结合。

企业管理基础

1. 面向乘客出行的业务需求

乘客出行主要涉及三个场景，即进站、乘车、出站。乘客在乘车前可以通过第三方应用软件查询预乘车次车站和列车的客流情况，以及各次列车的实时位置，可根据获取的相关信息结合自己的时间合理规划行程。进站场景中，乘客根据出入口导向标志前往站厅非付费区排队安检，通过第三方软件扫码或生物识别的方式检票进站。乘车场景中，乘客根据列车上的语音提醒、LED 显示信息判断是否下车或换乘。出站场景中，在闸机口通过扫描二维码或生物识别方式出站，并跟随车站导向标志指引去往目的地所在方向出口。

在上述场景中，存在目前的信息交互模式相对简单、客服的沟通途径受限以及生活增值业务较少等问题，还无法充分满足乘客"便捷、舒适、个性、无障碍"的智慧出行需求。要完全满足乘客上述出行需求，首先要具备基于生物识别技术的无感安检 + 过闸一体式设备，为乘客提供无接触快速进站服务；其次可提供高效客服服务，包括迅速响应的线上服务和及时应答的线下服务，满足乘客高效、准确的咨询反馈需求；再次可提供实时多平台信息发布，动态引导标识，通过大数据分析实现个性化定制信息，丰富信息内容，满足乘客个性化信息需求；最后可通过爱心预约服务、城市物流、站内商业等生活增值服务，带给乘客丰富的出行体验。

2. 面向运营指挥的业务需求

城市轨道交通面向运行管控场景可分为车站运行管控和线网调度管控，各管控场景的业务内容均体现在运营前、运营中和运营后三个阶段。运营前，车站站务人员进行站内巡视，确认车站是否满足开运营要求；线路电环调度员检查并核实辖区供电、环控等设备设施状况；线路行车调度员在确定行车要求满足后，组织空车进行压道试验等。在运营中，线路行车调度员负责列车的上线运行，下达调度命令，并监视运行状况和客流变化情况，以适时调整列车运行状态；线路电环调度员检测供电系统、火灾报警系统、楼宇自动化系统等工作情况，以随时调整设备运行方式；车站工作人员按照线路调度员命令监视客流情况、列车及设备运行情况，在出现重大突发事件时，协同线路调度员和线网调度员进行应急处置，并组织乘客疏散。运营结束后，线路行车调度员组织运营列车回库，确认施工计划和要求，并安排施工列车开行，下达施工命令；车站人员组织关站，并按计划办理施工登记和监护施工作业；线路电环调度员在施工时段按计划进行接触网停送电。

上述场景涉及的业务内容包括客流组织、行车调度、设备监控和应急指挥等方面。面向运营指挥的智慧化业务需求可以总结为以下几方面：运行状态即全息感知需求，包括乘客、列车、设备、环境等；远程智能监控需求，包括设备控制、客流组织、运行图编制、指挥调度、应急协调等，解决人工操作耗时高且准确度低、作业流程复杂且强度大、人工及设备成本较高等问题；围绕乘客出行服务的运营组织需求，打通系统间的数据通道，实现以客运量为导向的线网运能自动调整，改善因既有系统分散建立而导致的数据输送不畅、监控困难、命令交互繁冗的局面；安全隐患主动识别需求，改善突发异常现象接报滞后、潜在风险难以提前排查并预判的情况。

二、智慧运营的业务功能规划

通过对苏州轨道交通运营业务智慧化需求的分析，重点面向运营阶段智慧化提出以智慧服务、智慧客流监控、智慧调度为核心的业务功能规划，将苏州轨道交通现有的特色线下服务举措如爱心预约、便民雨伞等移植到智慧终端，构建苏州轨道交通智慧运营的新模式，以实现公众美好愉悦出行、列车安全高效运行、设备可靠经济服役和企业科学精细管理的发展目标。

三、智慧运营的发展路线

1. 总体实施路径

坚持需求牵引与问题导向相结合，立足发展现状，分层梳理，剖析关键需求与痛点问题，优先建设相关功能。在此基础上，按照业务导向和技术迭代方向，由点到面，循序渐进地分步实践，并采取分阶段分类别的方式组织实施，逐步选取项目，有序推进落地，推动苏州轨道交通智慧运营的建设发展。

2. 重点工作任务

城市轨道交通智慧运营体系是一个长期投入并且内容复杂的系统工程。面对目前苏州轨道交通快速上升的客流量，构建乘客一体化无感过闸新模式；面对不断扩张的网络结构，构建网络化运营新模式；构建乘客全过程出行服务新模式。

[案例改编自：刘琳婷，王智永，刘飞. 苏州市轨道交通智慧运营体系研究[J]. 现代城市轨道交通，2022（S1）.]

[**案例思考题**] 结合案例材料想一想：苏州轨道交通智慧运营业务需求分析运用了哪些市场营销观念？

任务一　市场营销

一、市场与市场营销

（一）市场的概念

从时空角度来看，市场是指买卖的场所；从经济学角度来看，市场是商品交换关系的总和；从管理学角度来看，市场是指供需双方在共同认可的一定条件下进行的商品或劳务的交换活动；从营销学角度来看，市场是由具有特定欲望和需求，并愿意以资源进行交换以及能够以交换来满足这些需求的潜在顾客所组成的。

(二) 市场构成要素

1. 消费者

消费者是指使用和消费物质资料和劳务,以满足生活和生产需要的买方群体或个人。它既包括主要以居民个人和家庭形式出现的生活资料和劳务的消费者,也包括主要以生产群体单位形式出现的生产资料和劳务的消费者。

2. 购买力

购买力是指消费者购买商品和劳务的支付能力。消费者的购买力是由消费者收入决定的,购买力水平的高低是决定市场容量大小的重要指标。

3. 购买欲望

购买欲望是指消费者购买商品和劳务需要的强烈程度。购买欲望归根到底产生于人类的生理和心理需要,即满足人们物质和文化生活的需要,而生产资料的购买欲望则产生于生产这些生活资料的需要。

4. 商品和商品供应者

商品是进行交换的物质基础,只有商品供应者向市场提供商品,才能促成商品买卖和商品交换。

上述这些市场的构成要素既相互联系又相互制约。

(三) 市场营销的概念

1. 市场营销的含义

"现代营销学之父"菲利普·科特勒认为,市场营销是个人和群体通过创造并同他人交换产品和价值以满足需求及欲望的一种社会和管理过程。其包含的内容有:①市场营销的最终目标是"满足需求和欲望";②"交换"是市场营销的核心,交换过程是一个主动、积极寻找机会,满足双方需求和欲望的社会过程与管理过程;③交换过程能否顺利进行,取决于营销者创造的产品和价值满足顾客需求的程度与交换过程管理的水平。

2. 市场营销的相关概念

(1) 需要、欲望和需求。需要是指没有得到某些基本满足的感受状态。欲望是指想得到能实现这些基本满足的具体满足物的愿望。需求是指对有能力购买并且愿意购买的某个具体产品的欲望。

(2) 产品。它是指能够满足人的需要和欲望(需求)的任何东西。

(3) 效用、费用和满足。效用是消费者对产品满足其需要的整体能力的评价(满足消费者需求的重要性)。费用是指消费者通常根据对产品价值的主观评价决定购买时所要支付的货币。满足是指实现预定目标或愿望时的状况和体验。

(4) 交换、交易和关系。交换是指从他人处取得所需之物,而以自身的某种东西作为回报的行为。交易是交换活动的基本单元,是由双方之间的价值交换所构成的行为。

(5)市场营销者。它是指希望从别人那里取得资源并愿意以某种有价值的东西作为交换的人或群体。

二、市场营销观念

市场营销观念的演变与发展,可归纳为六种,即生产观念、产品观念、推销观念、市场营销观念、客户观念和社会营销观念。

(一)生产观念

生产观念是在卖方市场条件下产生的。在资本主义工业化初期以及第二次世界大战末期和战后一段时期内,由于物资短缺,市场产品供不应求,生产观念在企业经营管理中颇为流行。生产观念是一种"我们生产什么,消费者就消费什么"的观念。

(二)产品观念

产品观念是与生产观念并存的一种市场营销观念。产品观念认为,消费者最喜欢高质量、多功能和具有某种特色的产品,企业应致力于生产高值产品,并不断加以改进。它产生于市场产品供不应求的"卖方市场"形势下。最容易滋生产品观念的场合,莫过于当企业发明一项新产品时,此时,企业最容易导致"市场营销近视",即不适当地把注意力放在产品上,而不是放在市场需要上,仍属于卖方主导的理念。

(三)推销观念

随着生产力与市场经济的进一步发展,产品市场开始由卖方市场向买方市场转化,时间大致为 20 世纪 20—40 年代。由于产品开始出现供过于求,所以企业把关注点投向市场,将强化推销作为经营的重点。推销观念认为,顾客一般存在购买惰性与抗衡心理,企业只有大力推销,刺激顾客大量购买,才能取得经营的成功。推销观念的进步在于对市场的重视,以及对顾客能动作用的重视,但它仍然忽视顾客本身的需求与主导地位,因此仍属于卖方导向。

(四)市场营销观念

市场营销观念是作为对上述诸观念的挑战而出现的一种新型的企业营销观念。这种观念是以满足顾客需求为出发点的,即"顾客需要什么,就生产什么",其核心原则形成于 20 世纪 50 年代中期。当时社会生产力迅速发展,市场趋势表现为供过于求的买方市场,同时居民个人收入迅速增加,有可能对产品进行选择,企业之间竞争加剧,许多企业开始认识到,必须转变经营观念,才能求得生存和发展。市场营销观念认为,实现企业各项目标的关键,在于正确确定目标市场的需要和欲望,并且比竞争者更有效地传送目标市场所期望的物品或服务,进而比竞争者更有效地满足目标市场的需要和欲望。

市场营销观念的出现，使企业经营观念发生了根本性变化，也使市场营销学发生了一次革命。市场营销观念同推销观念有明显的差别。推销观念注重卖方需要；市场营销观念则注重买方需要。推销观念以卖主需要为出发点，考虑如何把产品变成现金；而市场营销观念则考虑如何通过制造、传送产品以及与最终消费产品有关的所有事物，来满足顾客的需要。可见，市场营销观念的四个支柱是：市场中心、顾客导向、协调的市场营销和利润。推销观念的四个支柱是：工厂、产品导向、推销、盈利。从本质上说，市场营销观念是一种以顾客需要和欲望为导向的观念，是消费者主权论在企业市场营销管理中的体现。

（五）客户观念

客户观念是随着现代营销战略由产品导向转变为客户导向，客户需求及其满意度逐渐成为营销战略成功的关键所在而出现的。各个行业都试图通过卓有成效的方式，及时准确地了解和满足客户需求，进而实现企业目标。实践证明，不同子市场的客户存在着不同的需求，甚至同属一个子市场的客户的个别需求也会经常变化。为了适应不断变化的市场需求，企业的营销战略必须及时调整。在此营销背景下，越来越多的企业开始由奉行市场营销观念转变为客户观念或顾客观念。所谓客户观念，是指企业注重收集每一个客户以往的交易信息、人口统计信息、心理活动信息、媒体习惯信息以及分销偏好信息等，根据由此确认的不同客户终身价值，分别为每个客户提供不同的产品或服务，传播不同的信息，通过提高客户忠诚度，增加每一个客户的购买量，从而确保企业的利润增长。市场营销观念与之不同，它强调的是满足一个子市场的需求，而客户观念则强调满足每一个客户的特殊需求。

（六）社会营销观念

社会营销观念是对市场营销观念的修改和补充。社会营销观念认为，企业的任务是确定各个目标市场的需要、欲望和利益，并以保护或提高消费者和社会福利的方式，比竞争者更有效、更有利地向目标市场提供能够满足其需要、欲望和利益的物品或服务。社会市场营销观念要求市场营销者在制定市场营销政策时，要统筹兼顾三方面的利益，即企业利润、消费者需要的满足和社会利益。

小贴士

"现代营销学之父"——菲利普·科特勒

菲利普·科特勒（Philip Kotler）是现代营销集大成者，被誉为"现代营销学之父"，任美国西北大学凯洛格管理学院终身教授，是美国西北大学凯洛格管理学院国际市场学 S.C. 强生荣誉教授。他还是美国管理科学联合市场营销学会主席，美国市场营销协会理事，营销科学学会托管人。菲利普·科特勒多次获得美国国家级勋章和褒奖，包括保尔·D. 康弗斯奖、斯图尔特·亨特森·布赖特奖、杰出的营销学教育工作者奖、营销卓越贡献奖、查尔斯·库利奇奖。科特勒博士一直致力于营销战略与规划、营销组织、国际市场营销及社会营销的研究，他的最新研究领域包括：高科技市场营销，城市、地区及国家的竞争优势研究等。他创造的一些概念，如"反向营销"和"社会营销"等，被人们广泛应用和实践。科特勒博士著作众多，许多都被翻译为20多种语言，被58个国家和地区的营销人士视为营销宝典。其中，《营销管理》一书更是被奉为营销学的圣经。

[资料来源：昀熙. 菲利普·科特勒：现代营销学之父［J］. 现代企业文化，2012（8）.]

任务二　市场分析

一、市场分析的概念

市场分析是根据已获得的市场调查资料，运用统计原理，对市场及其销售变化进行分析的活动。从市场营销角度看，它是市场调查的组成部分和必然结果，又是市场预测的前提和准备过程，包括从生产者到消费者或用户这一过程中全部商业活动的资料、情报和数据分析。市场分析是一门综合性科学，它涉及经济学、统计学、经济计量学、运筹学、心理学、社会学、语言学等学科。

市场分析的研究对象是整个市场，这个对象可以从纵横两个角度去考察。从纵向角度看，市场分析要研究从生产者到消费者的所有商业活动，揭示生产者和消费者各自在从事市场活动中的行为和遵循的规律。从横向角度看，在现代市场经济体制中，市场活动是一个全方位的活动。一方面，不同的国家和地区受政治、文化等方面的影响，其市场活动是有差异的，市场分析必须揭示这些市场活动的特点和规律；另一方面，即使是同一市场活动的主体，由于各种不同市场的交互作用，其活动的内容是极为广泛的，市场的类型多种多样，各种不同类型市场的特点和运行规律就成了市场分析的又一重点研究对象。总之，市场分析的研究对象是极为广泛和复杂的，广泛性和复杂性是市场分析研究对象的重要特点。

二、市场分析的作用

市场分析在企业经营决策中的主要作用有以下几个方面：

第一，市场分析可以帮助企业发现市场机会并为企业的发展创造条件。企业若想在一个新的市场开辟自己的业务，除了要了解新市场的市场需要之外，还要了解该市场商业上的竞争对手，这些工作都要通过各种分析手段来完成。只有通过细致的市场调查和分析，企业才有可能对自己的营销策略做出正确的决策，就这点而言，公司的规模越大，市场分析工作也就越显得重要，也就越需要在市场分析方面进行大量的投入。

第二，市场分析可以加强企业控制销售的手段。促销活动是企业在推销产品过程中的主题活动，然而企业如何进行促销活动和选择什么样的促销手段，则要依靠市场分析工作。以广告为例，商业广告的途径和种类很多，但究竟哪一种广告的效果好，还需要进行细致的分析研究。比较性广告似乎更容易给消费者留下印象，因为它通过比较两种不同产品的各种功能与特点来突出其中的主题产品。不过，并不是所有的商品都适合用比较性广告。因此，何时、何地、在何种情况下企业应该运用比较性广告来宣传自己的产品，就需要进行分析研究。另外，广告向消费者传播以后效果如何，也要通过对产品的销售记录进行分析以后才能得出。

第三，市场分析可以帮助企业发现经营中的问题并找出解决的办法。经营中的问题范围很广，包括企业、企业责任、产品、销售、广告等各个方面。造成某种问题的因素也不是那么简单，尤其是当许多因素相互交叉作用的时候，市场分析就显得格外重要。某企业一个时期内销售收入大幅度下降，可是却搞不清问题是出在下调了的价格上还是出在广告的设计上，于是市场分析就只能从两个要点来着手了。根据销售记录，人们发现价格降低以后，销售量并没有明显增加，说明产品需求的价格弹性小于 1，降价的决策是错误的。如果通过对广告效果的调查发现广告媒介的错误导致广告效果不好，那问题就出在广告方面。当然，企业销售额大幅度下降的原因也可能出在产品方面，如产品质量下降或是市场出现竞争企业的优质产品等。

第四，市场分析可以平衡企业与顾客的联系。市场分析通过信息及对信息的分析和处理把顾客与企业联系起来。正是由于有了这些信息，市场分析人员才能够确定市场中存在的问题，检查市场营销活动中不适当的策略与方法，同时找出解决这些问题的办法。

第五，市场分析可以为政府有关部门了解市场、对市场进行宏观调控提供服务。如政府投资部门可通过市场分析来决定重点扶持哪个行业，计划部门则可通过市场分析来预测不同行业的发展状况，制定合理的宏观发展规划。

三、市场分析的方法

市场分析一般可按统计分析法进行，也可以根据已有的市场调查资料，采取直接资料法、必然结果法和复合因素法等进行。

在对市场这一对象进行研究时，首先对市场问题进行概括性的阐述，继而从基础理论、微观市场、宏观市场等方面对市场进行较为详尽的分析，最后对市场的各种类型进行具体的解剖，从而使人们对这个市场的状况和运行规律既有概括的了解，又有具体的认识。市场分析的方法主要有以下几种。

（一）系统分析法

市场是一个多要素、多层次组合的系统，既有营销要素的结合，又有营销过程的联系，还有营销环境的影响。运用系统分析的方法进行市场分析，可以使研究者从企业整体上考虑企业经营发展战略，用联系的、全面的和发展的观点来研究市场的各种现象，既看到供的方面，又看到求的方面，并预见到它们的发展趋势，从而做出正确的营销决策。

（二）比较分析法

比较分析法是把两个或两类事物的市场资料相比较，从而确定它们之间相同点和不同点的逻辑方法。对一个事物是不能孤立地去认识的，只有把它与其他事物联系起来加以考察，通过比较分析，才能在众多的属性中找出本质的属性。

（三）结构分析法

在市场分析中，通过市场调查资料，分析某现象的结构及其各组成部分的功能，进而认识这一现象本质的方法，称为结构分析法。

（四）演绎分析法

演绎分析法就是把市场整体分解为各个部分、方面、因素，形成分类资料，并通过对这些分类资料的研究分别把握其特征和本质，然后将这些通过分类研究得到的认识联结起来，形成对市场整体认识的逻辑方法。

（五）案例分析法

所谓案例分析，就是以典型企业的营销成果作为例证，从中找出规律性的东西。市场分析的理论是从企业的营销实践中总结出来的一般规律，它来源于实践，又高于实践，用它指导企业的营销活动，能够取得更大的经济效益。

（六）定性与定量分析结合法

任何市场营销活动都是质与量的统一。进行市场分析，必须进行定性分析，以确定问题的性质，也必须进行定量分析，以确定市场活动中各方面的数量关系，只有使两者有机结合起来，才能做到不仅对问题的性质看得准，又能使市场经济活动数量化，从而更加具体和精确地分析市场。

（七）宏观与微观分析结合法

市场情况是国民经济的综合反映，要了解市场活动的全貌及其发展方向，不但要从企业的角度去考察，还需从宏观上了解整个国民经济的发展状况。这就要求必须把宏观分析和微观分析结合起来，以保证市场分析的客观性、正确性。

（八）物与人的分析结合法

市场分析的研究对象是以满足消费者需求为中心的企业市场营销活动及其规律。企业营销的对象是人。因此，要想把物送到所需要的人手中，就需要既分析物的运动规律，又分析人的不同需求，以便实现两者的有机结合，保证产品销售的畅通。

（九）直接资料法

直接资料法是指直接运用已有的本企业销售统计资料与同行业销售统计资料进行比较，或者直接运用行业地区市场的销售统计资料同整个社会地区市场销售统计资料进行比较，通过分析市场占有率的变化，寻找目标市场。

（十）复合因素法

复合因素法是指选择一组有联系的市场影响因素进行综合分析，测定有关商品的潜在销售量。

大数据分析

大数据分析是指对规模巨大的数据进行分析。大数据可以概括为 5 个 V，即数据量大（Volume）、速度快（Velocity）、类型多（Variety）、大价值（Value）、真实性（Veracity）。大数据是当代最火热的 IT 行业的词汇，随之而来的数据仓库、数据安全、数据分析、数据挖掘等围绕大数据商业价值的利用逐渐成为行业人士争相追捧的利润焦点。随着大数据时代的来临，大数据分析也应运而生。

（资料来源：吕燕，朱慧. 管理定量分析：方法与实践［M］. 上海：上海人民出版社，2021.）

 市场细分与目标市场定位

一、市场细分及其划分标准

（一）市场细分概述

市场细分理论是 20 世纪 50 年代由美国营销专家温德尔·史密斯（Wendell R. Smith）提出的。市场细分是指企业根据自己的条件和营销意图把消费者按不同标准分为一个个较小的、有相似特点的子市场的做法。企业进行市场细分是因为在现代市场条件下，消费者的需求是多样化的，而且消费者人数众多，分布广泛，任何企业都不可能以自己有限的资源满足市场上所有消费者的各种要求。通过市场细分，向市场上的特定消费群提供自己具有优势的产品或服务是现代营销最基本的前提。

(二) 市场细分的标准

消费者人数众多，需求各异，企业可以根据需要，按照一定的标准进行区分，确定自己的目标人群。市场细分的主要依据主要有地理标准、人口标准、心理标准和行为标准，根据这些标准进行的市场细分分别是地理细分、人口细分、心理细分和行为细分。

1. 地理细分

地理细分就是将市场分为不同的地理单位，地理标准可以选择国家、省、地区、县、市或居民区等。地理细分是企业经常采用的一种细分标准。一方面，由于不同地区的消费者有着不同的生活习惯、生活方式、宗教信仰、风俗习惯等偏好，因而需求也是不同的；另一方面，现代企业尤其是规模庞大的跨国企业，在进行跨国或进行跨区域营销时，地理的差异对营销的成败至关重要。

2. 人口细分

人口细分是根据消费者的年龄、性别、家庭规模、家庭生命周期、收入、职业、受教育程度、宗教信仰、种族以及国籍等因素将市场分为若干群体。由于消费者的需求结构与偏好，产品品牌的使用率与人口密切相关，同时人口因素比其他因素更易于量化，因此人口细分在细分市场中使用最广泛。

3. 心理细分

心理细分是根据消费者所处的社会阶层、生活方式及个性特征对市场加以细分。在同一地理细分市场中的人可能显示出迥然不同的心理特征。

4. 行为细分

行为细分是根据消费者对品牌的了解、态度、使用情况及反应对市场进行细分。这方面的细分因素主要有以下几项：时机，购买品牌或使用品牌的时机；购买频率，经常购买还是偶尔购买；购买利益，如价格便宜、方便实用、新潮时尚、炫耀等；使用者状况，如曾使用过、未曾使用过、初次使用、潜在使用者；品牌了解，如不了解、听说过、有兴趣、希望买、准备买等；态度，如热情、肯定、漠不关心、否定、敌视等。

(三) 市场细分的要求

企业根据其产品或服务的特点选择一定的细节标准，并按此标准进行调查和分析，最终对感兴趣的细分市场进行描述和概括。如果分别使用上述四种细分标准无法概括出细分市场时，则须考虑综合使用上述四种标准，资料越详细越有利于目标市场的选择。最终概括出来的细分市场至少应符合以下要求：① 细分后的市场必须是具体、明确的，不能似是而非或泛泛而谈，否则就失去了意义。② 细分后的市场必须是有潜力的市场，而且有进入的可能性，这样对企业才具有意义。如果市场潜力很小，或者进入的成本太高，企业就没有必要考虑这样的市场。

二、目标市场定位

市场定位是指企业及产品确定在目标市场上所处的位置。市场定位是在 20 世纪 70 年代由美国营销学家艾·里斯和杰克·特劳特提出的，其含义是指企业根据竞争者现有产品在市场上所处的位置，针对顾客对该产品某些特征或属性的重视程度，强有力地打造出本企业及产品与众不同的、令人印象深刻的形象，并将这种形象生动地传递给顾客，从而确定本企业及该产品在市场上适当的位置。市场定位是企业针对潜在顾客的心理进行营销设计，创立产品、品牌或企业在目标顾客心目中的某种形象或某种个性特征，保留深刻的印象和独特的位置，从而取得竞争优势的活动。简而言之，就是在客户心目中树立独特的形象。市场定位的实质是使本企业与其他企业严格区分开来，使顾客明显感觉和认识到这种差别，从而使本企业在顾客心目中占有特殊的位置。确定目标市场的方式包括对细分市场进行评估，以确定目标市场，选择细分市场的进入方式。

（一）评估细分市场

企业评估细分市场的核心是确定细分市场的实际容量，评估时应考虑三个方面的因素：一是细分市场的规模，二是细分市场的内部结构吸引力，三是企业的资源条件。潜在的细分市场要具有适度需求规模和规律性的发展趋势。潜在的需求规模是由潜在消费者的数量、购买能力、需求弹性等因素决定的，一般来说，潜在需求规模越大，细分市场的实际容量就越小。细分市场内部结构吸引力取决于该细分市场潜在的竞争力，竞争者越多，竞争越激烈，该细分市场的吸引力就越小。同行业的竞争品牌、潜在的新参加的竞争品牌、替代品牌、品牌产品购买者和供应商，这五种力量从供给方面决定细分市场的潜在需求规模，从而影响到市场实际容量。如果细分市场竞争品牌众多，且实力强大，或者进入壁垒、退出壁垒较高，且已存在替代品牌，则该市场就会失去吸引力。而企业的资源条件也是关键性的一个因素。企业的品牌经营是一项系统工程，有长期目标和短期目标，企业行为是计划的战略行为，每一步发展都是为实现其长远目标服务的，进入一个子市场只是企业品牌发展的一步。因此，虽然某些细分市场具有较大的吸引力，有理想的需求规模，但如果和企业的长期发展目标不一致，企业也应放弃进入。而且，即使和企业目标相符，但企业的技术资源、财力、人力资源有限，不能保证该细分市场的成功，则企业也应果断舍弃。

因此，对细分市场的评估应从上述三个方面综合考虑，全面权衡，这样评估出来的结果才有意义。

（二）选择进入细分市场的方式

通过评估，企业会发现一个或几个值得进入的细分市场，这也就是企业所选择的目标市场，下面要考虑的就是进入目标市场的方式，即企业如何进入的问题，此处提供五种进入方式供参考。

1. 集中进入方式

企业集中所有的力量在一个目标市场上进行品牌经营，满足该市场的需求，在该品牌获得成功后再进行品牌延伸。这是中小企业在资源有限的情况下进入市场的常见方式。许多企业在进入市场时常采用一个主打品牌进行集中营销的策略。集中进入的方式有利于节约成本，以有限的投入突出品牌形象，但风险也比较大。

2. 有选择的专门化进入方式

企业选择了若干个目标市场，在几个市场上同时进行品牌营销，这些市场之间或许很少或根本没有联系，但企业在每个市场上都能获利。这种进入方式有利于分散风险，企业即使在某一市场失利也不会全盘皆输。

3. 专门化进入方式

这是企业集中资源生产一种产品提供给各类顾客或者专门为满足某个顾客群的各种需要服务的营销方式。

4. 无差异进入方式

企业对各细分市场之间的差异忽略不计，只注重各细分市场之间的共同特征，推出一个品牌，采用一种营销组合来满足整个市场上大多数消费者的需求。无差异进入往往采用大规模促销和轰炸式广告的办法，以达到快速树立品牌形象的效果。无差异进入的方式 能降低企业生产经营成本和广告费用，不需要进行细分市场的调研和评估，但是风险也比较大，毕竟在现代要求日益多样化、个性化的社会，以一种产品、一个品牌满足大部分消费者需求的可能性很小。

5. 差异进入方式

企业有多个细分子市场为目标市场，分别设计不同的产品，提供不同的营销组合以满足各子市场不同的需求，这是大企业经常采用的进入方式。差异性进入由于针对特定目标市场的需求，因而成功的概率更高，能取得更大的市场占有率，但其营销成本也比无差异进入要高。

以上五种细分市场进入方式各有优缺点，企业在选择时应考虑自身的资源条件，结合产品的特点，选择最适宜的方式进入细分市场。

任务四　市场营销组合

市场营销组合是指企业在选定的目标市场上，综合考虑环境、能力、竞争状况及企业自身可以控制的因素，并对之加以最佳组合和运用，以完成企业的目标与任务。

一、市场营销组合策略的演化

（一）4P营销策略组合

20世纪60年代，市场态势和企业经营观念发生了变化，即市场态势完成了卖方市场向买方市场的转变，企业经营观念实现了由传统经营观念向新型经营观念的转变。与此相适应，营销手段也多种多样，且十分复杂。1960年，麦卡锡在人们营销实践的基础上，提出了著名的4P营销策略组合理论，即产品（Product）、定价（Price）、地点（Place）、促销（Promotion）。"4P"是营销策略组合通俗经典的简称，奠定了营销策略组合在市场营销理论中的重要地位，它为企业实现营销目标提供了最优手段，即最佳综合性营销活动，也称整体市场营销。

（二）6P营销策略组合

20世纪80年代以来，世界经济走向滞缓发展，市场竞争日益激烈，政治和社会因素对市场营销的影响和制约越来越大。这就是说，一般营销策略组合的4P不仅要受到企业本身资源及目标的影响，而且更受企业外部不可控因素的影响和制约。一般市场营销理论只看到外部环境对市场营销活动的影响和制约，而忽视了企业经营活动也可以影响外部环境。另外，为克服一般营销观念的局限，大市场营销策略应运而生。1986年，美国市场营销学家菲利浦·科特勒提出了大市场营销策略，在原4P营销策略组合的基础上增加两个P，即权力（Power）和公共关系（Public Relations），简称6P营销策略组合。科特勒认为，为了成功地进入特定市场，在策略上必须协调地使用经济心理、政治和公共关系等手段，以取得政府或地方有关方面的合作和支持。此处所指特定的市场，主要是指壁垒森严的封闭型或保护型的市场。贸易保护主义的回潮和政府干预的加强，是国际、国内贸易中大市场营销存在的客观基础。要打入这样的特定市场，除了做出较多的让步外，还必须运用大市场营销策略即6P营销策略组合。大市场营销概念的要点在于当代营销者也需要借助政治力量和公共关系技巧去排除产品通往目标市场的各种障碍，取得有关方面的支持与合作，实现企业营销目标。

大市场营销理论与常规的营销理论即4P营销策略组合相比，有两个明显的特点：第一，十分注重协调企业与外部各方面的关系，以排除来自人为的障碍，打通产品的市场通道。这就要求企业在分析满足目标顾客需要的同时，还须研究来自各方面的阻力，制定对策，这在相当程度上依赖于公共关系工作去完成。第二，打破了传统的关于环境因素之间的分界线，也就是突破了市场营销环境是不可控因素的认识，重新认识市场营销环境及其作用，某些环境因素可以通过企业的各种活动施加影响或运用权力疏通关系来加以改变。

（三）11P营销策略组合

1986年6月，菲利浦·科特勒教授又提出了11P营销理念，"11P"包括大市场营销组合即 6P 组合（产品、价格、促销、分销、政府权力、公共关系），这 6P 组合称为市场营销的策略，其确定得是否恰当，取决于市场营销的战略"4P"［依次为市场调研（探查）、市场细分（分割）、目标市场选择（优先）、市场定位（定位）］，最后一个"P"（员工），贯穿于企业营销活动的全过程，也是实施前面 10 个"P"的成功保证。

市场营销策略组合作为现代市场营销理论中的一个重要概念，在其发展过程中，营销组合因素即 P 的数目有增加的趋势，但应当看到，传统的 4P 理论仍然是基础，见图 10-1。

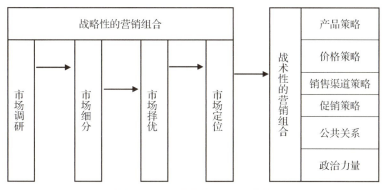

图 10-1　市场营销的 11P 组合

（四）4C 营销策略组合

20 世纪 90 年代初，消费个性化和感性化更加突出，企业为了解消费者的需求和欲望，迫切需要与消费者进行双向信息沟通。1990 年，美国市场学家罗伯特·劳特伯恩提出了 4C 营销策略组合理论，"4C"即 Customer（顾客）、Cost（成本）、Convenience（便利）和 Communication（沟通）。该理论针对产品策略，提出应更关注顾客的需求与欲望；针对价格策略，提出应重点考虑顾客为得到某项商品或服务所愿意付出的代价；并强调促销过程应是一个与顾客保持双向沟通的过程。4C 理论的思想基础是以消费者为中心，强调企业的营销活动应围绕消费者的所求、所欲、所能来进行，这与以企业为中心的 4P 理论有着实质上的不同。

企业的市场营销行为将更多地从站在卖方角度的"4P"向站在买方角度的"4C"转化。新的市场营销组合策略认为，先把产品搁到一边，赶紧研究消费者的欲望和需求，不要再卖公司所能生产的产品，而要卖客户想要购买的产品；暂时放弃主观的定价策略，公司应了解消费者为满足其需求所需付出的成本；公司还应放弃已成定式的地点策略，而应优先考虑如何向消费者提供便利使其购得商品；最后，用沟通来代替促销。这是 20 世纪 90 年代市场营销的新发展。可以这样预言，未来市场上的赢家将是那些能够站在客户的角度，为客户提供更多满意或是超越客户满意的企业。这也是市场营销组合新理论的真谛所在。

二、市场营销组合策略的应用

(一) 营销组合策略与营销战略

在市场营销组合的执行过程中,非常明显地体现出营销组合策略与营销战略相辅相成并有机结合的关系。市场营销组合不仅是市场营销战略的组成部分,而且是市场营销战略的基础和核心。处理好二者之间的关系,关系到企业营销的成败。因此,营销组合在具体执行过程中,遵循目标性、协调性、经济性、反馈性原则,还要经常修订短期策略目标,以加强和完善最基本的营销战略。只要营销组合策略保持在营销战略目标的限度内,就可以认为是可行的,但若未达到预期效果,企业就必须重新评价这一营销组合策略在整体营销战略中是否恰当,甚至营销战略制定得是否正确,而不能只停留在个别策略的调整上。

(二) 营销组合与营销环境

当前,营销环境对企业营销的影响已由通过影响目标市场需求进而间接影响企业的市场营销组合发展为直接制约企业的市场营销组合,所以,企业在选择市场营销组合时,必须把营销环境看作一个重要因素。为此,要进一步明确营销环境与营销组合的关系,才能在二者的动态协调中把握住企业生存和发展的主动权。

1. 同一性

营销组合与营销环境均为企业营销的可变因素,共同对企业的营销活动发生作用和影响。

2. 营销环境对市场营销组合的制约性

企业作为一个开放的组织系统,与外部营销环境发生着各种各样的错综复杂的联系。企业营销活动必然受到营销环境的影响和制约并表现为多种渠道和多种形式,具体表现为对企业营销目标、营销战略、营销策略等方面的影响。

3. 市场营销组合对营销环境的适应性

营销组合的可控性和营销环境的不可控性均处在动态变化之中,特别是在变化的速度上,后者的变化大大快于前者,这就决定了企业必须随营销环境的变化及时调整市场营销组合,以求得与营销环境的适应和协调。值得注意的是,不能满足营销组合和营销环境在一定时期的相适应,必须预测未来若干年营销环境的变化趋势,并据此制定长期营销战略和策略。由此可见,企业的营销活动过程实质上是企业适应环境变化,并对变化着的环境不断做出新的反应的动态过程。

4. 市场营销组合对营销环境的主动性

营销是一种能动性很强的活动,企业运用营销组合并不是消极被动地适应环境的变化的,而是积极主动地影响营销环境的。面对变化莫测的营销环境,企业随时在观察和识别由于环境变化给企业带来的"市场机会"或构成的"环境威胁",并把营销环境的变化作为难得的良机,灵活运用,也就是将市场机会变为企业机会。这就不但要使企业的市场营销组合适应营销环境的变化,企业也要在一定程度上去选择环境,改造环境,对变化着的营销环境给予影响,使营销组合有更大的灵活性和主动性。

市场营销组合策略是企业市场营销战略的一个重要组成部分,是指将企业可控的基本营销措施组成一个整体性活动。市场营销的主要目的是满足消费者的需要,而消费者的需要很多,要满足消费者需要所应采取的措施也很多。因此,企业在开展市场营销活动时,就必须把握住那些基本性措施,合理组合,并充分发挥整体优势和效果。

三、市场营销组合策略的内容

(一) 产品策略

1. 产品整体概述

产品是指能提供给市场,用于满足人们某种欲望和需要的任何事物。它包括五个层次。

(1) 核心产品。它是指向顾客提供的产品的基本效用或利益,每一种产品实质上都是为解决某个问题而提供的服务。

(2) 形式产品。它是指核心产品借以实现的形式或目标市场对某一需求的特定满足形式。形式产品由五个特征构成:品质、式样、特征、商标和包装。

(3) 期望产品。它是指购买者在购买产品时期望得到的与该产品密切相关的一系列属性和条件。

(4) 延伸产品。它是顾客购买形式产品和期望产品时附带获得的各种利益的总和,包括产品说明书、质量保证、安装、维修、送货、技术培训等。

(5) 潜在产品。它是指包括所有附加产品在内的,可能发展成为未来最终产品的潜在状态的产品。

2. 产品生命周期各阶段及其营销策略

产品生命周期是指产品从进入市场到退出市场所经历的市场生命循环过程。产品只有经过研发、试销,然后进入市场,它的市场生命周期才算开始。产品退出市场,标志着其生命周期的结束。

典型的产品生命周期一般分为四个阶段。

第一个阶段,导入期。新产品投入市场便进入导入期。为了扩展销路,企业需要运用促销手段对产品进行宣传。在这一阶段,由于技术方面的原因,产品不能大批量生产,因而成本较高,销售额增长缓慢,企业不但得不到利润,反而可能会亏损。

第二个阶段,成长期。当产品在导入期的销售取得成功以后,便进入成长期。这时顾客对产品已经熟悉,大量的新顾客开始购买,市场逐步扩大。产品已具备大批量生产的条件,生产成本相对降低,企业的销售额迅速上升,利润也迅速增长。在这一阶段,竞争者看到有利可图，会纷纷进入市场参与竞争，使同类产品的供给量增加，价格随之下降，企业利润的增长速度逐步放缓，最后达到生命周期利润的最高点。

第三个阶段，成熟期。经过成长期以后，市场需求趋于饱和，潜在顾客已经很少，销售额增长缓慢直至转而下降，这标志着产品进入了成熟期。在这一阶段，竞争逐渐加剧，产品售价降低，促销费用增加，企业利润下降。

第四个阶段，衰退期。随着技术的发展，新产品或新的代用品出现，使顾客的消费习惯发生改变，转向其他产品，从而使企业的销售额和利润额迅速下降。此时，产品进入衰退期。

产品生命周期不同阶段可采取如下营销策略：

导入期营销策略。导入期产品销量小，促销费用和制造成本高，销售利润常常很低甚至为负值。导入期营销策略包括：① 快速撇脂策略。利用高价格、高促销费用，以求迅速扩大产品销量，取得较高的市场占有率。② 缓慢撇脂策略。以高价格、低促销费用的形式进行经营，以求获得更多的利润。③ 快速渗透策略。实行低价格、高促销费用的策略，迅速打入市场，取得尽可能高的市场占有率。④ 缓慢渗透策略。以低价格、低促销费用来推广新产品。

成长期营销策略。在成长期，销售额和利润额迅速增长，竞争者开始进入市场参与竞争。成长期营销策略包括：① 改善产品品质。例如，增加新的功能，设计新的产品款式，以提高产品的竞争力，满足顾客更广泛的需求，吸引更多的顾客。② 寻找新的子市场。通过市场细分，找到新的、需要尚未被满足的子市场，根据其需要组织生产，迅速进入这一新的市场。③ 改变广告宣传的重心。把广告宣传的重心从介绍产品转到树立产品形象和品牌上来，维系老顾客，吸引新顾客，使产品形象深入人心。④ 在适当的时机采取降价策略。这样可以激发那些对价格比较敏感的消费者产生购买动机和采取购买行动。

成熟期营销策略。产品经过成长期一段时间以后，销售量的增长逐渐放缓，利润开始缓慢下降，这表明产品已开始走向成熟期。成熟期营销策略包括：① 调整市场策略，即寻找新的子市场和营销机会。② 调整产品策略，包括改进产品质量，增加新的功能和特点，吸引消费者。③ 调整营销组合策略，即通过对产品、定价、渠道和促销等市场营销组合因素的调整，刺激销量回升。

衰退期营销策略。其包括：① 继续策略，即仍在原来的子市场使用相同的分销渠道、定价及促销方式，直到这种产品完全退出市场为止。② 集中策略，即把企业的资源集中在最有利的子市场和分销道上，从中获取利润。这样有利于缩短产品退出市场的时间，同时又能为企业创造更多的利润。③ 收缩策略，即大幅度降低促销水平，尽量减少促销费用，以增加目前的利润。这样会导致产品在市场上的衰退加速，但也能从忠实于这种产品的顾客中获得利润。④ 放弃策略。对于衰退比较迅速的产品，企业应该当机立断，放弃经营。

（二）定价策略

定价策略包括确定定价目标、制定产品价格原则与技巧等内容。其影响因素包括付款方式、信用条件、基本价格、折扣、批发价、零售价等。

1. 影响定价的因素

企业要科学地进行产品定价，必须分析影响定价的基本因素。价格实际上是各种因素综合作用的结果。影响定价的主要因素有竞争环境、商品成本、供求关系、企业定价目标、品牌形象、竞争者、企业的地理位置、政府对某些商品价格的规定等。

2. 定价方法

企业的定价方法主要有以下三种。

（1）成本导向定价法。成本导向定价法是指企业在定价时主要以成本为依据，最常用的是加成定价法，即在产品成本上加上一定比例的利润，构成产品价格。成本导向定价法是一种保本经营的做法。当企业对市场需求及竞争者等有关信息了解不多时，可采用这一方法。

（2）需求导向定价法。需求导向定价法是指根据买方对商品价值的理解和需求强度而不是卖方的成本来定价。其主要是指理解价值定价法。理解价值也称认识价值或感受价值，是指买方在观念上所理解的价值。因此，卖方可以运用营销组合中的非价格因素，影响买方对产品的认知，使之形成对卖方有利的价值观念，然后再根据产品在买方心目中的价值来定价。

（3）竞争导向定价法。竞争导向定价法要求企业在定价时主要以竞争对手的价格为依据。其特点是：只要竞争者的价格不动，即使成本或需求变动，本产品的价格也不动；相反，竞争者调整价格，本产品也调整价格，即使成本或需求没有变动。这种定价方法主要适用于下述三种情况：① 企业在某一时期的经营目标就是击败某个或某些竞争对手；② 企业刚刚进入某一市场，对如何定价尚无主见；③ 企业经营的是大宗商品，定价时只需随行就市。

地铁票价制定方法

城市轨道交通是在政府大力倡导发展公共交通的基础上发展起来的，地铁属于国有企业，其票价的制定关系到乘客、运营公司和政府三方的利益。目前地铁票价制定的方法可以大致归纳为三种：以成本为基础的定价方法、以市场供需为基础的定价方法和基于社会综合效益的定价方法。

［资料来源：耿幸福，徐新玉. 城市轨道交通运营管理［M］. 2 版. 北京：人民交通出版

社，2022.]

(三) 分销策略

分销策略主要研究使商品顺利到达消费者手中的途径和方式等方面的策略，包括分销渠道、区域分布、中间商类型、运输方式、存储条件等。

一般来说，新企业在刚刚运营时，总是先采取在有限市场上进行销售的策略，因其资本有限，只得利用现有中间商。中间商的数目通常是有限的，所以产品投入市场的最佳方式也是可以预知的。

新企业一旦经营成功，就有可能向其他新市场扩展。企业仍可以利用现有的中间商销售其产品，也可以在不同地区使用各种不同的市场营销渠道。生产者的渠道系统需要因时因地灵活变通。

企业采取分销策略需要注意以下几个方面。

（1）明确渠道目标与限制。每一个生产者都必须在顾客、产品、中间商、竞争者、企业政策和环境等因素形成的限制条件下，确定其渠道目标。

（2）明确各种渠道方案。渠道方案主要涉及四个基本因素：中间商的基本类型；每一个分销层次所使用的中间商数目；各中间商特定的市场营销任务；生产者与中间商的交易条件及相互责任。

（3）评估各种可能的渠道方案。企业可通过经济性、控制性和适应性三个标准对各种渠道方案进行设计评估。其中，经济性标准最为重要。

(四) 促销策略

促销策略主要研究如何促进顾客购买商品以实现扩大销售的策略，包括人员推销、广告、销售促进、公共关系等。

1. 人员推销

人员推销是企业运用推销人员直接向顾客推销商品和劳务的一种促销活动。推销人员、推销对象和推销品构成人员推销的三个基本要素，推销人员是推销活动的主体。

（1）人员推销的优点：信息传递双向性，推销目的双重性，推销过程灵活性，长期协作性。

（2）人员推销的缺点：支出较大，成本较高；对推销人员的要求较高。

2. 广告

广告是以促进销售为目的，付出一定的费用，通过特定的媒体传播商品或劳务等有关经济信息的大众传播活动。投放广告的渠道已经从电视、广播、报纸、杂志等传统四大媒体转向网络、移动互联网等新兴媒体。

3. 销售促进

销售促进是指企业运用各种短期诱因鼓励消费者和中间商购买、经销或代理企业产品或服务的促销活动。销售促进的特点有：① 促销效果显著；② 是特定时期的短期性促销工具；③ 是一种辅助性促销方式；④ 可能会降低产品的价值。

4. 公共关系

公共关系是指企业在从事市场营销活动中正确处理企业与社会公众的关系，以便树立企业的良好形象，从而促进产品销售的一种活动。公共关系的活动方式通常有以下几种：① 宣传性公关；② 征询性公关；③ 交际性公关；④ 服务性公关；⑤ 社会性公关。

市场营销组合策略的基本思想是从制定产品策略入手，同时制定价格、促销及分销渠道策略，组合成策略总体，以便达到以合适的商品、合适的价格、合适的促销方式，把产品送到合适地点的目的。企业经营的成败，在很大程度上取决于这些组合策略的选择和它们的综合运用效果。

新媒体营销

新媒体营销是一个宽泛的概念，利用数字技术、网络技术，通过互联网、宽带局域网、无线通信网、卫星等渠道，以及计算机、手机、数字电视机等终端，向用户提供信息和娱乐服务的传播形态，都属于新媒体营销的范畴。

新媒体营销的渠道，或称新媒体营销的平台，主要包括但不限于门户网站、搜索引擎、微博、微信、博客、在线直播、移动设备、手机、App等。新媒体营销并不是单一地通过上述渠道中的一种进行营销，而是通过多种渠道整合营销，也可以与传统媒体营销相结合，形成全方位立体式营销。

［资料来源：邓倩. 新媒体营销研究综述与展望［J］. 科学决策，2020（8）.］

苏州轨道交通全天24小时运营策划

2020年12月31日，苏州轨道交通开展了线网全天昼夜不间断运营（以下简称"24小时运营"）的首次尝试，当日列车运行图兑现率、正点率均为100%，线网当日客流量为1 535万人次，比12月的日均客流量增长了42%，刷新了2020年日均客流量的新高。为进一步助力苏州市夜经济发展，提升夜间公共交通服务供给，苏州轨道交通于2021年劳动节、中秋节、国庆节及跨年夜期间再次组织了24小时运营。

苏州为国家公交都市建设示范城市，公共交通机动化分担率达61.5%。截至2021年12月，苏州轨道交通已开通1—5号线，线网运营里程约210千米，车站169座，其中换乘站15座，轨道交通占苏州市公共交通总客运量的43.28%。

一、专题策划

12月1日,苏州轨道交通启动跨年夜24小时运营专题策划,就通宵运行图铺画与行车组织、施工维保作业、列车检修、设施设备不间断运行支持及专业人员保障等运营组织难点展开分析,结合苏州市夜间客流特征及车站周边商圈、景点跨年夜活动开展情况,预测跨年夜夜间客流。预测12月31日24:00之后线网客流将呈显著下降趋势,1月1日0:00—5:40(首班车)时段客运量不足全天客运量的5%。因此,综合考虑社会效应、夜间客流预测、运营成本、行车组织及设施设备检修维保等因素,确定于2020年12月31日跨年夜实施线网24小时运营,延长时段的行车间隔设置为30分钟,常规运营时段运行图参数与平日保持一致。

二、技术攻关

策划方案形成后,为确保跨年夜线网24小时运营安全顺利实施,苏州轨道交通组织各专业进行专题技术攻关研讨,就24小时运营跨天列车运行图铺画及行车组织、列车检修、车站服务设备支持、跨天票卡使用结算、夜间列车换乘匹配、安全保障与治安管控等运营组织难题逐一预想与论证,确定解决措施。

针对两次实景测试结果,苏州轨道交通组织召开第二次专题技术对接会议,明确跨天运行图的接续方式及测试问题的解决途径,为24小时运营顺利开展奠定基础。

三、公众告知

为确保乘客及时获取相关信息,苏州轨道交通在运营调整通告中公布各线路跨年夜通宵运营时刻表,并在官网紧急上线通宵运营时刻表查询页面,同步在线网各站布设通宵运营时刻表告示牌,便于乘客提前规划行程。

四、运营保障

在运营保障方面,苏州轨道交通制订了专项细化方案,明确了24小时运营期间各环节保障措施,并及时对接市交通局,配合公交公司完成基于客流特征的轨道交通延时道路公交配套方案,做好轨道交通与道路公交的精细化衔接。

苏州轨道交通跨年夜线网24小时运营活动取得了一定效果,说明在重大节假日与大型活动期间实施24小时运营有一定意义,能够最大程度地为市民和游客提供出行便利。同时,短期的24小时运营不会对施工检修造成过大负面影响,通过合理施工检修作业,可在常规运营日完成检修任务,确保运营安全。

从国内外城市轨道交通24小时运营的实践情况来看,城市轨道交通是否实施24小时运营须从城市特征方面进行评估,城市经济水平、中心城区人口密度、市民生活习惯、公共交通出行特征和气候等因素都影响着城市轨道交通实施24小时运营的可行性与必要性。同时,在技术支持层面,信号、车辆、通信、AFC(自动售检票)等行车与服务设备的功能需满足24小时运营的需求。

[案例改编自:陈城. 苏州轨道交通全天24小时运营组织实践[J]. 城市轨道交通研究,2022(5).]

案例思考题 结合本案例材料,分析苏州轨道交通全天 24 小时运营专题策划方案的实施要点。

项目训练

【训练内容】制订企业市场营销计划。

【训练目的】通过对企业的实地调研,进一步加深理解市场营销的内容。

【训练步骤】

1. 学生每 5 人划分为一个小组,以小组为单位选择一家本地著名企业为调研对象。

2. 事先收集和整理该企业业务内容、新闻报道等资料,根据实训内容梳理出该企业市场营销计划。

3. 结合调研资料,进行小组讨论并制订出该企业市场营销计划,并制作 PPT 及电子文档进行汇报,完成实训报告。

实训报告格式如下:

＿＿＿＿＿＿＿实训报告		
实训班级:	项目小组:	项目组成员:
实训时间:	实训地点:	实训成绩:
实训目的:		
实训步骤:		
实训成果:		
实训感言:		
不足及今后改进:		
项目组长签字:	项目指导教师评定并签字:	

4. 班级小组讨论与交流,教师总结点评并进行成绩评定。小组提交案例分析报告。

自 测 题

1. 如何理解现代市场营销观念?
2. 联系实际理解市场分析的常用方法。
3. 简述市场细分及目标市场定位的主要内容。

4. 简述营销组合策略的类型。
5. 如何进行市场营销组合应用?

【延伸阅读】

奥格·曼狄诺. 世界上最伟大的推销员 [M]. 安辽,译. 北京:世界知识出版社,2019.

项目十一

企业品牌管理

【学习目标】

1. 理解品牌的内涵，理解品牌管理及其步骤
2. 理解品牌定位的内涵和策略
3. 掌握品牌设计、品牌形象、品牌传播的策略

厦门地铁品牌架构

厦门轨道建设发展集团有限公司（以下简称"厦门地铁"），前身为厦门轨道交通集团有限公司，成立于 2011 年 11 月，是厦门市国资委出资监管的大型国有企业。2022 年 3 月，经厦门市委市政府批准，厦门轨道交通集团有限公司和厦门经济特区房地产开发集团有限公司合并，成立厦门轨道建设发展集团有限公司。截至目前，集团注册资本 300 亿元，资产总额超 1 500 亿元，员工万余人。

厦门地铁定位为轨道交通投资建设运营和出行服务商，主要布局在交通投资建设、轨道交通运营管理、轨道沿线城市开发运营管理等三个板块，具备轨道交通项目建设管理水平和运营筹备能力等区域龙头优势，以及地产开发、重大工程项目代建等经验优势，致力打造成为轨道建设、轨道沿线物业和以公共交通为导向的城市开发招商运营平台，以及集轨道建设融资和开发运营为一体的产业投资平台。

随着企业的发展，厦门地铁的品牌管理也遇到了行业普遍的问题：一是品牌定位不够清晰，集团下属各个业务还未形成在集团品牌总体发展中应承担的角色定位；二是集团品牌业务布局还未形成，地铁建设、地铁运营积累的知名度和美誉度还没有充分利用到集团其他业务上；三是品牌发展前瞻性不足，品牌对于拓展新业务的包容性和延展性有限。

品牌管理应贯彻到企业经营中的每一个环节。厦门地铁品牌的建设不仅限于公共交通服务的品牌化，更是一种基于集团业务组合的品牌体系的建设。品牌体系的构建须充分考虑集团现有业务的分布情况，同时兼顾业务未来的发展方向，在战略的层面设计企业品牌的建设路径，系统地整合品牌资源，对各种品牌进行专业化归类并规范管理，避免品牌内耗性竞争，使各品牌之间形成良性的共生效应，充分发挥各品牌的市场和社会效益。

厦门地铁品牌分为三个层级，分别是集团品牌、业务品牌和产品品牌。集团品牌为"厦门地铁"，是企业整体对外展示的总品牌。业务品牌是集团各业务板块的品牌，目前分为建设、运营和多种经营三个板块，未来随着业务的不断扩展，有可能拓展到金融、养老、医疗等领域，其品牌可与集团品牌一致，也可与集团品牌形成母子品牌，比如未来的养老业务板块可使用"厦门地铁＋养老"的品牌结构。产品品牌是各业务板块下生产的具体产品品牌，每个业务板块下可以有多个产品，品牌名称可以与集团品牌、业务品牌一致，也可以拓展为母子品牌，比如多种经营业务下的楼盘开发可以命名为"地铁＋××"。

根据品牌层级和各项业务的发展阶段，厦门地铁品牌架构分为品牌初创期和品牌发展期两个阶段。

品牌初创期（2017—2021年）：采用单一品牌管理模式。该阶段品牌管理处于初创期，采用单一品牌的管理方式有利于集全集团之力打造品牌知名度，增强品牌影响力，减少品牌宣传成本。此外，单一品牌可以使新产品快速被市场知晓和接受。

品牌发展期（2021年以后）：采用母子品牌管理模式。随着地铁的发展，品牌经过前几年初创期的努力将被市民广泛知晓并认可，同时轨道集团产品也逐步丰富，将涉足房地产开发、物业管理、地铁产业链上下游配套产业等。过多的产品处于同一单一品牌下将带来较大风险，某一产品出现问题将直接影响到企业和其他产品的信誉。

为了规避这一风险，同时保持厦门地铁品牌已有知名度和美誉度的优势，在品牌创建中后期应采用母子品牌架构。其中，承载地铁核心业务的地铁建设、地铁和BRT（快速公交系统）运营业务仍旧采用"厦门地铁"品牌名称，利用主业优势持续增强"厦门地铁"品牌的知名度和美誉度。

[案例改编自：① 厦门轨道交通集团有限公司官网 https：//www.xmgdjt.com.cn/Index.aspx.；② 曲博. 厦门轨道交通集团品牌体系建设思路［J］. 城市轨道交通，2020（11）.]

[案例思考题] 结合案例材料想一想：厦门地铁品牌管理产生问题的原因是什么？目前采用母子品牌管理模式的依据是什么？

任务一　品牌和品牌管理

一、品牌的定义和特征

（一）品牌的定义

品牌（Brand）一词源于古挪威语"brandr"，有"燃""烙"之意。品牌最原始的功能在于"印记"和"识别"。这一基本功能延续至今。

品牌的现代定义来自美国营销学会（AMA）。在其营销词典中，把"品牌"定义为：品牌是一个名称、专有名词、标记、符号，或设计，或所有上述这些元素的组合，用于识别一个供应商或一群供应商的商品与服务，并由此区别于其他竞争者的商品与服务。美国营销学会对品牌的定义属于狭义层次的品牌概念。广义的品牌概念是指品牌有形要素在顾客心目中建立起来的品牌意识和品牌联想，以及由此影响顾客对产品的感觉、评价和购买的各种东西的总和。可以说，品牌是顾客对产品（或服务）及其供应商的所有体验和感知的总和。"现代营销学之父"菲利普·科特勒认为，从本质上说，品牌是销售者向购买者长期提供的一组特定的特点、利益和服务的允诺，最好的品牌传达了质量的保证。

（二）品牌的特征

品牌具有以下特征。

1. 品牌的专有性

品牌是用以识别生产或销售者的产品或服务的。品牌拥有者经过法律程序的认定，享有品牌的专有权，有权要求其他企业或个人不能仿冒、伪造。品牌具有专有性和排他性。

2. 品牌的表象性

品牌最原始的目的就是让人们通过一个比较容易记忆的形式来记住某一产品或企业，因此，品牌必须有物质载体，需要通过一系列的物质载体来表现自己，使品牌有形式化。品牌的直接载体主要是文字、图案和符号，间接载体主要有产品的质量、服务、知名度、美誉度、市场占有率等。

3. 品牌的价值性

品牌拥有者可以凭借品牌的优势不断获取利益，包括市场开拓力、形象扩张力、资本内蓄力等，这种价值并不像物质资产那样能用实物的形式表述，但它能使企业的无形资产迅速增大，并且可以作为商品在市场上进行交易。

4. 品牌的扩张性

品牌具有识别功能，代表一种产品、一个企业，企业可以利用这一优点展示品牌对市场的开拓能力，还可以利用品牌资本进行扩张。

5. 品牌的风险性

品牌创立后，在其成长过程中，由于市场的不断变化，需求的不断提高，企业的品牌资本可能壮大，也可能缩小，甚至某一品牌在竞争中退出市场。品牌的成长由此存在一定风险，对企业品牌效益的评估就会出现不确定性。

二、品牌的种类

品牌可以依据不同的标准划分为不同的种类。

（一）根据来源地划分

品牌来源地指拥有该品牌名称、负责产品设计的公司所在地或隐含在知名品牌中的原产地，如奔驰来自德国、丰田来自日本、爱马仕来自法国、阿玛尼来自意大利等。生产制造全球化导致"杂交"产品出现，产品可能在其母国设计，但不在母国制造，产品配件来自世界多个国家和地区。品牌的来源地对消费者的品质评价和购买选择的影响力远大于产品制造地或设计地。

地理标志

地理标志，是指标示某商品来源于某地区，该商品的特定质量、信誉或者其他特征主要由该地区的自然因素或者人文因素所决定的标志。根据《与贸易有关的知识产权协定》中的定义，地理标志是指："标示出某商品来源于（世界贸易组织）某成员的地域内，或来源于该地域中的某地区或地方，而该商品的特定质量、信誉或其他特征主要归因于其地理来源。"一般认为原产地名称是地理标志的一个下位概念。

《中华人民共和国民法典》将地理标志规定为知识产权的客体之一。地理标志在我国主要通过以下三种模式进行保护：一是通过注册为证明商标或集体商标进行保护，二是通过地理标志保护产品（PGI）进行保护，三是通过农产品地理标志（AGI）进行保护。

（资料来源：王文龙. 中国地理标志农产品品牌建设研究［M］. 北京：中国社会科学出版社，2018.）

（二）根据生产经营的环节划分

根据产品生产经营的所属环节可将品牌分为制造商品牌和经销商（自有）品牌。

制造商品牌是指制造商为自己生产制造的产品设计的品牌，如可口可乐、百事可乐、索尼等。经销商（自有）品牌是经销商结合企业发展需要创立的品牌，如沃尔玛、家乐福、宜家等等。

（三）根据辐射区域划分

根据品牌的辐射区域划分，可将品牌分为地区品牌、国内品牌、国际品牌。

地区品牌是指来自同一区域内的某类产品在市场上具有较高的知名度和美誉度的品牌。如苏州碧螺春、杭州龙井等，都是知名的地区品牌，主要是受产品特性、地理条件及某些文化特性影响。

国内品牌是指国内知名度较高，产品在全国范围销售的品牌。如白酒品牌茅台、五粮液等等。

国际品牌是指在国际市场上知名度、美誉度较高，产品辐射全球的品牌。如可口可乐、麦当劳、奔驰、苹果等等。

（四）根据品牌主体划分

根据品牌的主体可分为个人品牌、产品品牌、企业品牌、城市品牌、国家品牌等。如乔布斯、马斯克等属于个人品牌，潘婷、海飞丝等属于产品品牌，苹果、三星、华为等属于企业品牌，哈尔滨冰雪节、青岛啤酒节等属于城市品牌，万里长城、埃菲尔铁塔、自由女神像等属于国家品牌。

（五）根据品牌的行业划分

根据品牌产品的所属行业不同可划分为家电品牌、食用饮料品牌、日用化工业品牌、汽车品牌、服装鞋类品牌、商业品牌、服务业品牌等等。

（六）根据原创性与延伸性划分

根据品牌的原创性与延伸性可划分为主品牌、副品牌、副副品牌。如"海尔"品牌，现在有海尔冰箱、海尔彩电、海尔空调等，海尔洗衣机中又有海尔小神童、海尔节能王等。

三、品牌管理及其步骤

（一）品牌管理的含义

品牌管理是指企业管理者为培育品牌资产而展开的以消费者为中心的创建、传播、提升、维护等一系列品牌决策及策略执行的管理活动。这个定义反映了以下几层含义：

（1）品牌管理的对象是品牌资产，品牌资产是由品牌本身所驱动而带来的市场价值或附加价值，是一种超越生产、商品、有形资产以外的价值；

（2）品牌管理以提升品牌所代表的无形资产和市场价值为目的；

（3）品牌管理是一个不断积累、丰富和完善品牌资产的过程，它需要时时关注消费者对某个品牌的喜好、评判和取舍；

（4）品牌管理更多地表现为一种对外的、关注市场表现的"外向型"行为。

（二）品牌管理的步骤

（1）建立品牌管理组织。企业内部的品牌管理组织一般由主管副总、品牌委员会、类别品牌经理（管理一个大类多个品牌）、产品品牌经理组成。此外，也可以聘请外部品牌管理专业机构担任品牌管理与部分执行工作的代理人。

（2）制订品牌创建的计划。品牌创建计划包括品牌战略方针、目标、步骤、进度、措施、对参与管理与执行者的激励和控制办法、预算等。

（3）品牌定位与品牌设计。通过市场调研，找到一个合适的细分顾客群，找到顾客群心目中共有的关键购买诱因进行品牌定位。一个完整的品牌设计包括品牌识别体系、品牌个性定义、品牌核心概念定义和品牌延伸概念定义。

（4）阶段性或间隔性的品牌传播。该步骤是品牌设计的执行阶段，主要分为两大类工作，一是沟通性传播，二是非沟通性传播。沟通性传播包括广告、公共关系、销售促进、口碑传播等途径。非沟通性传播指产品与服务、价格、销售渠道等。从传播角度看，这些因素也是向顾客传达信息的载体，也应该纳入传播控制之中。

品牌传播的主要任务是运用统一的大传播组合和互动式沟通的办法，按照既定的品牌设计，针对阶段性或间隔性市场形势，调动沟通性传播与非沟通性传播的各方面创造性努力及成果，形成面向顾客的统一品牌形象。

（5）实施整合传播，形成广泛认同的品牌形象。品牌创建需要较长的时间周期和覆盖较大的市场范围，没有多个回合是不可能完成的。在长期、持续、扩大的整合传播过程中，必须保持品牌的一致性。

品牌管理的目的就是让既定的品牌设计为足够规模的顾客群与潜在顾客群所接受，并转化为高度认同的品牌形象。

（6）品牌保护与危机管理。所谓品牌保护，是指对品牌的所有人、合法使用人的品牌实行资格保护措施，以防范来自各方面的侵害和侵权行为，促使品牌的保值和增值，具体包括品牌的法律保护、品牌的经营保护和品牌的自我保护。

市场变幻莫测，危机时时存在，企业外部环境的变化或企业品牌运营管理过程中的失误都会导致品牌形象损害和品牌价值降低，其后果甚至危及企业的生存，因而有必要对潜伏的或正在发生的品牌危机进行有效的管理。

（7）品牌绩效评估。品牌绩效评估又可称为品牌绩效考核，是指按照一定的标准，采用科学的方法检查和评定品牌在营销计划推广实施中所取得的成效，即评估和诠释品牌业绩。这对了解品牌营销计划的效率非常重要，而品牌价值链无疑是一个有效工具。通过品牌价值链可以追踪品牌价值的产生过程，这有助于更好地了解品牌营销支出和投资对企业财务的影响。

中华老字号

中华老字号（China Time-honored Brand）是指历史悠久，拥有世代传承的产品、技艺或服务，具有鲜明的中华民族传统文化背景和深厚的文化底蕴，取得社会广泛认同，形成良好信誉的品牌。

为了更好地传承和发展中华老字号，商务部于2006年重新启动了"振兴老字号工程"，制定了"中华老字号"的认定规范。商务部对中华老字号进行了清晰的界定，在认定条件中提出：企业拥有商标所有权或使用权；品牌创建年龄须超过50年；传承独特的产品、技艺或服务；有传承中华民族优秀传统的企业文化；具有中华民族特色和鲜明的地域文化特征，具有历史价值和文化价值；具有良好信誉，得到广泛的社会认同和赞誉；国内资本及港澳台地区资本相对控股，经营状况良好，且具有较强的可持续发展能力。商务部先后分两批认定中华老字号1128家。如果算上省级老字号，全国总计有5000多家老字号。

（资料来源：王成荣. 老字号品牌文化［M］. 北京：高等教育出版社，2018.）

任务二 品牌定位

一、品牌定位的含义

所谓品牌定位，就是对品牌进行设计，从而使其能在目标消费者心目中占有独特的、有价值的位置的行动，或者说是建立一个与目标市场有关的品牌形象的过程与结果。品牌定位是市场营销发展的必然产物与客观要求，是品牌建设的基础，是品牌成功的前提，是品牌运作的目标导向，是品牌全程管理的首要任务，在品牌经营中有着不可估量的价值。因此，品牌定位理论自诞生之日起，就发挥着重要作用，甚至被提升到品牌经营战略的高度。每个品牌都必须有一个清晰准确的定位，以便在宣传推广时能向消费者传达有效的信息。

"定位之父"——杰克·特劳特

杰克·特劳特（Jack Trout），定位（Positioning）理论创始人，也是美国特劳特咨询公司创始人及前总裁。他于1969年在美国《工业营销》上发表论文《定位：同质化时代的竞争之道》，首次提出了商业中的"定位"理念，1972年以《定位时代》论文开创了定位理论，1981年出版学术专著《定位》。1996年，特劳特推出了定位理论新作《新定位》。2009年，他推出了定位理论落定之作《重新定位》。

特劳特认为，所谓定位，就是让企业的产品或服务在消费者的心智中占据最有利的位置，并获得用户的优先选择，从而代表某个类别或某种特性。他认为，随着外部环境的变化，消费者的权力越来越大，企业不能再仅从盈利角度来经营。只有充分开发和利用好顾客的"心智资源"，才能在竞争中居于主动地位，获得长远的竞争优势。

（资料来源：吴芹，屈志超. 品牌战略与管理［M］. 北京：首都经济贸易大学出版社，2019.）

二、品牌定位的原则

品牌定位原则是一个定位的总体战略取向，可以有所侧重，分清主次，根据企业的具体情况，强调或削弱某些方面，精练为本品牌特有的定位原则。

（一）顺应原则

顺应原则是指跟随市场主导流向，寻找目标品牌。在市场潮流中发现流行的主题，紧随市场畅销品牌的产品特点，做出自己的选择。在此，顺应有模仿的意味，是带有一定主见的模仿。如果业内已经有可以借鉴的成功品牌作例子，采用这一原则比较保险，可以规避市场风险，比较适合缺乏品牌运作经验的新生品牌借鉴和参照。但是产品风格容易与其他品牌雷同而没有特色，缺少个性，一旦被指与某个更著名的品牌相似，则会影响品牌的感召力。此原则比较适合中低档品牌的定位。

（二）对立原则

对立原则是指与市场上出现的主要流行风格相反，走个性化、另类化品牌路线。强调个性的定位原则可以凸显品牌的主张，吸引年轻消费群体，增添创造性成分，符合市场多元化发展的趋势。依靠设计的力量突出品牌风格，产品形象比较抢眼且富有个性，能形成比较明显的品牌风格，以产品的设计价值体现产品的附加值。但目标消费群较小而使得产品的社会需求总量不大，过于个性化的产品将失去市场。此原则更适合走中高档路线、以质取胜的品牌定位。

（三）空位原则

空位原则是指寻找当前市场在风格和品种上的空当，创造业内空缺或罕见的风格。通过避开与主流风格的正面交锋，迂回侧击，在夹缝中求生存。采取空位原则的企业由于开创前所未有的风格而独树一帜，少有竞争对手，具有潜在消费市场，其原创意识更多地体现在新产品类别的开发上，只要掌握得当，容易一炮打响。但从推出到被接受，消费者对其有一个认识过程，有一定的市场风险，同时由于缺少参照物，产品开发的难度也较大。此原则适合各种档次品牌的定位。

（四）差异原则

差异原则是指在现有品牌中，通过比较与研究，寻找产品之间可能存在的根本上的不同，利用设计方法中的结合法，树立差异化理念，开发差异化产品及服务，体现出差异化竞争的特点。因为有比较成熟的参照对象，可以适度规避产品开发的市场风险。任何方面都可以纳入差异的内容，重点在于产品的不同风格和不同功能的定位差异。一旦找准方向，市场潜力不可估量。市场的成熟使差异点不易寻找，差异度难以控制，可能会流于为了差异而差异的形式。差异化卖点的市场推广需要时间和力度，必须做足宣传才能吸引人。

三、品牌定位的策略

品牌定位的本质是企业通过打造一种独特的记忆、辨识度，让消费者在决策时能够快速和企业关联起来。品牌定位是一种策略行为，以下策略可供采用。

（一）抢先定位策略

抢先定位是指企业在进行广告定位时，力争使自己的产品品牌第一个进入消费者的心目中，抢占市场第一的位置。经验证明，第一个进入人们心目中的品牌，一般难以被替代，比第二的品牌在长期市场占有率方面要高很多。企业营销已进入一个定位策略为主的时代，只发明新产品、新技术并不够，还要把占据潜在顾客心目中第一的位置作为首要之图，抢先定位策略就是要抓住接受群体容易先入为主的特点，借助网络广告宣传产品、服务以及企业形象，使其在消费者心目中占据领导的第一位置。这种策略适用于新上市的产品以及老产品进入一个新市场，或产品、品牌进入导入期时，运用差异化的策略（功能差异化、品牌形象差异化、概念差异化），通过网络视频广告去刺激受众的感官，在消费者某个心理区隔上占据一个领导位置，引导消费者购买，使产品在同类中具有领先优势。

（二）消费者定位策略

消费者定位即强调品牌能满足消费者哪些需求、带给他们哪些利益。这些利益包括功能价值、体验价值和象征价值等。以劳斯莱斯为例，它不仅是一种交通工具，还体现了一种奢华的生活方式和显赫的社会地位。人们购买劳斯莱斯，似乎不是在买车，而是在买一种超豪华标签。

运用消费者定位，可以将品牌赋予某种情感，从而树立独特的品牌形象和品牌个性。具体到一些产品或消费情形下，在一定水平的产品功能和属性的支撑下，情感已经超过产品属性，成为消费者购买决策的主要推动力。服务产品的特殊性使得消费者对服务质量的评价大部分来自内心深处的情感体验，所以使用情感为服务定位更容易吸引顾客；另外，情感诉求可以将许多不容易或者不能表达清楚的理性诉求融合在一起。

（三）档次定位策略

按照品牌在消费者心中的价值高低可将品牌分出不同的档次，如高档、中档和低档，不同档次的品牌带给消费者不同的心理感受和情感体验。常见的是奢侈品牌的定位策略，如劳力士的"劳力士从未改变世界，只是把它留给戴它的人"、江诗丹顿的"你可以轻易地拥有时间，但无法轻易地拥有江诗丹顿"和派克的"总统用的是派克"的定位。定位于高档次的品牌，传达产品或服务高质量的同时，要带给消费者优越感，同时也要符合社会文化风俗习惯。档次定位综合反映了品牌价值，不同品质和价位的产品不宜使用同一品牌。如果企业要推出不同档次的产品，应采用品牌多元化策略，以免高档次产品受到低档次产品的负面影响，有损企业整体的品牌形象。

（四）形状定位策略

形状定位即根据品牌的形式和状态定位。这一形状可以是产品的全部，也可以是产品的一部分。在相同功能的产品品牌日渐增多的情况下，产品的形状本身就可以形成一种市场优势。例如，"白加黑"感冒药将感冒药的颜色分为黑、白两种，并以药片的外在形式为基础改革了传统感冒药的服用方式。这种全新的外在形式本身就是该产品的一种定位策略，同时命名为"白加黑"，也使这一名称直观地表达了品牌诉求。形状定位还可以借助产品的部分标志作为诉求点。汽车的象征标志就是典型的例子，如"福特"的 Ford 变体、"奥迪"的四连环、"三菱"的三个菱形等，其特点是清晰、醒目，给人留下深刻印象。利用形状定位要注意两点：一是形式不能过于复杂，应给人一种明快、洒脱的感受。二是要注意点、线、面的结合。点，难以构成独立形象，但配合起来具有密集感、呼应感和跳跃感；线，是流动、速度、力量、静止、稳定、柔和等的化身；面，能够促成立体效果。三者巧妙搭配就能勾勒出美好的品牌图画。

（五）USP 定位策略

USP（Unique Selling Proposition）即要求向消费者说一个"独特的销售主张"。USP定位策略的内容是在对产品和目标消费者进行研究的基础上，寻找产品特点中最符合消费者需要的竞争对手所不具备的最为独特的部分。美国 M&M 巧克力的"只溶在口，不溶于手"和乐百氏纯净水的"27 层净化"是 USP 定位的经典之作。又如，巴黎欧莱雅：含法国孚日山 SPA 矿泉水，锁住水分。再如，宝洁公司成功运用 USP 品牌定位策略,推出看似不同的诸多子品牌,使自己的货架空间不断扩张。但运用 USP 定位时有几点值得注意:一是 USP 定位的利益诉求点应是其他品牌不具备或者没有明确指出的,在消费者心中,该定位点的位置还没有被其他品牌占据;二是 USP 定位的利益诉求点应该是消费者感兴趣或关心的,而非企业一厢情愿的"吆喝";三是运用 USP 定位时一定要突出某一个主要利益点。

(六) 文化定位策略

文化定位策略即将文化内涵融入品牌,形成文化上的品牌差异,这种定位不仅可以大大提高品牌的品位,而且可以使品牌形象更加具有特色。中国文化源远流长,国内企业给品牌定位时对传统文化予以更多的关注和运用,特别是酒类品牌,运用此定位策略较多。除茅台、五粮液等一线酒类品牌外,珠江云峰酒业推出的"小糊涂仙"酒,就采用了"糊涂"文化定位,借"聪明"与"糊涂"反衬,将郑板桥"难得糊涂"的名言融入酒中,把握了消费者的心理,"聪明不易,糊涂更难",它展示了一种悠然洒脱而又中庸和谐的美好状态,倡导人们看淡世俗名利,追求内心所向,以大智若愚之境界勘破人世中的复杂繁芜,达到一种能够如鱼得水而又不失原则的超凡境界。

(七) 比附定位策略

比附定位就是攀附知名品牌,比拟知名品牌来给自己的产品定位,希望借助知名品牌的光辉来提升本品牌的形象。比附定位通常采用以下三种方式来实施。

(1)"第二主义"策略:就是明确承认市场的第一品牌,自己只是第二。这种策略会令人对公司产生一种谦虚诚恳的印象,相信公司所说是真实可靠的,这样较容易使消费者记住这个通常难以进入人们心智的序位。

(2)"攀龙附凤"策略:承认市场中已有卓越的超级品牌,本品牌虽自愧弗如,但在某地区或在某一方面还可与这些最受消费者欢迎和信赖的品牌并驾齐驱,平分秋色。

(3)俱乐部策略:公司如果不能取得本市场第一地位又无法攀附第二名,便退而采用此策略,希望借助群体的声望和模糊数学的手法,打出限制严格的俱乐部式的高级团体牌,强调自己是这一高级群体的一员,从而借助俱乐部其他市场领先品牌的光辉形象来抬高自己的品牌地位。

任务三 品牌设计

设计是把计划、规划、设想通过视觉和听觉的形式传达出来的过程。品牌需要设计,组成品牌的各要素,如产品的名字、符号、属性等以何种面目或形式出现和组合,才能更好地体现品牌理念,达到最佳的品牌表达效果,以区别于其他企业或产品,这些都需要品牌管理者反复推敲、精心设计。

一、品牌命名

一个企业的诞生是从它的命名开始的，人们认识一个企业也是从它的名字开始的，可以说，起一个好名字是企业迈向成功的第一步，企业对此都十分重视。好的名字是起名者智慧的结晶，是一种思想文化的体现；好的名字能联结消费者的心，唤起人们对精神生活和物质生活的追求。

（一）品牌命名的原则

1. 易读易记

品牌名称的首要功能是识别和传播，要让消费者轻而易举地通过名称来识别产品，并且能够通过各种途径使名称在市场上广为流传。好的品牌名称要做到简洁明快、个性独特、新颖别致、高雅出众，要有强烈的冲击力和浓厚的感情色彩。因此，品牌名称要尽可能地易于消费者识记，尽量减少生僻字的使用以及可能存在的多音字情况，避免带来记忆和传播上的困难，影响品牌传播。

2. 与产品特点、行业特点、经营范围相关

与产品特点、行业特点和经营范围相关命名是一种比较保险的原则。以这个原则命名的品牌名称容易让消费者联想起产品特点或品牌，有助于品牌推广。例如，饭店名称（饭店名称往往是品牌名称）"鱼米之乡""柴米油盐""老湘汇"等容易让消费者记住其特色或经营内容。

3. 表达的品牌理念和得到顾客理解双重并举

品牌设计的目的就是向顾客传达品牌理念。品牌名称是用简短精练的形式表达品牌理念。好的品牌名称对品牌理念的传播作用是非常巨大的。例如，"可口可乐"表达了其"快乐""激情"的品牌理念。品牌名称表达了品牌理念，但是顾客未必能够理解，因此，好的品牌名称既要合理地表达品牌理念，又要得到顾客的理解和认可。例如，以儿童作为服务对象的产品，可以起一个容易发音、活泼、有灵气的名字，像"娃哈哈""小白兔""好孩子"等。

4. 适应地域文化

品牌名称对于相关人群来说，可能听起来合适，并使人产生愉快的联想，因为他们总是能从相关的背景出发，根据某些偏爱的品牌特点来考虑该名称。品牌不仅要面向特定的消费群体，还需要面向潜在的消费者。因此，品牌名称需要适应目标市场上的消费者普遍接受的文化价值观念。文化价值观念是一个综合性概念，包括风俗习惯、宗教信仰、民族文化、语言习惯和民间禁忌等，不同地区有不同的文化价值观念。企业经营者要想开拓新市场，就需要入乡随俗，设计适应当地市场文化环境的品牌名称。

5. 合法

品牌名称受到法律保护是品牌被保护的根本，企业所设计的品牌名称必须能够注册，这样才能受到法律保护。因此，在设计品牌名称时应该特别注意两点：一是该品牌名称是否有侵权行为。企业要到有关部门查询是否已有相同或相近的名称被注册，如果有，则必须重新命名。二是该品牌名称是否在允许注册的范围之内。有的品牌名称虽然不构成侵权，但仍无法注册，难以得到法律的有效保护。企业经营者应向有关部门或专家咨询，询问该品牌名称是否在商标法许可注册的范围内，以便采取相应的对策。

（二）品牌命名的策略

1. 统一策略

统一策略是指品牌名称、企业名称、品牌网站名称、域名等采用统一命名。统一命名可以降低多个名称推广的成本，提高推广效益。很多品牌的名称就是企业名称，如"海尔""华为""搜狐"等。

2. 关联目标市场策略

关联目标市场策略是指品牌命名与目标市场的特点相关联，具体包括与目标顾客的年龄、地位、受教育程度以及竞争对手的状况相关联。例如，"草根网""好孩子""商务通"就是针对目标顾客的群体名称命名的。

3. 关联产品策略

关联产品策略是指品牌名称吸收产品元素，具体包括产品的功能和外观。例如，"蓝与白""大众甲壳虫""迪拜帆船酒店""鸟巢"都是以产品外观命名的，"舒肤佳""迅雷""会声会影"是以产品功能命名的。

4. 关联品牌理念策略

关联品牌理念策略指品牌名称可以不是品牌理念，但是可以表达品牌理念，诠释品牌理念内涵。这种策略有利于唤起顾客的心理诉求和情感诉求。例如，"才子""宝马""劲酒"在一定程度上表达了各自的品牌理念。又如"红豆"（服饰），"红豆"在中国文化传统中蕴含浓郁的挚爱、美满、思念、吉祥等多层含义，因而能适应多层次消费者的心理和情感需要。

5. 关联优势策略

与优势相关联命名，可以借势提升品牌知名度。优势包括地域优势、著名人物、产品优势、影响力事件等。企业可以首先审视自己的优势，关联优势而命名。例如，"兰州拉面""乔丹""云南白药"都是通过关联各自的优势而命名的。不少网络游戏名称也是借其他事物的影响力而命名的，如"反恐精英""天龙八部""武林外传"等。

6. 人名策略

人名策略就是将名人、明星或企业首创人的名字作为产品或品牌名称，充分利用人名含有的价值，促进消费者认同产品。如"李宁"牌，就是体操王子李宁利用自己的体育明星效应创造的一个体育用品的名牌,"戴尔"电脑就是以创办人戴尔名字命名的品牌,还有"王致和"腐乳、"张小泉"剪刀、"福特"汽车、"松下"电器等。用人名来命名品牌,可以发挥人名的联想作用,提高认知率,并在一定程度上吸引受众。

以上几种策略是品牌命名的主要策略。企业命名品牌时,根据品牌命名基本原则,需要综合考虑品牌、产品、企业、行业、顾客、竞争对手等诸多因素。

二、品牌标识设计

品牌标识是指品牌中可以被识别,但不能用语言表达的视觉识别系统,即运用特定的造型、图案、文字、色彩等视觉语言来表达或象征某一品牌的形象,并构成一整套品牌视觉规范。品牌标识包括标志物、标志色、标志字、标志性包装等,它们同品牌名称等都是构成完整品牌概念的基本要素。

品牌标识由基本视觉识别系统和延伸视觉识别系统构成,其中基本视觉识别系统的要素包括标志物、标志色、标志线条、标志字、标志性包装等,而延伸视觉识别系统包括辅助图形、吉祥物等。这里主要介绍标志物、标志色、标志线条和标志字等基本要素的一些设计要点。

1. 标志物

标志物作为非语言性的符号,以其直观、精练的形象诠释品牌理念,传达品牌风格,能够有效克服语言和文字的障碍。图形和图案作为标识设计的元素,都是采用象征寓意的手法,进行高度艺术化的概括提炼,形成具有象征性的形象。图形象征寓意有具象和抽象两种:具象的标识设计是对自然形态进行概括、提炼、取舍、变化,最后构成所需的图案。人物、动植物、风景等自然元素皆是具象标识设计的原型,采用何种原型取决于产品的特征和品牌内涵。常用的图形有太阳、月亮、眼睛、手、王冠等。抽象的标识设计则是运用抽象的几何图形组合传达事物的本质和规律特征。几何图形构成抽象设计的基本元素,"形有限而意无穷"是抽象标识设计的主要特征。

2. 标志色

色彩在标识设计中起着强化传达感觉和寓意的作用。色彩通过刺激人的视觉而传递不同的寓意:"可口可乐"标识的红底白字给人以喜庆、快乐的感觉;"雪碧"的绿色则带给人们清爽、清凉及回归自然的遐想。色彩运用于品牌标识的基础是它能给人带来丰富的联想。

3. 标志线条

人眼有建立完整图形和简化结构的本能要求。简约的形式能够更好地表现出画面美感,因此品牌标识设计当中运用线条、形状的首要目的,就是将其作为画面的主导线和基本形,组织各形象元素,建立起画面的秩序。当造型元素较多时,如果没有统一的线形结构,画面就会显得杂乱无章。有了一条主导线形,就可以把它们组织成一个整体,并由此表现出形式的美感,传达出特定的意义和情绪。线条的抽象能力是和联想能力相辅相成的。具备了线条的抽象能力,就能够透过表象看到本质,透过杂乱发现美,因而也就可以通过联想创造美。以抽象出来的美的线条去象征、比喻具有相似性质的事物,从而为品牌标识设计开辟一条新途径。见表11-1。

表11-1 线条与寓意

线条	寓意
直线	果断、坚定、刚毅、力量,有男性感
曲线或弧线	柔和、灵活、丰满、美好、优雅、优美、抒情、纤弱,有女性感
水平线	安定、寂静、宽阔、理智、大地、天空,有内在感
垂直线	崇高、肃穆、无限、宁静、激情、生命、尊严、永恒、权力,有抗拒变化的能力
斜线	危险、崩溃、行动、冲动,无法控制的情感与运动
参差不齐的斜线	闪电、意外事故、毁灭
螺旋线	升腾、超然、脱俗
圆形	圆满、简单,兼具平衡感和控制力
圆球体	完满、持续的运动
椭圆形	妥协、不安定
等边三角形	稳定、牢固、永恒

4. 标志字

标志字设计的文字样式在品牌传播中出镜频率极高,它们不仅持续传递着品牌多方面的信息,更以鲜明的文字个性和美感传达着品牌风格。标志字可以根据品牌传播的实际需要,选择手写字体、广告字体、印刷字体或者通用字体等。例如,"可口可乐"的英文标识采用了十分飘逸的手写字体,体现出流畅爽快的质感,十分契合可口可乐"爽"的特性。另外要特别强调的是,中文作为一种象形文字,字间的呼应、笔触的交接无不体现出极高的艺术性,在图文的统一性上达到了很高的水平,对于这种独特文字魅力的开发和应用,还需要进行仔细而严谨的考量。

深圳地铁品牌形象升级

2020年11月28日,深圳地铁举办了以"厚德载运,深铁为民"为主题的品牌升级发布会。会上正式发布了全新升级的文化理念识别系统和视觉识别系统,进一步提升了品牌力。在凸显深圳地铁核心元素的同时,这一品牌形象呈现出突破传统、敢于创新、向外延伸、开放包容的态势。其中,半

图11-1 深圳地铁品牌标志

圆与直线形似隧道和轨道,上下弧为城市交互,中间两条直线代表路路互通,直观体现了轨道交通的行业特点,也体现了深圳地铁"铁路+地铁""城市+轨道""上盖物业+地下空间"的企业特性。会上,深铁集团还正式发布了品牌专属色、"双轨+箭头"等系列辅助图形及专属字体。深圳地铁沿用了绿色这一生命色作为企业主标志色,同时增加蓝色、黄色、紫色、金色分别作为建设、运营、商业和置业板块的辅助色,成为国内轨道交通行业内首个拥有业态专属色的企业。

(资料来源:深圳地铁官网. http://www.szmc.net/)

任务四 品牌形象

一、品牌形象的定义

从心理学角度讲,形象是为了反映客体而产生的一种心理图式,感知是人们对感性刺激进行选择、组织并解释为有意义的相关图像的过程。从受众角度讲,形象实际上是通过处理不同来源的信息所形成的对有关对象的总体感知。

品牌形象是一个综合性的概念,是消费者对品牌的主观感受及感知方式而在心理上形成的一个联想性的集合体。品牌形象是一种资产,品牌形象应具有独特个性。

品牌形象是否能够在消费者的心目中形成,要依赖三种变量的相互作用:品牌客体的属性、消费主体的知觉方式和知觉情境。

二、品牌形象的有形要素

品牌形象的有形要素包括产品及其包装(产品形象)、生产经营环境(环境形象)、生产经营业绩(业绩形象)、社会贡献(社会形象)、员工形象等。

(一)产品形象

产品形象是品牌形象的代表,是品牌形象的物质基础,是品牌最主要的有形形象。产品形象包括产品质量、性能、造型、价格、品种、规格、款式、花色、档次、包装设计以及服务水平、产品创新能力等。产品形象的好坏直接影响着品牌形象的好坏。品牌只有通过向社会提供质量上乘、性能优良、造型美观的产品和优质的服务来塑造良好的产品形象,才能得到社会的认可,在竞争中立于不败之地。

(二)环境形象

环境形象,主要指品牌的生产环境、销售环境、办公环境和品牌的各种附属设施。

品牌厂区环境的整洁和绿化程度，生产与经营场所的规模和装修，生产经营设备的技术水准等，无不反映品牌的经济实力、管理水平和精神风貌，是品牌向社会公众展示自己的重要窗口。特别是销售环境的造型、布局、色彩及各种装饰等，更能展示品牌文化和品牌形象的个性，对于强化品牌的知名度和信赖度，提高营销效率有更直接的影响。

（三）业绩形象

业绩形象是指品牌的经营规模和盈利水平，主要由产品销售额（业务额）、资金利润率及资产收益率等组成。它反映了品牌经营能力的强弱和盈利水平的高低，是品牌生产经营状况的直接表现，也是品牌追求良好品牌形象的根本所在。一般而言，良好的品牌形象会为品牌带来良好的业绩形象，从而会增强投资者和消费者对品牌及其产品的信心。

（四）社会形象

社会形象是指品牌通过非营利的以及带有公共关系性质的社会行为塑造良好的品牌形象，以博取社会的认同和好感。品牌的社会形象包括：奉公守法，诚实经营，维护消费者合法权益；保护环境，促进生态平衡；关心所在社区的繁荣与发展，作出自己的贡献；关注社会公益事业，促进社会精神文明建设；等等。

（五）员工形象

员工是品牌生产经营管理活动的主体，是品牌形象的直接塑造者。员工形象是员工的整体形象，包括管理者形象和员工形象。管理者形象是指品牌管理层的知识、能力、魄力、品质、风格及经营业绩给社会公众留下的印象。员工形象是指品牌全体员工的服务态度、职业道德、行为规范、精神风貌、文化水准、作业技能、内在素养和装束仪表等给外界的整体形象。品牌是员工的集合体，管理者形象好，可以增强品牌的向心力和社会公众对品牌的信任度；员工形象好，可以增强品牌的凝聚力和竞争力，为品牌的长期稳定发展打下牢固的基础。

 小知识

战略性企业社会责任

战略性企业社会责任（Strategic Corporate Social Responsibility，SCSR）是将企业社会责任与公司战略管理相融合而产生的一个新研究方向，它以企业的战略利益为出发点，强调"共享价值"。企业履行战略性企业社会责任的目的不仅在于寻找能够创造企业和社会共享价值的机会，在社会问题得以解决的同时获取可持续竞争优势，使利益相关者满意，还包括充分发挥企业对社会的影响力，使企业更大程度地融入社会，最终把企业发展为社会性企业。战略性企业社会责任是主动的战略行为，并且把社会问题在企业中

的地位提升到一个新的高度，将其纳入企业的内在核心价值，塑造企业良好品牌形象。

（资料来源：彭华岗. 企业社会责任基础教材［M］. 北京：经济管理出版社，2013.）

三、品牌形象塑造策略

（一）文化导入策略

品牌文化是在企业、产品的历史传统基础上形成的品牌形象、品牌特色以及品牌所体现的企业文化及经营哲学的综合体。品牌需要文化，品牌文化是企业文化的核心，品牌文化可以提升品牌形象，为品牌带来高附加值。如果企业想要造就国际品牌，就更需要有根植于本国的深厚的历史文化积淀。例如，作为牛仔裤的"鼻祖"，李维斯象征着美国野性、刚毅、叛逆与美国开拓者的精神。它历经一个半世纪，从美国流行到全世界，并成为全球各地男女老少都能接受的时装。靛蓝牛仔斜纹布、腰后侧的皮章、裤后袋上的弧线、铆钉、独有的红旗标等都是李维斯的特点。

（二）情感导入策略

品牌绝不是冷冰冰的符号名称，它有自己的个性和表现力，是沟通企业和公众感情的桥梁。因此，如果品牌能在消费者的心中占据一席之地，占据一方情感空间，那么这个品牌的塑造就是成功的。例如人们熟知的芭比娃娃，风靡全球，多次被美国著名的玩具杂志评为美国畅销玩具，是什么让芭比娃娃具有如此大的吸引力？除了漂亮的外表，更重要的是公司给芭比赋予了情感化的形象。

（三）专业权威形象策略

专业权威形象策略是一种极具扩张性、竞争性和飞跃性的形象策略，一般为处于行业领先地位的企业所青睐，用以突出该品牌的权威性，提高消费者的信任度。例如，宝洁公司惯用此举进行品牌形象塑造。在牙膏产品"佳洁士"系列的广告中，一位中年牙科教授的形象多次出现，她通过向小朋友讲解护齿知识来肯定"佳洁士"牙膏不磨损牙齿并能防止蛀牙的效果；洗发水品牌"海飞丝"也多次借专业美发师之口强调产品出色的去屑功能。

（四）形象代言人策略

品牌推广中的形象代言人是指为实现企业或组织的营利性目标而进行信息传播的特定人员。例如，宝洁公司众多品牌的广告都以明星作为代言人，这在消费者心中留下了深刻印象。适当地运用形象代言人策略，能够扩大品牌知名度和认知度，拉近产品与消费者的距离。消费者对代言人的喜爱可能会促成购买行为的发生，建立起品牌美誉度和忠诚度。

（五）心理定位策略

"现代营销学之父"菲利普·科特勒认为，人们的消费行为分为三阶段：第一阶段是量的消费；第二阶段是质的消费；第三阶段是感性消费。随着现代社会商品的极大丰富，消费者更加注重商品的定位和品位，日益看重商品之于自我的情感因素，更加需要心理满足，而不仅是量和质的满足。企业应该顺应这种变化，巧妙运用心理定位策略，塑造良好的品牌形象。

任务五 品牌传播

一、品牌传播的概念

品牌从最初的建立到被消费者接受，传播是不可缺少的一环。所谓品牌传播，就是企业以品牌的核心价值为原则，在品牌识别的整体框架下，选择广告、公关、销售、人际等传播方式，将特定品牌推广出去，以便建立品牌形象，促进市场销售。简言之，品牌传播就是企业告知消费者品牌信息，劝说其购买品牌以及维持品牌记忆的各种直接及间接的方法。

品牌传播是企业满足消费者需要，培养消费者忠诚度的有效手段。通过有效传播，品牌可以为广大消费者和社会公众所认知，从而得以迅速发展。同时，品牌的有效传播，还可以实现品牌与目标市场的有效对接，为品牌及产品进占市场、拓展市场奠定基础。品牌传播是形成品牌个性的手段，也是形成品牌文化的重要组成部分。

二、品牌传播的方式

（一）动态媒体传播

动态媒体传播主要指利用电视、电影等富有动感的现代化视听媒体来开展品牌营销活动。一般这种动态媒体传播具有传播面广、传播速度快、信息传递准确等特点，能够促进品牌更快速地传播，提升品牌影响力。虽然这种动态媒体传播速度很快，但需要花费大量的金钱成本，所以，对于刚成立的中小企业，并不建议运用这种品牌传播方式。

（二）静态媒体传播

静态媒体传播方式又称为传统的品牌营销方式。它主要指利用报纸、杂志、海报、邮件等静态媒体进行品牌营销活动。例如，报纸广告、杂志广告、附送广告、邮件购物、广告式订单、街头海报、体育场广告牌、城市巨幅广告等。

静态媒体传播方式的主要优点是价格低廉、可储存、传播面广，并且能够做到有针对性地传播，缺陷是传播速度慢、信息易失真、表现方式呆板、互动性差、影响力小等。

(三) 网络媒体传播

网络媒体传播是互联网时代下品牌营销的主要方式，它是指利用网络对品牌进行传播。常见的网络品牌营销方式有网上广告、网上商店、网上购物、网上软文、新媒体传播等。

这种品牌传播方式成本低、传播速度快，能够让用户快速认识品牌，进而扩大品牌的影响力。但网络信息纷繁复杂，企业要想让自己的品牌第一时间被消费者认知，就要有一套适合自身企业、产品的品牌传播方案，这样才有利于达到品牌传播的目的。

三、品牌传播的策略

(一) 广告传播

广告是以广大消费者为广告对象的大众传播活动。广告以传播品牌、商品等有关经济信息为主要内容，是通过特定的媒体来实现的。广告作为品牌传播方式，是一门带有商业性的综合艺术。成功的广告可使默默无闻的企业和产品广为传播。广告传播策略既要求企业不要过分迷信于广告，又要求企业千万不能忽视广告对于品牌传播的重要作用。

(二) 促销传播

促销传播是指通过赠券、赠品、抽奖等形式，对产品和服务进行促进销售的一种品牌传播方式。促销传播主要用来吸引品牌转换者。它在短期内能产生较好的销售反应，但很少有长久的效益和好处，尤其对品牌形象而言，大量使用促销传播会降低品牌忠诚度，增加顾客对价格的敏感，淡化品牌的质量概念，促使企业偏重短期行为和效益。不过对小品牌来说，促销传播会带来很大的好处，因为它负担不起与市场领导者相匹配的大笔广告费，通过销售方面的刺激，可以吸引消费者使用该品牌。

(三) 公共关系传播

公共关系简称"公关"。按照美国公共关系协会的理解，公共关系有助于组织（企业）和公众相适应，包括设计用来推广或保护一个企业形象及其品牌产品的各种计划。也就是说，公共关系传播是指企业在从事市场营销活动过程中正确处理企业与社会公众的关系，以便树立品牌及企业的良好形象，从而促进品牌销售的一种活动。

公共关系传播是企业形象、品牌、文化、技术等传播的一种有效解决方案，包含投资者关系、员工传播、事件管理以及其他非付费传播等内容。公共关系传播是信息交流的过程，也是社会组织开展公共关系工作的重要手段。作为品牌传播的一种手段，公共关系传播利用第三方的认证，为品牌提供有利信息，从而教育和引导消费者。公共关系传播与广告不同，广告可以用王婆卖瓜的方式带给品牌知名度，而公共关系传播利用第三方的认证和受众的评论为品牌建立长久的美誉度及信任感。

品牌公共关系传播的方式主要有活动赞助、开展公益活动、紧跟热点事件传播等。如耐克，通过赞助、广告等形式，将耐克品牌与篮球运动捆绑在一起，塑造它体育运动的形象。此外，像奥运会、世锦赛等国际重大赛事，耐克也总是重要的赞助商之一，在消费者心中，耐克几乎成了体育运动的代名词。

（四）互联网传播

互联网被称为第五大传媒，与传统媒介相比，互联网具有信息传播范围广、快速且有文字、画面、声音的优势，吸收了电视的可视性、报纸的可读性和广播的及时性等优点。

利用互联网进行品牌传播，可以采取旗帜式的方式。旗帜广告，是通过从网络媒体拥有者的网站页面中分割出一定尺寸的画面发布有关信息，来宣传品牌及企业的广告形式。依据与广告主的主页或网站链接与否，旗帜广告又可分为非链接型广告和链接型广告。非链接型旗帜广告，指不与广告主的主页或网站相接；链接型旗帜广告，指与广告主的主页或网站相链接，浏览者点击后可以广告主想要传递的更详细信息。还可采用按钮型广告，是指通过被浏览者点击按钮进入企业主页查询企业发布的各有关信息，来宣传品牌或产品的广告形式。还可以采取主页型来制作、发布广告。这是将企业所发布的信息内容分门别类，制作成主页，置放在网络服务商的站点或企业自己建立的站点上，供入网者浏览查询，借以实现品牌传播的广告形式。主页型网络广告可借助主页宣传企业品牌、产品、售后服务、通联办法等相关信息，从而达到品牌传播效果。

（五）整合品牌传播

整合品牌传播是一种整合了多种传播活动的整体传播策略，包括公关、广告、投资者关系、互动或内部传播，用以管理公司的宝贵资产——品牌。整合品牌传播的起点是企业，而不是营销传播。整合品牌传播开始于明确商业模式中品牌所承担的角色，决定怎样借助品牌的作用促进和维持企业的成长。当然，这首先意味着必须将品牌视为一种财务资产，并识别出驱动品牌价值提升的关键因素，用以通过整合传播上的努力，来影响、控制和评估这种资产。

地铁广告

在地铁范围内设置的各种广告统称地铁广告，其形式有十二封灯箱、四封通道海报、特殊位灯箱、扶梯、车厢内看板海报、车内包车海报、隧道区间内LED等。地铁广告的特点是受注目程度高，能够增加产品的认知度，可以通过线上线下结合的媒体形式来展示。

（资料来源：张海超. 地铁广告媒介的特点和价值研究［J］. 传播力研究，2018（9）.）

苏州轨道交通的特色服务品牌

随着苏州轨道交通网络化运营的不断深入，轨道交通已经成为苏州城市交通的骨干线、主力军。苏州轨道交通坚持"以乘客为导向"，围绕"江南雅韵，精致服务"品牌建设方针，自觉将江南文化、吴文化融入轨道交通建设、运营、资源开发等各环节，将现代的轨道交通与经典的城市文化有机结合，坚持文化赋能、多措并举，持续打造品牌体系。

一、引入"江南小剧场"活动

以"江南文化地铁之窗"为文化创新发展平台，引入"江南小剧场"，定期展演具有江南文化符号的优秀古典曲艺、现代歌剧等剧目，同时用苏州评弹、说书等表演形式来讲述优秀的服务故事，促进江南文化和地铁文化全面融合，催化形成具有江南特色的地铁服务品牌建设成果。

二、推出"云游苏州"系列活动

建立精致明星代言机制，推出"云游苏州"品牌宣传及推广活动。深度发掘苏州轨道交通站点文化及周边环境，以市民及游客的出行需求为依据，开发设计四时美景、苏城古韵、书香文化、夜色江南等轨道交通旅游特色赏玩线路，融入精致服务、文明礼让、安全出行及青春奋斗等主题，通过服务明星代言全方位展示，利用云资源和网络媒体平台做好发布与推广，提升轨道交通作为公共交通工具的乘车附加值。

三、大力开展助力两网融合、倡导绿色出行活动

深入开展"三进"活动，在常态化开展"进学校""进社区"的基础上，重点策划"进企业"活动，助力市交通局两网融合建设项目，收集企业的意见与建议，提升城市交通网络的融合程度和公共交通发展的便捷程度，宣传倡导乘公共交通绿色出行的生活理念，助力苏州公交都市发展和企业微循环出行，拓展企业服务纵深发展的新机遇。

四、提炼"581"服务工作法

立足于"581"服务台特色服务及升级建设，通过提炼"581"特色服务工作法，丰富服务外包形式的同时，升级服务内功心法，以系统设计的思维，不断推进特色服务的升级，形成"江南雅韵，精致服务"高端子品牌，打造服务品牌建设标杆。

五、推进"428精致服务先锋"文化建设

将苏州独有的"江南雅韵"文化融入"428精致服务先锋"品牌建设，通过挖掘先进员工以及先进事迹，进一步讲好先锋故事，传播先锋理念，塑造好苏州轨道交通先锋工作者形象。同时开展形式多样、内容丰富的先锋主题活动，对志愿先锋、文明先锋、

安全先锋、友爱先锋的建设标准进行明确，优化品牌设计，形成先锋文化的建设标准，优化建设品质。

六、丰富"悦行江南"特色服务举措

持续推进"悦行江南"服务品牌建设工作，响应"江南雅韵，精致服务"品牌的工作部署，加强共建交流与资源整合，与博物馆等组织进行深度合作，通过精准化服务供给、站内吴韵文化氛围营造、精致服务工作站建设、察悦姑苏志愿团队建设、主题车站建设等措施的推进，积极整合各类社会资源，持续提升品牌影响力，打造苏州轨道交通服务展示的"最美窗口"，进一步展示苏州轨道交通精致服务形象。

七、全方位拓展"向阳暖行"服务

苏州轨道交通持续深化"畅通出行"的课题，开展暖心、暖行、暖情服务行动及关爱文化推广工作。同时优化"爱心预约"措施，延伸服务范围，扩大服务合作单位，升级定制服务，通过点滴积累，传递"积小善，成大爱"的服务理念。在活动方面，除了关爱少年儿童，重点关注老年人的出行需求，并在此基础上延伸出更多的暖心活动，从细微处着手。

（资料来源：苏州市轨道交通集团有限公司）

案例思考题 结合案例材料，分析苏州轨道交通塑造特色服务品牌价值的路径与启示。

项目训练

【训练目的】提升对企业品牌管理的认知和能力。

【训练内容】

1. 加强思考。选择2—3个感兴趣的品牌，实时关注其品牌管理的新动作，思考其行为的理论依据和底层逻辑。

2. 认真积累。结合重要节日（如"中国品牌日"）或品牌营销节点，及时记录、分析及复盘优秀品牌创新传播案例。

3. 学以致用。结合本企业实际和所学内容，针对本企业品牌管理进行思考，发现问题、提出问题，与部门同事进行头脑风暴，制订本企业品牌管理改善提升的解决方案。

自测题

1. 如何理解品牌和品牌管理?
2. 品牌定位的策略有哪些?
3. 简述品牌设计包含的内容。
4. 简述品牌形象塑造策略。
5. 简述品牌传播策略。

【延伸阅读】

文子品牌研究院. 大品牌文化：30个世界级品牌案例解读 [M]. 苏州：苏州大学出版社，2020.

参 考 文 献

著作类

[1] 迈克尔·波特. 竞争战略 [M]. 陈丽芳,译. 北京:中信出版社,2014.

[2] 彼得·德鲁克. 管理的实践 [M]. 齐若兰,译. 北京:机械工业出版社,2019.

[3] 彼得·德鲁克. 卓有成效的管理者 [M]. 辛弘,译. 北京:机械工业出版社,2022.

[4] 斯蒂芬·P. 罗宾斯,戴维·A. 德森佐,玛丽·库尔特. 管理的常识 [M]. 赵晶媛,译. 成都:四川人民出版社,2020.

[5]《管理学》编写组. 管理学 [M]. 北京:高等教育出版社,2019.

[6] 陈传明,龙静. 《管理学》学习指南与练习 [M]. 北京:高等教育出版社,2019.

[7] 陈文标. 企业管理基础 [M]. 北京:科学出版社,2019.

[8] 傅晗,王代彬,胡涛. 质量管理基础教程 [M]. 北京:化学工业出版社,2022.

[9] 耿幸福,徐新玉. 城市轨道交通运营管理 [M]. 2版. 北京:人民交通出版社,2022.

[10] 高海晨. 现代企业管理 [M]. 3版. 北京:机械工业出版社,2018.

[11] 侯文赞,庄严. 铁路运输企业管理 [M]. 成都:西南交通大学出版社,2018.

[12] 李贺. 现代企业管理 [M]. 3版. 上海:上海财经大学出版社,2022.

[13] 李利斌,周如美,孙槐利. 现代企业管理实务 [M]. 2版. 北京:电子工业出版社,2019.

[14] 李明明,何家霖,汝玲. 现代企业管理教程 [M]. 大连:东北财经大学出版社,2022.

[15] 李启明. 现代企业管理 [M]. 5版. 北京:高等教育出版社,2017.

［16］李渠建. 企业管理基础［M］. 2 版. 北京：高等教育出版社，2021.

［17］马春莲. 现代企业管理实务［M］. 北京：机械工业出版社，2022.

［18］单凤儒. 管理学基础实训教程［M］. 7 版. 北京：高等教育出版社，2021.

［19］舒辉. 供应链管理思想史［M］. 北京：企业管理出版社，2022.

［20］陶俐言. 项目管理：方法、流程与工具［M］. 西安：西安电子科技大学出版社，2020.

［21］文子品牌研究院. 大品牌文化：30 个世界级品牌案例解读［M］. 苏州：苏州大学出版社，2020.

［22］杨建峰. 铁路运输企业管理［M］. 北京：北京交通大学出版社，2019.

［23］于洋，等. 地铁站域商业空间自组织演变［M］. 北京：中国建筑工业出版社，2021.

［24］周三多. 管理学［M］. 5 版. 北京：高等教育出版社，2018.

论文类

［1］陈城. 苏州轨道交通全天 24 小时运营组织实践［J］. 城市轨道交通研究，2022（5）.

［2］陈明昊. 工程建设企业科研管理组织结构研究：以北京轨道公司为例［J］. 科技创业月刊，2021（4）.

［3］高亢. 中国品牌与高质量发展路径探索与实践：基于中车"战略 创新 品质 担当"四维建设［J］. 企业文明，2021（3）.

［4］贺增光. 中车唐山"1+1+3"质量管理体系［J］. 企业管理，2022（4）.

［5］蒋国皎. 国有大型城市轨道企业法务管理体系建设的探索与实践［J］. 上海建设科技，2020（2）.

［6］李剑祥，陈静. 工程指挥部组织模式管理创新探索：以深圳地铁 14 号线项目为例［J］. 项目管理技术，2022（4）.

［7］李晓军，郭倩. 现代企业治理体系下"多标一体化"管理模式研究：以中车大同电力机车有限公司为例［J］. 企业改革与管理，2022（7）.

［8］刘琳婷，王智永，刘飞. 苏州市轨道交通智慧运营体系研究［J］. 现代城市轨道交通，2022（S1）.

［9］金琳. 上海建工重构人才激励体系［J］. 上海国资，2020（3）.

［10］钱艳春. 轨道交通运营企业标准化管理体系建设思考：以昆明地铁为例［J］. 中国标准化，2021（10）.

［11］曲博. 厦门轨道交通集团品牌体系建设思路［J］. 城市轨道交通，2020（11）.

［12］尚圳. 大型国有企业内部绩效审计研究：以中铁建设集团有限公司为例［J］. 中国总会计师，2021（9）.

［13］石礼安. 上海地铁从艰难起步到快速发展［J］. 城市轨道交通研究，2022（3）.

［14］孙德磊，緱智勇. 构建精益物流供应链［J］. 企业管理，2021（8）.

［15］周晓勤. 中国城市轨道交通发展战略与"十四五"发展思路［J］. 城市轨道交通，2020（11）.